ELOGIOS A *RESILIENTE*

«A través de ejemplos y ejercicios detallados, aprendemos a calmar la mente y a optimizar las oportunidades de conectarnos con otras personas. En este libro tan bien escrito subyace la idea de que, mediante la experiencia positiva de uno mismo y de los demás, nuestro cerebro se reconfigura para fomentar la benevolencia, la generosidad, la gratitud y la compasión».

STEPHEN PORGES, distinguido científico universitario, Instituto Kinsey, Universidad de Indiana; catedrático de psiquiatría, Universidad de Carolina del Norte

«Este libro, escrito con dignidad y elegancia, ofrece un montón de conocimientos y habilidades prácticas para mantenerse fuerte ante las adversidades. Es una guía para vivir con integridad, ilustrada con observaciones personales de una sinceridad conmovedora y muy bien asentada en la investigación científica».

CHRISTOPHER GERMER, conferenciante, Facultad de Medicina de Harvard; autor de *El poder del mindfulness*

«En medio del caos de incertidumbre y adversidad, la persona tranquila puede marcar una gran diferencia, y Rick Hanson nos muestra cómo conseguirlo. *Resiliente* nos ofrece unos métodos sumamente accesibles para superar la tendencia del cerebro a la negatividad y encontrar el camino hacia el optimismo, y nos ayuda a no acabar quemados. Este libro es una fuente de información inconmensurable y un regalo para el bienestar».

FRANK OSTASESKI, autor de *Las cinco invitaciones: Descubre lo que la muerte puede enseñarnos sobre la vida plena*

«Esta guía clara, completa y amable es un compendio de prácticas sencillas y sabiduría profunda respaldada por la ciencia que nos fortalece frente al mundo desafiante que afrontamos cada día».

DANIEL J. SIEGEL, autor de *Viaje al centro de la mente: Lo que significa ser humano* y *Mindfulness y psicoterapia: Técnicas prácticas de atención plena para psicoterapeutas*

«*Resiliente* es un libro sabio y compasivo, una maravillosa guía práctica que fomenta el equilibrio, la felicidad y la salud. Al leer estas páginas se pueden percibir las voces sinceras y amables de Rick y Forrest que nos guían para que seamos más sabios y estemos más en contacto con la tierra. Es una aportación auténticamente especial y extraordinaria. ¡Increíble!».

BOB STAHL, coautor de *El manual del mindfulness,*
Mindfulness para reducir el estrés y *Vivir abiertos de corazón*

«Este libro, enraizado en la ciencia del cerebro y en la psicología positiva, es un maravilloso compendio de las mejores prácticas para mantener una alegría sostenible e inquebrantable. Eso es precisamente lo que nos hemos acostumbrado a esperar de Rick Hanson: un libro práctico, empírico, fácil de leer y de una sabiduría profunda».

ROBERT A. EMMONS, editor jefe de *The Journal of Positive Psychology,* autor de *El pequeño libro de la gratitud* y *¡Gracias!: De cómo la nueva ciencia de la gratitud puede hacerte feliz*

«El doctor Hanson nos ofrece una gran cantidad de información útil en un lenguaje de lectura fácil y repleto de riqueza y sabiduría. Encontramos ejemplos concretos de cómo cultivar nuestros recursos; es un libro que merece la pena leer».

SANDRA PRINCE-EMBURY, The Resiliency Institute of Allenhurst; ha desarrollado unas escalas muy utilizadas para medir la resiliencia y es coeditora de *Resilience in Children, Adolescents, and Adults: Translating Research into Practice.*

«Rick Hanson es un guía perfecto para nuestros tiempos. En *Resiliente* se muestra sabio y científico, práctico y expansivo. Nos muestra la tendencia a la negatividad, a menudo inconsciente, que tenemos tantos de nosotros y explica una forma de reestructurar nuestro cerebro y, con ello, toda nuestra perspectiva de lo que significa estar vivo. Sus palabras resultan de lo más tranquilizadoras, útiles y fáciles de poner en práctica incluso cuando nos sentimos desesperanzados. La única forma de conseguir superar estos tiempos tan difíciles es siendo resiliente… y tenemos Resiliente en nuestras manos».

GENEEN ROTH, autora de *Cuando la comida es más que comida* y *Cuando la comida sustituye al amor*

«Con humor, calidez, honestidad y un don para dar vida a las ideas más complicadas, el doctor Hanson entreteje conocimientos de neurobiología, psicología moderna y tradiciones ancestrales de sabiduría para proporcionarnos unas herramientas fáciles de usar con las que cuidar tanto nuestra cabeza como nuestro corazón. Es un recurso esencial no solo para sobrevivir sino para crecer en tiempos difíciles».

RONALD D. SIEGEL, catedrático adjunto de Psicología, Facultad de Medicina de Harvard; autor de *La solución mindfulness: Prácticas cotidianas para problemas cotidianos*

«Una neurociencia enormemente práctica. *Resiliente* es un libro sabio y útil: nos enseña a desarrollar habilidades para el cerebro, nos ofrece una medicina para el corazón y es una guía para vivir una vida de belleza y disfrute».

JACK KORNFIELD, autor de *Una lámpara en la oscuridad*

«Rick Hanson ha transformado las vidas de muchas personas con sus técnicas para crear plasticidad positiva en el cerebro. *Resiliente* eleva la ciencia a un nivel nuevo. Conocerás fuerzas interiores que no sabías que tenías y aprenderás a usarlas para vivir a diario la mejor vida posible».

ELISSA EPEL, catedrática, Universidad de California en San Francisco, coautora de *La solución de los telómeros: Aprende a vivir sano y feliz*

«Vivimos en medio de una epidemia de estrés, ansiedad y depresión. La clave no solo para sobrevivir, sino también para prosperar es el desarrollo de la resiliencia. Rick Hanson combina sus años de experiencia con los últimos avances de la ciencia y nos ofrece una guía para desarrollar el bienestar resiliente. Razonado, profundo y práctico».

JAMES R. DOTY, fundador y director del Center for Compassion and Altruism Research and Education de la Universidad de Stanford, autor de *La tienda de magia: El viaje de un neurocirujano por los misterios del cerebro y los secretos del corazón*

«Vivimos en un mundo que cambia a toda velocidad y, a veces, tenemos la impresión de que, cada día, nos trae una nueva crisis u otro desastre. En estos días todos necesitamos desarrollar herramientas que nos ayuden a permanecer centrados, valientes y sabios ante los peligros reales e imaginarios. Rick Hanson nos enseña cómo hacerlo».

CHRISTINE CARTER, autora de *El aprendizaje de la felicidad: 10 pasos para fomentar la felicidad en los niños y en sus padres*

«La claridad de las ideas y la escritura del doctor Hanson surge de un conocimiento profundo de cómo podemos aprender a ser más compasivos, tranquilos y resilientes. Todo aquel que lea este libro encontrará en él algo valioso y útil».

ROBERT D. TRUOG, catedrático Frances Glessner Lee de Ética Médica, Anestesia y Pediatría, Facultad de Medicina de Harvard

«Rick Hanson nos muestra cómo cultivar el bienestar aprendiendo a guardar en la mente todo aquello que resulta útil y agradable y favorece el éxito. Un libro de enorme sabiduría y espíritu práctico redactado en un estilo claro, atractivo y afable que puede ayudarnos a todos a cultivar una mente más capaz de inducir felicidad en nosotros mismos y los demás».

PAUL GILBERT, fundador de Compassion Focused Therapy; autor de *Terapia centrada en la compasión* y *La mente compasiva*

«Rick Hanson une la teoría con la experiencia práctica y nos ofrece ejemplos honestos de su propia vida junto con ejercicios sencillos y prácticos que impulsan al lector a emprender por sí mismo un gran número de investigaciones liberadoras ».

SHARON SALZBERB, autora de *El secreto de la felicidad auténtica* y *Amor incondicional*

«Rick Hanson no es solo un hombre sabio y compasivo, sino también brillante a la hora de sistematizar un material complejo en porciones pequeñas y fáciles de entender».

DANIEL ELLENBERG, fundador de Rewire Leadership Institute

«Rick Hanson se abre camino a machetazos por la jungla de libros sobre *mindfulness* y neurociencia para mostrarnos una senda detallada y esclarecedora, y nos enseña a entender nuestra mente salvaje y confusa. Por si eso fuera poco, nos ofrece también herramientas para conseguir paz y felicidad. ¿Qué más podríamos pedir?».

RUBY WAX, autora de *Domestica tu mente*

«*Resiliente* es un libro amable y alentador que aporta una sabiduría muy necesaria en nuestro mundo, cada vez más caótico».

MICHAEL D. YAPKO, autor de *La depresión es contagiosa: Elige bien tu entorno para mantener una vida emocional sana y Para romper los patrones de la depresión*

«Los autores exploran nuestra capacidad para conseguir un bienestar duradero y nos ofrecen herramientas prácticas para transformar nuestra vida».

ELISHA GOLDSTEIN, fundadora de A Course of Mindful Living

«Este libro, claro, accesible y sabio, resume cómo ser tu mejor amigo en lugar de tu peor crítico. Puede cambiaros la vida a ti y a tu familia».

MARK WILLIAMS, coautor de *El camino del mindfulness: Un plan de 8 semanas para liberarse de la depresión y el estrés emocional*

«*Resiliente* es un libro enraizado en la neurociencia de la felicidad más actual. Rebosa conocimientos, prácticas interesantes y claridad, tan necesarios en esta época estresante. Léelo y encontrarás en él los muchos tesoros de la mente resiliente».

DACHER KELTNER, catedrático de Psicología, Universidad de California en Berkeley, autor de *Born to Be Good* y *The Power Paradox*

RESILIENTE

RESILIENTE

CÓMO DESARROLLAR UN INQUEBRANTABLE
NÚCLEO DE CALMA, FUERZA Y FELICIDAD

RICK HANSON
CON FORREST HANSON

Título original: *Resilient*

Traducción: Blanca González Villegas

Diseño de cubierta: equipo Alfaomega

© 2018, Rick Hanson y Forrest Hanson
Publicado por acuerdo con Harmony Books, un sello de Crown Publishing Group, división de Penguin Random House LLC

De la presente edición en castellano:
© Gaia Ediciones, 2018
   Alquimia, 6 - 28933 Móstoles (Madrid) - España
   Tels.: 91 614 53 46 - 91 614 58 49
   www.alfaomega.es - E-mail: alfaomega@alfaomega.es

Primera edición: abril de 2019

Depósito legal: M. 9.150-2019
I.S.B.N.: 978-84-8445-809-8

Impreso en España por: Artes Gráficas COFÁS, S.A. - Móstoles (Madrid)

A nuestros padres

Índice

TERCERA PARTE
REGULAR

CUARTA PARTE
RELACIONARSE

AGRADECIMIENTOS

ESTE LIBRO SE INSPIRA en una amplísima literatura erudita acerca del bienestar, la resiliencia, la neuroplasticidad y otros temas relacionados. Aunque las fuentes son demasiadas para nombrarlas a todas individualmente, nos gustaría expresar nuestra gratitud respetuosa a Richard Davidson, Jim Doty, Angela Duckworth, Carol Dweck, Daniel Ellenberg, Barbara Fredrickson, Christopher Germer, Paul Gilbert, Timothea Goddard, Elisha Goldstein, Linda Graham, Jon Kabat-Zinn, Todd Kashdan, Dachar Keltner, Suniya Luthar, Sonya Lyubomirsky, Ann Masten, Kristin Neff, Stephen Porges, Sandra Prince-Embury, Martin Seligman, Michelle Shiota, Dan Siegel y Emiliana Simon-Thomas.

También nos hemos inspirado en la sabiduría y el apoyo de profesores fundamentales como Tara Brach, Gil Fronsdal, Jack Kornfield, Ajahn Passano y Sharon Salzberg.

Estamos en deuda con los colegas que ayudaron a crear el programa de internet *Foundations of Well-Being*: Jenna Chandler, Karey Gauthier, Laurel Hanson, Michelle Keane, Marion Reynolds, Andrew Schuman, Carisa Speth, Matt States y, en especial, Stephanie y David Veillon. Nos sentimos muy agradecidos a los lectores que nos han enviado comentarios muy útiles acerca de los bocetos de este libro y otros escritos relacionados con él, como Penny Fenner, Elizabeth Ferreira, Emma Hutton-Thamm, Lily O'Brien, Michael Taft y nuestra increíblemente amable y válida agente literaria Amy Rennert. Ha sido un absoluto placer y un regalo trabajar con nuestra editora de Harmony Books, Donna Loffredo, y, tanto ella como sus colegas, han sido decisivos a la hora de sacar este libro a la luz.

Nuestro amor y agradecimiento muy especial a Jan y Laurel Hanson.

RESILIENTE

INTRODUCCIÓN

En los años setenta, empecé a interesarme por el movimiento del potencial humano y, hoy en día, soy un psicólogo clínico muy involucrado en la neurociencia y con formación en *mindfulness*. Este libro resume todo lo que he aprendido acerca de cómo se puede ayudar a las personas a sanar el pasado, afrontar el presente y construir un futuro mejor.

Existe una idea fundamental en psicología y medicina según la cual el camino que toma tu vida depende solo de tres factores: cómo afrontas tus problemas, cómo proteges tus vulnerabilidades y cómo incrementas tus recursos. Estos factores radican en tres lugares: tu mundo, tu cuerpo y tu mente. Cuando combinas los factores y los lugares, te encuentras con nueve formas de hacer que tu vida sea mejor.

Todas ellas son importantes, pero la de generar recursos en la mente tiene un poder especial. Es la que te ofrece más oportunidades porque, por lo general, tú puedes influir más sobre tu mente que sobre tu cuerpo o tu mundo. Además, es la que produce un efecto mayor porque la llevas contigo allá donde vayas. No siempre puedes contar con el mundo, con otras personas, ni siquiera con tu cuerpo. Sin embargo, sí puedes contar con unas fuerzas interiores duraderas que están programadas en tu sistema nervioso. Y este libro te explica cómo hacerlas crecer.

La determinación, la autoestima y la amabilidad son recursos mentales que nos hacen *resilientes*, es decir, capaces de afrontar la adversidad y encarar los desafíos en nuestra búsqueda de oportunidades. Aunque la resiliencia nos ayuda a recuperarnos de las pérdidas y los traumas, nos ofrece mucho más que eso, pues la auténtica fomenta el bienestar, una sensación básica de felicidad, amor y paz. Lo más notable es que, cuando internalizas las experiencias de bienestar, construyes fuerzas interiores que, a su vez, te hacen más resiliente. El bienestar y la resiliencia se fomentan entre sí en una espiral ascendente.

La clave es saber cómo convertir experiencias pasajeras en recursos interiores duraderos grabados en el cerebro. Es lo que se conoce como *neuroplasticidad positiva* y te voy a mostrar cómo se emplea para cultivar el bienestar resiliente.

CAMBIAR EL CEREBRO

Mejorar la mente significa cambiar el cerebro a mejor. Este órgano está, constantemente, remodelándose gracias a lo que van enseñándonos nuestras experiencias. Cuando estimulas de forma repetitiva un *circuito*, lo fortaleces. Se aprende a ser más tranquilo o más compasivo exactamente igual que se aprende cualquier otra cosa: mediante la práctica repetitiva.

Los recursos mentales se desarrollan en dos etapas. En primer lugar, tenemos que experimentar aquello que queremos cultivar como, por ejemplo, sentirnos agradecidos, amados o confiados. En segundo lugar, y este punto tiene una importancia fundamental, debemos convertir esa experiencia pasajera en una transformación duradera del sistema nervioso. De lo contario, no hay sanación, crecimiento ni aprendizaje. Tener experiencias útiles y agradables no es suficiente. Este es el fallo principal de gran parte de la psicología positiva, la formación en recursos humanos, el *coaching* y la psicoterapia. La mayoría de las experiencias beneficiosas que disfruta la gente se desperdician en su cerebro. Sin embargo, con un poco de esfuerzo puedes ayudarlas a que dejen un rastro duradero tras de sí, y yo te voy a mostrar muchas formas eficaces de conseguirlo, y la mayoría de ellas en la vida cotidiana.

Quizá suene complicado, pero, en realidad, es algo sencillo e intuitivo. El cerebro funciona de tal manera —mediante neuronas que se disparan de forma rutinaria entre cinco y cincuenta veces por segundo— que puedes cultivar la resiliencia y el bienestar muchas veces al día y en solo un minuto, o menos cada vez. No es un apaño rápido. Para cambiar tu cerebro tienes que trabajarlo tal y como harías con cualquier músculo: con muchos esfuerzos pequeños que se van acumulando a lo largo del tiempo, y podrás confiar en el resultado porque te lo habrás ganado.

CAMINAR POR LA VIDA

Es una frase hecha, pero no por eso deja de ser verdad: la vida es un viaje. Para este largo camino, necesitamos provisiones y herramientas, y yo he puesto, en estas páginas, las mejores que conozco. Vamos a explorar la forma de cultivar y usar estas fuerzas interiores para conseguir que respondan a tus necesidades. De ese modo, tendrás más que ofrecer para atender a las necesidades de los demás.

Todos tenemos necesidades. Si no las cubrimos, es natural que nos sintamos estresados, preocupados, frustrados y heridos, y que disfrutemos de un bienestar menor. Cuando te haces más resiliente, tienes más capacidad para cubrir tus necesidades ante los desafíos de la vida y consigues, con ello, un mayor bienestar.

Todo ser humano tiene tres necesidades básicas —*seguridad,
satisfacción* y *conexión*— que están enraizadas en nuestra historia
evolutiva ancestral. Aunque en los últimos doscientos mil años,
nuestras circunstancias han cambiado muchísimo, nuestro cerebro sigue siendo prácticamente igual que entonces. La maquinaria neuronal que permitió a nuestros antepasados satisfacer su
necesidad de seguridad encontrando un cobijo, la de satisfacción
consiguiendo comida y la de conexión estableciendo relaciones
con otras personas sigue viva en nuestro cerebro.

Tenemos cuatro formas principales de cubrir nuestras necesidades: *reconociendo* lo que es verdad, *aprovisionándonos,
regulando* nuestros pensamientos, sentimientos y acciones y *re-
lacionándonos* con habilidad con los demás y con el mundo.
Cuando aplicamos estas cuatro formas de cubrir nuestras necesidades a las tres necesidades que todos tenemos, obtenemos
doce fuerzas interiores principales, que son los capítulos de
este libro:

	RECONOCER	APROVISIO-NARSE	REGULAR	RELACIONARSE
Seguridad	Compasión	Coraje	Calma	Valor
Satisfacción	Mindfulness	Gratitud	Motivación	Aspiración
Conexión	Aprendizaje	Confianza	Intimidad	Generosidad

Puedes desarrollar estos recursos psicológicos paso a paso,
como si estuvieras recorriendo un camino. Se empieza por la
compasión, en principio, hacia ti mismo, porque reconocer tus
propias necesidades profundas y sentirte motivado a hacer algo
por ellas es el primer paso necesario. El camino concluye con la
generosidad porque, cuando cultivas el bien en tu interior,
consigues más para ti y tienes más que ofrecer a los demás.

A medida que vayas cultivando estas fuerzas y siendo más resiliente, sentirás menos ansiedad, irritación, decepción, frustración, soledad, dolor y resentimiento. Y cuando te azoten los embates de la vida, los afrontarás con más *paz*, *contento* y *amor* en el núcleo de tu ser.

CÓMO UTILIZAR ESTE LIBRO

Vamos a explorar la forma práctica de experimentar, cultivar y utilizar recursos mentales clave que nos lleven al bienestar resiliente. Aquí encontrarás ideas útiles acerca del cerebro, prácticas experimentales, medios para desarrollar fuerzas específicas, sugerencias para la vida diaria y ejemplos personales. A cada persona le funciona una cosa diferente y, por eso, quiero ofrecerte un montón de opciones. Escoge aquellas que consideres mejores para ti.

Tienes varias formas de utilizar este libro. Puedes estudiar un capítulo nuevo cada mes y cubrir así un año completo de crecimiento personal o elegir la necesidad que consideres más importante en tu caso (como la seguridad, por ejemplo) y centrarte en los capítulos relacionados con ella. Las doce fuerzas se sostienen unas a otras como si fuesen los nodos de una red conectados entre sí. Algunas te parecerán especialmente relevantes en tu caso, así que puedes hojear el libro y encontrar aquello que más te atraiga. El capítulo 2, Mindfulness, y el capítulo 3, Aprendizaje, tratan principios y técnicas básicas sobre las que se apoya el resto del material. Cuando encuentres una práctica experimental, puedes leerla despacio mientras la llevas a cabo o leerla en voz alta, grabarla y luego escuchar la grabación como si fuese una especie de meditación guiada.

Este libro no es una psicoterapia ni un tratamiento para ninguna dolencia. De todas formas, he intentado llegar al meollo de la cuestión y eso puede remover algunas cosas. Sé amable contigo mismo, sobre todo, cuando hagas prácticas experimentales. Adapta siempre mi enfoque a tus propias necesidades.

Hay muchos sitios en los que puedes encontrar información útil: la ciencia, la psicología clínica y las tradiciones contemplativas, entre otros. Como estamos abarcando muchas cosas, he simplificado las explicaciones neurológicas y no he indicado terapias o formaciones específicas ni he intentado resumir toda la literatura académica que existe acerca de la resiliencia, el bienestar y otros temas relacionados con estos. Si deseas seguir investigando, consulta la sección de información adicional que encontrarás al final del libro y las diapositivas, trabajos y otros materiales gratuitos de www.RickHanson.net. En cuanto a la práctica contemplativa, la tradición que mejor conozco es el budismo y voy a ofrecerte algunas ideas y métodos procedentes de él. Este libro se basa en mi programa experimental de internet, *The Foundations of Well-Being* (*www.thefoundationsofwellbeing. com*), pero no sigue exactamente la misma estructura.

En aras de la sencillez, el pronombre *yo* del autor hace referencia a Rick Hanson, pero las ideas y las palabras de Forrest están presentes en todas y cada una de las páginas. Ha contribuido a esta obra aportando una tremenda claridad mental y muchos conocimientos, y para mí ha constituido un honor y un deleite escribir este libro junto con mi hijo. Ha sido, de verdad, un esfuerzo conjunto. Los dos hemos trabajado mucho para ofrecer un libro útil, directo y sentido.

Esperamos que lo disfrutes.

PRIMERA PARTE
RECONOCER

CAPÍTULO 1

COMPASIÓN

> Si yo no estoy para mí, entonces, ¿quién estará para mí? Si ahora no, entonces, ¿cuándo?
>
> RABBI HILLEL

UNA DE LAS EXPERIENCIAS más importantes de mi vida tuvo lugar cuando yo tenía seis años. Mi familia vivía en Illinois, al borde de los campos de maíz. Recuerdo una tarde en la que me encontraba de pie contemplando la lluvia en las rodadas de los tractores y luego volví la mirada hacia nuestra casa. Me sentía nostálgico y triste por el enfado que reinaba dentro de ella. Brillaban algunas luces en las colinas lejanas, en los hogares de otras familias, quizá, más felices.

Hoy, con la perspectiva de un hombre adulto, me doy cuenta de que mis padres eran unas personas cariñosas y decentes que tenían que afrontar sus tensiones y reconozco que, en muchos sentidos, mi niñez fue afortunada. Mi padre tenía un trabajo duro y mi madre estaba muy ocupada con mi hermana y conmigo. No me acuerdo de lo que había sucedido en nuestra casa aquel día. Es posible que no fuera más que una discusión corriente. Pero sí recuerdo como si fuera ayer la preocupación por mí mismo que me embargaba. Me sentía mal, aquel sentimiento me importaba mucho y deseaba ayudarme a estar mejor. Muchos años más tarde aprendí que eso era *compasión*, el reconocimiento del dolor y el deseo de aliviarlo, y que puede estar dirigida a uno mismo o a otras personas.

Recuerdo con claridad que era consciente de que salir adelante y encontrar aquellas luces, aquellas personas y aquella felicidad mayor iba a depender de mí. Yo quería a mis padres y no estaba en contra de nadie, pero estaba dispuesto a ponerme de mi parte. Estaba decidido (como puede estarlo un niño, y un adulto también) a que mi vida fuera lo mejor que yo pudiera conseguir.

Mi camino hacia el bienestar empezó con la compasión, como le sucede a la mayoría de la gente. La compasión hacia uno mismo es fundamental porque, si tú no te preocupas por cómo te sientes y no quieres hacer algo para solucionarlo, es difícil que hagas un esfuerzo para ser más feliz y más resiliente. La compasión es, al mismo tiempo, suave y poderosa. Algunos estudios, por ejemplo, revelan que, cuando las personas la sienten, las áreas motoras de planificación del cerebro se preparan para la acción.

La compasión es un recurso psicológico, una *fuerza interior*. En este capítulo vamos a analizar cómo puedes cultivarla y utilizarla para ti mismo, y en los posteriores veremos cómo puedes ofrecérsela a otras personas.

PONTE DE TU PARTE

Cuando tratamos a los demás con respeto y cariño, lo más normal es que saquemos lo mejor de ellos. Lo mismo sucedería si nos tratáramos así a nosotros mismos.

Sin embargo, la mayoría de nosotros somos mejores amigos de los demás que de nosotros mismos. Nos preocupamos por su dolor, vemos cualidades positivas en ellos y los tratamos de forma justa y amable. ¿Y qué tipo de amigo eres para ti? Muchas personas son duras consigo mismas, se critican y cuestionan, dudan de sí mismas y rompen en lugar de construir.

Imagina que te trataras a ti mismo como a un amigo. Te darías ánimos, te mostrarías cariñoso y comprensivo y te ayudarías a sanar y a crecer. Piensa en cómo sería un día normal si estuvieras de tu parte. ¿Cómo te sentirías si apreciaras tus buenas intenciones y tu buen corazón y te criticaras menos?

Por qué es beneficioso que seas bueno contigo mismo

Resulta útil entender las razones por las que resulta justo e importante que estemos de nuestra parte. Cuando no lo hacemos, es fácil que se adueñen de nosotros creencias como «pensar en lo que quieres es egoísta», «no mereces que te quieran», «en lo más profundo de ti, eres una mala persona» o «fracasarás si sueñas a lo grande».

En primer lugar, está el principio general de que debemos tratar a la gente con decencia y compasión. Y el término «gente» incluye a la persona que lleva tu nombre. La regla de oro es una calle de doble sentido: debemos comportarnos con nosotros mismos tal y como nos comportamos con los demás.

En segundo lugar, cuanta más influencia tenemos sobre alguien, más responsables somos de tratarlo bien. Por ejemplo, los cirujanos tienen un gran poder sobre sus pacientes y, por eso, tienen el gran deber de ser cuidadosos cuando los operan. ¿Quién es la persona a la que más puedes afectar? *A ti mismo*, tanto tu yo actual como tu yo futuro, la persona que vas a ser en el próximo minuto, la próxima semana o el año que viene. Si te consideraras alguien a quien estás obligado a cuidar y tratar con amabilidad, ¿en qué cambiaría tu forma de hablarte y el modo en el que actúas a lo largo de la jornada?

En tercer lugar, ser bueno contigo mismo es bueno para los demás. Cuando las personas aumentan su bienestar, suelen volverse más pacientes, más colaboradoras y atentas en sus relaciones. Piensa en cómo se beneficiarían los demás si estuvieras menos estresado, preocupado o irritado y te convirtieras en una persona más tranquila, contenta y amorosa.

Hay una serie de pasos prácticos que puedes dar para ayudarte a creer, de verdad, que es bueno que te trates con respeto y compasión. Puedes escribir frases sencillas como «estoy de mi lado», «me pongo de mi parte» o «yo también importo» y leértelas en voz alta o colocarlas en algún lugar donde puedas verlas todos los días. Puedes visualizar que le dices a alguien por qué vas a atender mejor tus necesidades. También puedes imaginar a un amigo, un mentor o, incluso, a tu hada madrina diciéndote que están de tu parte… ¡y dejar que te convenzan!

La sensación de cuidar de ti mismo

Cuando dejé mi casa en 1969 para entrar en la Universidad de California, en Los Ángeles, yo era una persona hiperracional y cerebral. Me valía de un mecanismo de defensa para no sentirme triste, dolido ni preocupado, pero lo cierto es que tampoco sentía casi nada. Tuve que ponerme en contacto conmigo mismo para sanar y crecer. En los años setenta, California era el centro del movimiento del potencial humano y yo me sumergí en él, aunque lo cierto es que todo aquello me parecía un tanto estrafalario (¡gritos primarios!, ¡grupos de encuentro!, ¡desnudar tu alma a voluntad!). Poco a poco fui aprendiendo a sintonizar con mis emociones y con las sensaciones de mi cuerpo en general. En concreto, empecé a prestar atención a lo que me parecía que era ponerme de mi parte y a tratarme con calidez y aceptación en lugar de con frialdad y crítica. Me sentía bien haciéndolo, así que continué. Cada vez que me centraba en estas experiencias positivas era como si trabajara y fortaleciera un músculo una y otra vez. A base de repeticiones, la amabilidad y el estímulo a mí mismo fueron calando y se convirtieron en mi forma de ser natural.

Muchos años más tarde, ya como psicólogo, aprendí cómo habían actuado mis esfuerzos intuitivos. Centrarse en experimentar cualquier recurso psicológico —como la sensación de estar de tu parte— y permanecer en él es una forma muy potente de reforzarlo en tu cerebro. De ese modo, podrás llevar siempre contigo esa fuerza interior allá donde vayas.

En los capítulos de Mindfulness y Aprendizaje, explicaré con detalle cómo puedes convertir tus pensamientos y sentimientos en fuerzas interiores duraderas, porque esa es la base de la auténtica resiliencia. La esencia es simple: en primer lugar, experimenta aquello que quieres desarrollar en ti —como la compasión o la gratitud, por ejemplo— y luego céntrate en ello y no lo dejes, para que cada vez se consolide más en tu sistema nervioso.

Este es el proceso fundamental del cambio positivo del cerebro. Para ver las sensaciones que te produce, prueba la práctica del recuadro. Solo te llevará uno o dos minutos, aunque puedes hacerla más despacio para que su efecto sea más profundo. Como todo lo que sugiero, adáptala a tus propias necesidades. Además, observa en tu vida cotidiana en qué momentos surge la actitud de cuidarte a ti mismo y sientes la necesidad de hacerlo, y permanece en esa experiencia durante unos momentos más sintiéndola en tu cuerpo, hundiéndote en ella a medida que ella profundiza en ti.

PONTE DE TU PARTE

Trae a tu mente una ocasión en la que hayas estado de parte de alguien; puede ser un niño al que protegiste, un amigo al que animaste o un padre anciano con problemas de salud. Recuerda las sensaciones que esto provocó en tu cuerpo: en la postura de tus hombros, en la expresión de tu rostro. También algo de lo que pensaste y sentiste: pudo ser cariño, determinación o incluso una fiera intensidad.

A continuación, sabiendo lo que es estar del lado de alguien, aplícate esta actitud a ti mismo. Percibe lo que se siente cuando eres tu aliado, alguien que está pendiente de ti, que te ayuda y te protege. Reconoce que tienes derechos y necesidades que importan.

Es normal que surjan otras reacciones como la sensación de que no lo mereces. Obsérvalas y desentiéndete de ellas, y luego regresa a la sensación de desearte lo mejor a ti mismo. Céntrate en esta experiencia y permanece en ella durante un par de respiraciones o más.

Evoca mentalmente aquellos momentos en los que en verdad estuviste de tu lado. Puede que te dieses ánimos en una época dura en el trabajo o que te defendieras ante alguien que te había hecho daño. Siente lo que experimentaste, tanto emocionalmente como en tu cuerpo. Recuerda algunas de las cosas que pensaste como «los demás también tienen que colaborar». Permanece en esta experiencia y deja que llene tu mente.

Sé consciente de lo que supone estar comprometido con tu bienestar. Deja que calen en ti los sentimientos, los pensamientos y las intenciones de ser un auténtico amigo tuyo, y permite que se conviertan en una parte de ti.

MUESTRA COMPASIÓN ANTE TU DOLOR

La compasión es una sensibilidad cariñosa ante el sufrimiento —ya sea una molestia mental o física muy sutil o un dolor insoportable— unida al deseo de ayudar en lo que se pueda. Mostrar compasión disminuye el estrés y calma el cuerpo. Recibirla te hace más fuerte, más capaz de respirar, encontrar tu punto de apoyo y seguir adelante.

Cuando te ofreces compasión a ti mismo, obtienes tanto los beneficios de mostrarla como los de recibirla. Así como puedes ver las cargas y las tensiones de los demás, también puedes reconocerlas en ti. Al igual que puedes conmoverte con su sufrimiento, también puedes hacerlo con el tuyo. Puedes darte a ti mismo el mismo apoyo que le darías a otra persona. Y, si no recibes demasiada compasión de los demás, entonces es más importante que nunca que la recibas de ti.

Esto *no* es gimotear ni regodearse en las penas. La compasión hacia ti mismo es el punto del que partes cuando las cosas se ponen feas, no aquel en el que te detienes. Las investigaciones de Kristin Neff y otras personas han demostrado que la compasión hacia uno mismo hace a la persona más resiliente, más capaz de recuperarse. Disminuye las autocríticas y construye la autoestima, y eso te ayudará a ser más ambicioso y a tener más éxito, en lugar de ser autocomplaciente y perezoso. En la compasión por tu propio dolor, se percibe la humanidad común: todos sufrimos, todos afrontamos la enfermedad y la muerte, todos perdemos a personas amadas. Todo el mundo es frágil, como cantaba Leonard cohen: «Todo tiene una grieta, / así es como entra la luz». Todo el mundo está agrietado. Todo el mundo necesita compasión.

Dificultades de la autocompasión

Sin embargo, la autocompasión es algo que a muchos nos cuesta bastante. Uno de los motivos de esta dificultad es la forma en la que actúa nuestro sistema nervioso. El cerebro está diseñado para cambiar con nuestras experiencias, sobre todo, las *negativas* y, en especial, las que tuvieron lugar en la niñez. Es normal que interiorices la forma en la que te trataron tus padres y otras personas (quizá ignoraron, menospreciaron o castigaron tus sentimientos y anhelos más delicados) y que luego te trates igual a ti mismo.

Yo, por ejemplo, tuve unos padres muy conscientes y cariñosos, y les estoy muy agradecido. Dicho eso, durante mi etapa de crecimiento, experimenté críticas frecuentes y no demasiada compasión, y adopté estas actitudes hacia mí mismo. Siempre me ha conmovido el dolor de los demás. ¿Y mi propio dolor? Lo apartaba y luego me preguntaba por qué no dejaba de afectarme.

Aprender a sentir compasión

Tuve que aprender a sentir compasión por mi sufrimiento. En la vida aprendemos muchas cosas, como montar en bicicleta, pedir perdón a un amigo o menospreciarnos por sentirnos mal. ¿Qué se necesita para aprender?

La clave para desarrollar cualquier recurso psicológico, incluida la compasión, es experimentarlo de forma repetitiva para que *se transforme en un cambio duradero en la estructura o función neuronal*. Es como grabar una canción en un casete antiguo: a medida que va sonando la canción —a medida que vas experimentando el recurso—, puedes hacer que vaya dejando un rastro físico en tu sistema nervioso.

Cuando experimentes algo agradable o útil —como, por ejemplo, la satisfacción de terminar un informe en el trabajo o el consuelo de tirarte en el sofá al final de un largo día—, *obsérvalo*. También puedes *crear* deliberadamente una experiencia de algo que desees desarrollar, como la sensación de estar de tu parte. Cuando estés experimentando esto, siéntela lo más plenamente posible y dedica un ratito —un par de respiraciones o diez— a estar con ella. Cuanto más a menudo lo hagas, más tenderás a grabar los recursos psicológicos en tu mente.

Para desarrollar más autocompasión, dedica unos minutos a probar la práctica del recuadro. A medida que vayas desarrollando más compasión hacia ti mismo, más capaz serás de recurrir a ella siempre que quieras.

COMPASIÓN HACIA TI MISMO

Evoca mentalmente aquellos momentos en los que te hayas sentido querido por personas, mascotas o seres espirituales, en tu vida actual o en el pasado. Sirve cualquier tipo de atención, como esas veces en las que te sentiste incluido, presente, apreciado o amado. Relájate y ábrete a la sensación de sentirte querido. Permanece con esos sentimientos y nota cómo van calando, como el agua en una esponja.

Piensa ahora en una o más personas por las que sientas compasión; puede ser un niño que sufre, un amigo que se está divorciando o los refugiados del otro lado del mundo. Percibe su carga, sus preocupaciones y su sufrimiento. Siente cariño por ellos, preocupación solidaria. Puedes ponerte una mano sobre el corazón y pensar cosas como «espero que se alivie tu dolor, que encuentres trabajo, que superes esta enfermedad...». Entrégate a la compasión, deja que te llene y que fluya a través de ti.

Sabiendo las sensaciones que produce la compasión, aplícatela a ti mismo. Reconoce las formas en las que te sientes estresado, cansado, enfermo, maltratado o triste. Muestra compasión hacia ti como harías hacia un amigo que se sintiera como te sientes tú. Puedes ponerte una mano sobre el corazón o en la mejilla. Dependiendo de lo que haya sucedido, puedes pensar: «espero que no sufra, que pase este sentimiento de dolor, que no me preocupe tanto, que me cure de esta enfermedad...». Imagina la compasión como una lluvia cálida y suave que penetra en tu interior, que toca y calma los puntos agotados, doloridos y anhelantes que tienes dentro de ti.

ENCUENTRA ACEPTACIÓN

En cierta ocasión, trepé con un amigo el East Buttress hasta la cima del monte Whitney. La ruta de regreso a nuestra tienda bajaba por un barranco lleno de nieve. Era octubre, la nieve se había convertido en hielo y teníamos que movernos con cuidado y muy despacio. Estaba oscureciendo y no veíamos por dónde íbamos. En lugar de arriesgarnos a sufrir una caída mortal, decidimos pasar la noche sentados en un pequeño saliente de roca envueltos en una manta térmica, con los pies en las mochilas y temblando por el frío gélido.

No me gustaba estar allí, pero no me quedaba más remedio, en vista de la realidad de nuestra situación. Negarla o luchar contra ella nos habría llevado a la muerte. En aquellas alturas, cuidar de mí tenía que incluir reconocer y aceptar la verdad del mundo que me rodeaba. La aceptación puede ir acompañada de otras reacciones. Una persona, por ejemplo, puede sentirse indignada por una injusticia y aceptar que es una realidad. Aceptar no significa despreocuparse ni rendirse. Podemos aceptar algo y, al mismo tiempo, intentar mejorarlo.

También tuve que aceptar lo que estaba sucediendo dentro de mí. Estaba cansado, con frío y preocupado. Así era como me sentía. Intentar apartar esas sensaciones habría añadido más tensión a una situación ya de por sí estresante y me habría hecho sentirme peor. En ocasiones, es conveniente empujar los pensamientos y sentimientos en una dirección más sana y alegre, pero eso solo funciona si somos capaces de aceptar nuestras reacciones. De lo contrario, ese empujón tiene poca tracción y no estamos haciendo más que engañarnos con respecto a lo que de verdad sentimos. Si no aceptamos la verdad sobre nosotros mismos, no la veremos con claridad y, si no la vemos con claridad, tendremos menos capacidad para afrontarla.

Nuestro yo es como una casa grande, y si no aceptamos todo lo que somos es como si estuviésemos cerrando algunas de sus habitaciones: «eh, no puedo mostrarme vulnerable, mejor cierro esta puerta», «pedir amor me hizo parecer idiota, no voy a volver a hacerlo, cierra», «me equivoco cuando me excito, así que se acabó la pasión, tira la llave». ¿Qué pasaría si abrieras todas las puertas que tienes dentro? Puedes seguir vigilando lo que hay en cada habitación y decidir cómo actúas y qué muestras al mundo. Aceptar lo que hay dentro de ti te hace más capaz de influir sobre ello, no menos. Prueba la práctica del recuadro para profundizar sobre esto.

AUTOACEPTACIÓN

Mira a tu alrededor, encuentra algo que exista… y acéptalo. Percibe lo que sientes cuando aceptas algo.

Piensa en un amigo y en diferentes aspectos de su persona. Investiga lo que sientes cuando aceptas estos aspectos de tu amigo. Observa si puedes percibir alivio, apertura y calma.

Sé consciente de tu experiencia. Intenta aceptar aquello que estás experimentando sin añadirle nada. ¿Puedes aceptar la sensación de respirar tal y como es? Si te viene a la mente algún juicio, ¿puedes aceptarlo también? Intenta decirte cositas como «acepto este pensamiento», «acepto este dolor» o «acepto que me siento agradecido o triste». Si encuentras alguna resistencia, ¿puedes aceptarla? Si algunas partes de tu experiencia resultan difíciles, recuerda la sensación de estar de tu parte y lo que significa la autocompasión. Sé consciente de que la aceptación es una experiencia en sí misma, una actitud u orientación hacia las cosas que es capaz de ver sin darse la vuelta, que recibe sin resistirse. Deja que se extienda por todo tu interior.

Sé consciente de las distintas partes de ti, las que te gustan y las que no. Puedes nombrarte algunas: «hay una parte a la que le gustan los dulces, una parte que se siente sola, una parte que es

crítica, una parte que se siente joven, una parte que desea amor».
A continuación, prueba a aceptar la realidad de esas partes, empezando por las más fáciles. Si algunas te resultan difíciles de
aceptar, es normal y no pasa nada, puedes volver a ellas más tarde
si te apetece. Puedes decirte cosas como: «acepto esa parte de mí
a la que le gustan los niños, acepto esa parte de mí que deja los
platos sucios en el fregadero, acepto esa parte de mí a la que
maltrataron en el colegio, acepto esa parte de mí que está resen-
tida». La aceptación debe producir una sensación de tranquilidad
interior, una apertura e inclusión de diversas partes de ti. Puedes
rodearte con los brazos y abrazarte. Sumérgete en la autoacepta-
ción a medida que esta va calando en ti.

DISFRUTA DE LA VIDA

Si alguna empresa farmacéutica pudiera patentar el disfrute,
lo anunciaría en televisión todas las noches. Las experiencias que
disfrutamos (como acariciar a un gato, beber agua cuando tenemos sed o sonreír a un amigo) reducen las hormonas del estrés,
fortalecen el sistema inmunitario y nos ayudan a serenarnos
cuando estamos frustrados o preocupados.

A medida que aumenta el disfrute, también lo hace la actividad de una serie de sustancias neuroquímicas como la *dopamina*,
la *norepinefrina* y los *opiáceos naturales*. En lo más profundo del
cerebro, los circuitos de los *ganglios basales* emplean este aumento
de la dopamina para priorizar y buscar acciones que nos aporten
una gratificación. Si quieres sentirte más motivado hacia determinadas cosas —como hacer ejercicio físico, comer cosas saludables
o acometer un proyecto complicado en el trabajo—, centrarte en
aquellas facetas que te resulten más agradables te impulsará de
una forma natural a hacerlas. La norepinefrina te ayuda a perma-

necer alerta y ocupado. Si por la tarde estás en una reunión abu-
rrida, busca cualquier cosa que puedas disfrutar, la que sea, y eso
te mantendrá despierto y hará que seas más eficaz. Los opiáceos
naturales, incluidas las endorfinas, calman el organismo si estamos
estresados y reducen el dolor físico y emocional.

La dopamina y la norepinefrina juntas etiquetan las experiencias como «algo que merece la pena» y realzan su consolida-
ción como recursos duraderos dentro del cerebro. Pongamos que
te gustaría tener más paciencia en casa o en el trabajo. Para cultivar esta fuerza interior, busca oportunidades de experimentarla.
A continuación, céntrate en lo que te resulta agradable de ella,
como lo bien que te sientes cuando estás tranquilo y relajado.
Una experiencia de paciencia o cualquier otro recurso psicológico es un *estado* mental y, cuando lo disfrutamos, se convierte
en una *característica* positiva grabada en la mente.

Disfrutar de la vida es una forma muy potente de cuidar de uno
mismo. Piensa en cosas que te gusten. En mi caso, incluirían el olor
del café, hablar con mis hijos y ver una hierbecilla que se abre camino
a través de una grieta del pavimento. ¿Qué cosas tienes en tu lista?
No se trata tanto de momentos absolutamente gloriosos como de
las pequeñas oportunidades de disfrutar que están presentes hasta
en la vida más dura: quizá sentir amistad por alguien, relajarte cuando exhalas o dejar que te invada el sueño al final de un día largo y
complicado. Y, con independencia de lo que esté sucediendo fuera
de ti, siempre puedes encontrar algo para disfrutar dentro de tu
propia mente; puede ser una broma privada, una experiencia ima-
ginada o el reconocimiento de tu calidez como persona.

Estas pequeñas formas de disfrutar de la vida conllevan una gran
lección. Lo que suele marcar una mayor diferencia son las cositas que
se van acumulando a lo largo del tiempo. En el Tíbet, hay un dicho que
afirma: «si cuidas los minutos, los años se cuidarán por sí mismos».

¿Cuál es el minuto más importante de la vida? En mi opinión, el próximo. El pasado ya no tiene remedio y nuestra

influencia sobre las horas y los días que están por venir es muy limitada. Sin embargo, el próximo minuto —un minuto tras otro minuto tras otro minuto— está siempre lleno de posibilidades. ¿Tienes oportunidades de estar de tu parte, de aportar cuidados para tu dolor, de aceptarte y de disfrutar lo que puedas? ¿Hay algo que podrías sanar, algo que podrías aprender?

Minuto a minuto, paso a paso, fuerza tras fuerza, siempre puedes hacer crecer más lo bueno que llevas dentro, por tu propio bien y por el de los demás.

PUNTOS FUNDAMENTALES

- La compasión abarca una preocupación cariñosa por el sufrimiento y el deseo de aliviarlo si es posible. Puede mostrarse tanto a los demás como a uno mismo.
- La compasión es un recurso psicológico —una fuerza interior— que puede desarrollarse con el tiempo. Para cultivar las fuerzas interiores, debemos experimentarlas de tal manera que den lugar a cambios duraderos en el sistema nervioso.
- Ponerte de tu lado y cuidar tu dolor te hará más resiliente, más confiado en ti mismo y más capaz. Ser bueno contigo mismo es también beneficioso para los demás.
- Aceptar las cosas tal y como son —incluido tú mismo— te ayuda a afrontarlas de una forma más eficaz y con menos resistencia y estrés.
- Los momentos de disfrute enriquecen cada día. También disminuyen el estrés, te conectan con los demás y aumentan tu aprendizaje —el beneficio duradero— de las experiencias que estás teniendo.
- Las cosas pequeñas se acumulan. Tienes muchas oportunidades a lo largo del día para mejorar tu cerebro.

CAPÍTULO 2

MINDFULNESS

La educación de la atención sería la educación por excelencia.

WILLIAM JAMES

PRACTICAR MINDFULNESS SIGNIFICA estar presente en este momento tal y como es, un momento tras otro, en lugar de dedicarse a soñar despierto, pensar o distraerse. Resulta fácil… durante una o dos respiraciones seguidas. La clave es permanecer plenamente consciente, algo que, según han demostrado numerosas investigaciones, disminuye el estrés, protege la salud y levanta el ánimo.

Es muy fácil ser plenamente consciente cuando se está sentado en el sofá con una taza de té calentito en la mano. Resulta más difícil cuando la situación se vuelve estresante o emocionalmente exigente, como sucede cuando discutimos con una persona querida. En esos casos, puede parecer que esta aptitud está fuera de nuestro alcance, precisamente cuando más la necesitamos.

Para desarrollar la fuerza del mindfulness vamos a empezar a aplicar unos métodos prácticos que te permitan desarrollar una atención estable y constante y te ayuden a centrarte, de manera que las experiencias estresantes o turbadoras no te distraigan ni te hagan perder el control. A continuación, analizaremos las tres formas principales de relacionarnos con nuestra mente y guiarla, además del papel que desempeña el mindfulness en cada una de ellas.

Luego veremos cómo utilizar el mindfulness para atender las necesidades básicas que todos tenemos: sentirnos seguros, satisfechos y conectados. En la última parte, estudiaremos las dos formas diferentes con las que la mente afronta las situaciones complicadas y cómo el mindfulness puede ayudarnos a responder con una sensación latente de paz, contento y amor en lugar de reaccionar desde el miedo, la frustración y el dolor.

FIJA LA MENTE

Tu sistema nervioso está diseñado para cambiar con las experiencias (la denominación técnica de este fenómeno es *plasticidad neuronal dependiente de la experiencia*) y las tuyas dependen de aquello a lo que estás prestando atención. Según afirma un viejo dicho, «somos lo que comemos». Y eso es cierto para el cuerpo, pero *tú*, la persona que eres, te vas convirtiendo, cada vez más, en aquello en lo que centras tu atención. ¿Puedes centrarte en las muchas cosas útiles y agradables de cada día y atraerlas hacia ti? ¿O te preocupas por los problemas, la autocrítica y el resentimiento y los conviertes en parte de ti?

Para transformar las experiencias pasajeras en fuerzas interiores duraderas, tenemos que ser capaces de centrar nuestra atención en una experiencia durante el tiempo suficiente para que esta empiece a consolidarse en el sistema nervioso. Por desgracia, la mayoría de nosotros tenemos una atención esquiva y una mente que está constantemente saltando de un lado para otro. Esto se debe a varias razones: vivimos en una cultura acelerada, bombardeada por los medios de comunicación, plagada de tareas que hay que llevar a cabo a la vez y en búsqueda constante de estímulos. El estrés, la ansiedad, la depresión y los traumas dificultan todavía más la capacidad de centrarnos. Además, algunas personas se distraen de forma natural con más facilidad que otras.

Cómo actúa el mindfulness

El mindfulness es la clave para regular la atención y sacar el máximo partido a las experiencias beneficiosas limitando, al mismo tiempo, el efecto de las estresantes y perjudiciales. Te permite reconocer dónde se ha ido tu atención. La raíz de la palabra con la que se denomina al mindfulness en pali, el idioma del budismo primitivo, hace referencia a la *memoria*. Cuando lo practicas, recuerdas mejor las cosas y te vuelves menos olvidadizo, más coherente y menos disperso.

Puedes ser consciente de lo que abarca un campo de atención muy limitado, como enhebrar una aguja, o de otro muy amplio, como observar todo el flujo constante de la consciencia. Asimismo, puedes aplicar una atención consciente a tu mundo interior y al exterior al mismo tiempo, como el sentimiento de dolor cuando alguien te decepciona o un camión que circula junto a tu coche un día de lluvia.

La práctica del mindfulness puede tener lugar junto con otras experiencias, como la compasión por tus sentimientos dolidos o la precaución necesaria para que el camión no se te acerque demasiado en medio del tráfico intenso de la autovía, pero el mindfulness en sí mismo no intenta cambiar tu experiencia ni tu conducta. Es receptivo y acepta, no juzga ni dirige. Mantiene tus reacciones en una consciencia espaciosa que jamás se ve turbada por nada de lo que pase en ella. Te permite dar un paso atrás con respecto a tus reacciones y observarlas desde una perspectiva más tranquila y centrada. Puedes aceptarlas tal y como son y, al mismo tiempo, no identificarte con ellas. Evidentemente, eso no significa que la única forma de practicarlo sea observar pasivamente el discurrir de tus experiencias. También puedes hacerlo mientras hablas con otras personas, tomas decisiones y vas consiguiendo una cosa tras otra.

Fortalecer el mindfulness

El mindfulness es una especie de músculo mental que puede fortalecerse convirtiéndolo en una parte habitual de la vida cotidiana. Con el tiempo, desarrollar una continuidad en la práctica del mindfulness te aporta una presencia sostenida que resulta enraizada y firme.

Sé consciente de ser consciente

¿Alguna vez te has quedado ensimismado dándole vueltas, por ejemplo, a un problema económico o a lo que un amigo piensa de ti y de repente has tenido la sensación de «despertar» de esa ensoñación? Eso es una experiencia de mindfulness. Puedes también haber percibido la consciencia del momento presente mientras caminas hacia el trabajo, haces una pausa para mirar por la ventana o reflexionas sobre la jornada mientras te preparas para acostarte.

Siempre que lo experimentes, date cuenta de las sensaciones que te produce el mindfulness. Es como si regresaras a ti mismo. Sencillamente estás aquí, ahora, sin interrupciones. Sé consciente también de cuando *no* eres consciente. Intenta darte cuenta, cada vez más rápido, de que tu atención está divagando. Puedes, por ejemplo, programar la alarma del teléfono suavecita para que suene de vez en cuando y te recuerde que debes practicar mindfulness durante todo el día. Con un poco de práctica, estarás siempre centrado en el momento presente cada vez que suene.

Reduce las distracciones

También puedes poner el teléfono en «no molestar» para reducir los mensajes y llamadas que te interrumpen. En cierto sentido, tu atención es propiedad tuya. En la medida de tus posibilidades, no dejes que otras personas ni el mundo acelerado que te rodea te la roben sin tu permiso. Intenta ir más despacio y hacer cada cosa en un momento diferente prestándole toda tu atención.

Incorpora el mindfulness a tu jornada

Sintonízate con tu respiración mientras hablas con otras personas o haces tus tareas. Esto te ayudará a permanecer enraizado en ti y en el momento presente. Vuelve a la consciencia de tu respiración muchas veces al día. Puedes aprovechar actividades regulares como las comidas para hacer una pausa, serenarte y volver al presente. También puedes reforzar tu atención haciendo cosas que requieren concentración como, por ejemplo, manualidades o crucigramas.

Medita

Existen muchos métodos, tradiciones y maestros de meditación, tanto seculares como de oración. Mucha gente me pregunta cuál es el mejor. En mi opinión, aquel que una persona va a practicar de forma constante. Por tanto, encuentra lo que te resulte agradable y eficaz a ti. Puedes proponerte meditar un minuto o más cada día, aunque sea el último antes de apoyar la cabeza sobre la almohada. Yo lo he hecho y puedo afirmar con honestidad que me ha cambiado la vida. Empecé a meditar en 1974 y he descubierto que las meditaciones más poderosas son, por lo general, las más sencillas. Te sugiero que pruebes la que se explica en el recuadro siguiente.

UNA MEDITACIÓN SENCILLA

Reserva unos minutos en un lugar tranquilo. Encuentra una postura cómoda sentado, de pie o tumbado. También puedes caminar despacio, quizá de un lado a otro de una habitación. Céntrate en algo que te ayude a estar presente: una sensación, una palabra, una imagen o un sentimiento. Aquí vamos a usar la respiración; si empleas otro objeto de atención, adapta mis indicaciones.

Sé consciente de las sensaciones que te produce la respiración en la cara, en el pecho, en el estómago o en el cuerpo en general. Presta atención al comienzo de una inhalación, mantén la consciencia en ella mientras transcurre y luego, prestando atención a la exhalación... una respiración tras otra. Si te parece útil, puedes ir contando en el fondo de tu mente cada respiración completa hasta cuatro, o hasta diez, y luego volver a empezar; si pierdes la cuenta, empieza otra vez desde uno. También puedes usar palabras suaves como «adentro... afuera... subir... bajar». Si tu mente divaga, es normal; cuando te des cuenta de ello, vuelve a tu objeto de atención.

Mientras respiras, relájate. Los sonidos, pensamientos, recuerdos y sentimientos llegarán y se irán, pasando por tu consciencia. No estás intentando silenciar la mente, sino más bien desentendiéndote de las distracciones; ni resistiéndote ante lo desagradable ni siguiendo a lo agradable. Estás, sencillamente, asentándote en el presente, dejando ir el pasado, sin temer ni planificar el futuro. No hay nada que arreglar, ningún otro lugar al que ir, no tienes que ser nadie. Descansa y relájate mientras todo el cuerpo respira.

Sin esfuerzo ni tensión, intenta abrirte a una sensación cada vez mayor de paz. Luego, a tu propio ritmo, intenta encontrar una sensación de felicidad. Y, cuando quieras, ábrete a un sentimiento de amor. Puede haber otras cosas presentes en tu consciencia, como dolor o preocupación, y no pasa nada. Déjalas estar mientras permaneces consciente de la respiración y, quizá, con una sensación creciente de bienestar general.

Durante la meditación, siente cómo la relajación y otras experiencias beneficiosas penetran en tu ser y se convierten en parte de ti. Cuando llegues al final de la práctica, permítete recibir todo aquello que haya tenido de beneficioso.

ENCUENTRA REFUGIO

El mindfulness te ayuda a abrirte a las capas más profundas de tu ser. Por lo general, es una sensación muy agradable pero, a veces, si no estás preparado para ello, puede ser como abrir una trampilla a algo incómodo y temible. Por ejemplo, cuando entré en la universidad a finales de los años sesenta, la gente me solía decir: «Venga, hombre, siente tus sentimientos, experimenta tu experiencia». Yo creía que estaban locos. Mis sentimientos dolían. ¿Por qué iba a querer sentirlos? Aun así, sabía que tenía que abrirme, pero me daba miedo. Necesitaba una forma de sentirme seguro ante cualquier cosa que pudiera asomar por la trampilla. Necesitaba encontrar *refugio*.

Me acordé de cuando era niño y me escabullía de mi casa para caminar por los naranjales y las colinas cercanas. Trepar a los árboles y estar al aire libre me ayudaba a relajarme y a sentirme fuerte. Cuando volvía a casa, llevaba conmigo esas sensaciones buenas, como si los árboles y las colinas siguieran estando dentro de mí y pudiera regresar a ellos mentalmente para encontrar consuelo y apoyo. Años más tarde, ya en la universidad, recuperé ese sentimiento de refugio que había encontrado en la naturaleza, y eso me ayudó a tener el valor suficiente para explorar los cimientos oscuros y espeluznantes de mi mente... lo que, rara vez, resultó tan doloroso como yo había temido.

Conoce tus refugios

Un refugio es cualquier cosa que te protege, te cuida o te estimula. La vida puede ser dura y todo el mundo sufre experiencias difíciles y desagradables. Todos necesitamos refugios. ¿Cuáles son los tuyos?

Una mascota o alguna otra persona podrían ser un refugio para ti. Mi mujer es mi refugio, y los amigos de Forrest, los de este. Algunos lugares pueden ser también un refugio, como tu cafetería favorita, una iglesia, una biblioteca o un parque. Algunas cosas pueden dar sensación de serlo, como una taza de café, un jersey abrigadito o un buen libro al final de una dura jornada. También puedes encontrarlo en distintas actividades: sacar a pasear al perro, por ejemplo, tocar la guitarra o ver la televisión antes de acostarte.

Algunos refugios son intangibles. Los recuerdos de estar al aire libre han sido unos muy importantes para mí, desde los naranjos de mi infancia a las excursiones por los rincones más recónditos de la naturaleza ya como adulto. Quizá tú recuerdes las sensaciones de la cocina de tu abuela o a tu nieto dormido en tu regazo. Para muchas personas, el sentido de algo sagrado o divino es un refugio muy profundo. También las ideas pueden ser refugios, como en el caso de los descubrimientos de los científicos o la sabiduría de los santos. O sencillamente saber que tus hijos te quieren mucho.

Además, existe el refugio fundamental de tener fe en todo aquello bueno que albergas dentro de ti. Esto no significa pasar por alto el resto. Sencillamente, ves tu decencia, tu calor y amabilidad, tus buenas intenciones, tus capacidades, tus esfuerzos… Son datos acerca de ti y reconocerlos es una fuente muy fiable de refugio.

Usando tus refugios

En el transcurso del día, ve encontrando refugios como un tiempo para ti mientras te duchas por la mañana, la amistosa camaradería de la gente del trabajo, escuchar música de camino a casa o pensamientos de gratitud cuando te preparas para dormir. También puedes reservar unos momentos para crear experiencias sostenidas de refugio, como la práctica del recuadro.

Cuando encuentres un refugio, ve más despacio. Sé consciente de las sensaciones que te produce; puedes sentir relajación, seguridad y alivio. Permanece en esta experiencia durante una respiración o más. Observa qué cosas buenas percibes. Deja que esta sensación de refugio cale en tu interior y se establezca dentro de ti como un lugar al que puedes acudir siempre que quieras.

Si estás practicando el mindfulness y empiezas a sentirte abrumado por lo que está entrando en tu consciencia, céntrate en un refugio y en las sensaciones que te produce. Es como estar cobijado contemplando la tormenta de fuera. Acabará pasando, como sucede con todas las experiencias, y tu núcleo apacible e intacto permanecerá.

REFUGIARSE

Escoge algo que suponga para ti un refugio, como la imagen de un bello prado, el recuerdo de un ser querido o la sabiduría de un proverbio. Ábrete a los sentimientos y sensaciones que relaciones con él. Percibe lo que sientes al tener un refugio, permanece en esta experiencia y deja que cale en tu interior.

Intenta darle un nombre, por ejemplo, «me refugio en _____». Observa qué sientes y deja que este sentimiento de refugio crezca dentro de ti. Intenta dar nombre a otros refugios.

Prueba a relacionarte con un refugio no como algo que está «ahí afuera», separado de ti, sino más bien como algo ya presente en ti. Puedes decirte cosas como «vengo de _____», «permanezco como _____» o «que _____ me sirva de aliento». Si se considera de esta forma, un refugio puede percibirse como una corriente sana y beneficiosa que te transporta.

Intenta refugiarte en la gratitud, en la sensación de que gustas a las personas que se preocupan por ti, en la percepción de tu amabilidad y tu decencia… en cualquier otra cosa que quieras.

Entrégate a tus refugios y conviértelos en parte de ti.

DEJA SER, DEJA IR, DEJA ENTRAR

La psicología clínica, el *coaching*, la formación en recursos humanos, los talleres de crecimiento personal y las tradiciones contemplativas de todo el mundo ofrecen muchas formas diferentes de ser feliz, cariñoso, eficaz y sabio. Sin embargo, por muy variados que sean estos enfoques y métodos, pueden dividirse en tres grupos, tres formas principales de aplicar la mente.

En primer lugar, puedes *estar con lo que está ahí*. Percibe los sentimientos, experimenta la experiencia, lo dulce y también lo amargo. Puedes investigar los distintos aspectos de una experiencia —como las sensaciones que abarca, las emociones, los pensamientos y los deseos— y quizá llegar hasta una zona más vulnerable como el dolor que, a menudo, encontramos debajo del enfado. En el proceso de estar con ella, la experiencia puede cambiar, pero no debes intentar modificarla deliberadamente.

En segundo lugar, puedes *disminuir lo negativo* (aquello que es doloroso o perjudicial) previniéndolo, reduciéndolo o acabando con ello. Por ejemplo, puedes confiar tus sentimientos a un amigo, apartarte de las ideas autocríticas, dejar de llevar a casa galletas que alimenten el deseo de azúcar o eliminar tensiones relajando el cuerpo.

La tercera forma es *aumentar lo positivo* (lo que resulta agradable o beneficioso) creándolo, haciéndolo crecer o conservándolo. Puedes respirar más rápido para elevar tu energía, recordar momentos pasados con amigos en los que te sentiste feliz, tener pensamientos realistas y útiles acerca de una situación laboral o motivarte imaginando lo bien que te sentirías si tomaras alimentos saludables.

Dicho de otra forma, adquirir la destreza de afrontar, sanar y estar bien es una cuestión de aprender a *dejar ser, dejar ir* y *dejar entrar*. Para todo ello es necesario el mindfulness, porque no podemos dejar ser, dejar ir ni dejar entrar sin él. Además, estas formas de practicar con la mente funcionan unidas. Por ejemplo, puedes usar el tercer método —aumentar lo positivo— para cultivar un recurso interior como la autocompasión para estar con los sentimientos dolorosos.

Imagina que tu mente es un jardín. Puedes cuidarlo de tres formas: observándolo, quitando las malas hierbas y plantando flores. Observarlo es fundamental, y hay veces en que no puedes hacer otra cosa. Puede que haya sucedido algo terrible y no tengas más opción que capear el temporal. Sin embargo, estar con la mente no es suficiente. También hay que trabajar con ella. La mente está enraizada en el cerebro, que es un sistema físico que no cambia a mejor por sí solo. Las malas hierbas no se quitan y las flores no se plantan por el simple hecho de estar observando el jardín.

Gestionar un malestar

Estas tres formas de aplicar la mente nos proporcionan un mapa por etapas para gestionar un malestar. Supón que te sientes estresado, dolido o enfadado. Para empezar, debes estar con lo que sea que está sucediendo dentro de ti. Sintonízate con tu cuerpo; puede que notes tensión en el pecho o el estómago encogido. Explora tus emociones, tus pensamientos y tus deseos. Busca también cosas que podrían ser más profundas y vulnerables como, por ejemplo, el dolor de una ruptura reciente debajo de la preocupación de empezar de nuevo a salir con otras personas. Intenta aceptar tu experiencia tal y como es sin resistirte a ella, aunque te resulte incómoda. Ponte de tu parte y ten compasión contigo.

En segundo lugar, cuando te parezca el momento adecuado, empieza a dejarlo ir. Haz unas cuantas respiraciones exhalando despacio y permitiendo que todas las tensiones salgan de tu cuerpo. Según consideres apropiado, puedes liberar emociones confiándoselas a un amigo, gritando en la ducha, llorando o imaginando un río de luz que se vierte por tu cuerpo y lava todos los sentimientos tristes o desagradables. Desvía tu atención de los bucles de pensamiento negativos. Desafía las creencias falsas o exageradas pensando razones que demuestren que están equivocadas. Intenta ver todo el conjunto. Lo que ha sucedido es, probablemente, un breve capítulo del largo libro de tu vida. Sé consciente de cómo un deseo problemático —como el de desatar tu ira— podría haceros daño a ti o a otras personas. Imagina que coges el deseo con la mano como si fuera una piedra y lo dejas caer.

Tercero, cuando estés listo, deja entrar. Reconoce que has atravesado algo difícil y apréciate por haberlo hecho. Deja que el alivio y la relajación se extiendan por tu cuerpo. Observa o trae a tu mente sentimientos que sustituyan de forma natural a aquello que has liberado, como la seguridad que se expande cuando la ansiedad te abandona. Céntrate en pensamientos verdaderos y útiles que sustituyan a los equivocados y perjudiciales. Comprueba si tienes que aprender alguna lección más, como otros modos de ser más amable contigo mismo o más eficaz con otras personas. Decide si tienes que cambiar, a partir de ahora, la forma de hacer algo, como salir antes hacia el aeropuerto o no hablar de dinero con tu pareja justo antes de dormir.

Confía en tu intuición para saber cuándo tienes que pasar de una fase a la siguiente. Es como el cuento de *Ricitos de Oro y los tres osos*, en el que una cama era demasiado dura, la siguiente demasiado blanda y la tercera perfecta. El que algo te parezca «perfecto» dependerá de la experiencia misma. Por ejemplo, puedes tener un pensamiento crítico durante unos segundos y reconocer su parloteo familiar («mira, aquí está otra vez, protestando por cómo conducen los demás») y pasar rápidamente a dejar ir. No sirve de nada seguir escuchándolo una y otra vez; ya has recibido el mensaje, así que puedes colgar el teléfono.

Sin embargo, a veces las cosas son muy difíciles y lo máximo que puedes hacer es soportarlas. Si fallece tu pareja, por ejemplo, puede que tardes años en pasar los dos primeros pasos —dejar estar y dejar ir— antes de ser capaz de imaginar siquiera la posibilidad de dejar entrar a otra persona en tu corazón. Es posible que haya gente que quiera que vayas más rápido, pero tú debes mantener tu propio ritmo. Quizá lo único que puedas hacer sea tocar el dolor durante unos segundos y luego apartarte un tiempo antes de regresar a él. Yo, personalmente, entré en la edad adulta con un enorme cubo de lágrimas escondido en lo más profundo de mí. Sentirlo todo de una vez me habría hundido, así que fui vaciándolo cucharada a cucharada.

Si intentas dejar ir y dejar entrar, pero lo encuentras superficial y falto de autenticidad, vuelve al primer paso y quédate con tu mente. Explora qué más tienes que experimentar plenamente, quizá algo más impreciso y de cuando eras más joven. El proceso de dejar estar, dejar ir y dejar entrar desvela, en ocasiones, el siguiente estrato de material psicológico. Puedes, entonces, utilizar los tres pasos para gestionar este estrato y quizá otros adicionales en una espiral cada vez más profunda. Permanece plenamente consciente y, durante este proceso, estarás quitando malas hierbas, plantando flores y llegando a conocer mejor tu jardín.

ATIENDE TUS NECESIDADES

Poco después del nacimiento de Forrest, mis padres vinieron a vernos. Mi madre estaba emocionada con la idea de coger en brazos a su primer nieto. Lo abrazó contra su pecho y murmuró:

—¡Qué bebé más dulce! ¡Qué bebé tan bueno eres!

Forrest, sin embargo, no conseguía levantar la cabeza para mirarla y empezó a mostrarse inquieto. Mi madre siguió hablándole, pero él estaba cada vez más incómodo. Yo murmuré:

—Mamá, creo que quiere que le cojas hacia un lado para estar más cómodo.

Ella me respondió feliz:

—Él no sabe lo que quiere.

Yo, sorprendido, le dije que el niño quería que lo cogieran de otra forma porque había estado perfectamente hasta que ella lo levantó. Ella me respondió con alegre entusiasmo:

—¡Y a quién le importa lo que él quiera!

Yo musité que a mí me importaba y cogí a nuestro hijo.

Esta historia tiene mucho trasfondo. Mi madre era una persona muy cariñosa y se sentía entusiasmada al ver a Forrest. Estaba, sencillamente, expresando dos creencias que habían guiado su forma de educar a sus hijos: los niños no son seres que sepan lo que quieren e, incluso, en el caso de que sí lo sepan, sus deseos no importan tanto como los de los adultos.

En términos realistas, ningún niño o adulto puede satisfacer todos sus deseos siempre. Ni tampoco debería poder hacerlo, porque algunos deseos son perjudiciales. De todas formas, en el fondo de todo deseo existe una necesidad sana. Mi madre necesitaba sentirse cerca de su familia; necesitaba dar amor y que lo recibieran; necesitaba sentir que importaba y que se la respetaba. Son unas necesidades absolutamente normales. Al estar emocionada por vernos y al haber sido educada ella misma de una forma concreta, intentó atender a sus necesidades de una forma problemática: falta de tacto con el bebé e insensibilidad hacia su hijo y su nuera, pero sus intenciones subyacentes eran buenas.

Las necesidades y los deseos se difuminan entre sí, y lo que para una persona es una necesidad, puede ser un deseo para otra, por lo que no voy a marcar una línea definida entre ambos. Toda criatura viviente —incluido un ser humano grande y complicado— está motivada para atender sus deseos y satisfacer sus necesidades. Desear es fundamental e inevitable. En consecuencia, ser consciente de una forma más profunda de tus deseos y necesidades (y de tus pensamientos y sentimientos *acerca* de ellos) te ayuda a responder ante ellos de un modo más eficaz y a aceptarte más plenamente.

Aprender acerca de los deseos

Sé consciente de tus experiencias relacionadas con los deseos. Entre ellas, estarían preferir una cosa a otra, perseguir un objetivo, hacer una solicitud e insistir sobre algo. En concreto, observa cómo te afectan las reacciones de los demás ante tus deseos y necesidades. Si te respaldan, probablemente te sentirás bien. Sin embargo, si te ignoran, te desprecian o te coartan, es natural que sientas que tus deseos y necesidades no importan y podrían, de hecho, llegar a ser embarazosos, hasta desagradables... y, por extensión, que *tú* no importas y que es posible que haya en ti algo que no esté bien, algo que deberías reprimir y ocultar.

Los residuos de estas y otras experiencias se almacenan en el cerebro como un *aprendizaje* emocional, social y somático. Empieza cuando somos muy pequeños y muy dependientes de que otros interpreten con exactitud nuestros deseos y necesidades y de que respondan a ellos con cariño y eficacia. Aprendemos acerca del deseo en sí mismo: qué deseos se permiten y pueden pretenderse directamente, cuáles se supone que deben camuflarse e intentarse a escondidas y cuáles se consideran vergonzosos y deben negarse.

El mindfulness te permite mirar dentro de ti y entenderte mejor. Dedica un poco de tiempo a estas preguntas e investiga las respuestas:

¿Cómo respondían tus padres ante tus deseos? ¿Qué aprendiste en tu infancia y adolescencia acerca de los deseos?

Ya de adulto, ¿cómo han respondido las demás personas a tus deseos? ¿De qué forma te han apoyado? ¿De qué forma han ignorado, criticado o coartado tus deseos? ¿Cómo te has sentido ante todo esto?

¿Cómo ha influido tu pasado sobre tu forma actual de responder a tus deseos y necesidades? Por ejemplo, ¿te has sentido avergonzado por algunas de las cosas que deseas?

Reflexionando sobre todo esto, ¿te gustaría hacer algún cambio? Podrías, quizá, plantear más abiertamente algo que deseas o responder a ese deseo de un modo más directo.

Tus tres necesidades

Ser consciente de tu pasado te ayuda a conocerte mejor en el presente y a atender tus necesidades futuras de un modo más eficaz. Entonces, ¿qué es lo que necesitas? Las teorías psicológicas clasifican las necesidades de diversas formas. Como resumen de estas ideas, las he clasificado en tres tipos básicos·

Necesitamos *seguridad*, desde la supervivencia pura a saber que no nos van a atacar si decimos lo que pensamos. Cubrimos esta necesidad *evitando* daños: no tocamos una estufa caliente o nos mantenemos alejados de determinadas personas.

Necesitamos *satisfacción*, desde tener lo suficiente para comer a sentir que la vida merece la pena ser vivida. Esto lo gestionamos *acercándonos* a recompensas como oler las rosas, terminar la colada o crear una empresa.

Necesitamos *conexión*, desde expresar nuestra sexualidad a sentirnos apreciados y amados. Atendemos a esta necesidad *uniéndonos* a otras personas, ya sea mandando un mensaje a un amigo, sintiéndonos comprendidos o mostrando compasión.

Todas las especies animales, incluidos los seres humanos, necesitan su propia versión de seguridad, satisfacción y conexión. Estas necesidades básicas están enraizadas en la vida misma y nuestra forma de abordarlas hoy en día se basa en la evolución del sistema nervioso a lo largo de los últimos seiscientos millones de años. Para simplificar un proceso largo y complejo, imaginemos que el cerebro está construido de abajo arriba, como una casa de tres pisos.

En la «casa» del cerebro, el piso primero y más antiguo es el *bulbo raquídeo*, que se desarrolló en la etapa reptiliana de la evolución y se ocupa de la seguridad, que es, en esencia, la necesidad más fundamental de todas: la de mantenernos vivos. El segundo piso es la *subcorteza cerebral*, que contiene el *hipotálamo*, el *tálamo*, la *amígdala*, el *hipocampo* y los *ganglios basales*. Esta parte del cerebro se conoce como cerebro mamífero y se desarrolló hace unos doscientos millones de años. Nos ayuda a ser más eficaces a la hora de conseguir la satisfacción. El piso superior es el *neocórtex*, que empezó a expandirse con los primeros primates hace unos cincuenta millones de años y que ha triplicado su volumen desde que los primeros homínidos empezaron a fabricar herramientas hace dos millones y medio de años. Esta parte del cerebro ha permitido a los seres humanos ser la especie más social del planeta. Es la base neuronal de la empatía, el lenguaje, la planificación cooperativa y la compasión, unas formas sofisticadas de atender a nuestras necesidades de conexión.

En cierto sentido, es como si tuviéramos un zoológico dentro de nuestra cabeza. Las soluciones a los problemas de vida o muerte que tenían que afrontar nuestros antepasados cuando nadaban en océanos oscuros, se escondían de los dinosaurios o luchaban contra otras tribus de la Edad de Piedra siguen estando grabadas en nuestro cerebro actual. Aunque las distintas partes de este trabajan conjuntamente para satisfacer nuestras necesidades, cada una de ellas tiene una función especializada conformada por nuestra historia evolutiva. Para seguir con la metáfora, es como si cada uno tuviéramos en nuestro interior un lagarto paralizado de terror o huyendo del peligro, un ratón olisqueando en pos de un trozo de queso y un mono buscando a su tribu.

Aceptar tus necesidades

Admitir que tienes necesidades puede resultar embarazoso. Es posible que algunos países o culturas valoren la independencia resistente, pero lo cierto es que todos dependemos de muchas cosas para sobrevivir y alcanzar el éxito y la felicidad, desde el aire que respiramos a la amabilidad de los extraños o la infraestructura de la civilización. La auténtica resistencia es tener la valentía suficiente para admitir que los seres humanos tienen necesidades.

Un cuerpo y una mente sana no se consiguen negando, «superando» o trascendiendo a las necesidades. Son más bien el resultado natural de atender a las nuestras y ser consciente de las de los demás. En consecuencia, aquellas que apartamos de nosotros son, a menudo, las que más debemos aceptar.

Por tanto, intenta ser consciente de aquellas necesidades o aspectos de ellas que no hayas atendido. Escucha los anhelos de tu corazón. Durante el transcurso de tu jornada, sé consciente de tus necesidades de:

Seguridad. Observa cuándo te sientes incómodo, irritado o abrumado. Comprueba si alguna creencia que quizá no sea real te está angustiando. Cuando te parezca el momento adecuado, pasa a dejar ir y a dejar entrar: por ejemplo, encuentra refugios y acomódate lo mejor que puedas en un lugar de paz.

Satisfacción. Sé consciente de cualquier sensación de aburrimiento, decepción, frustración o pérdida. Después de explorar esa experiencia, puedes pensar en cosas que agradeces o que te alegran. Observa si puedes encontrar una sensación de alegría.

Conexión. Analiza cuándo te sientes dolido, resentido, envidioso, solo o incompetente. A continuación, recuerda momentos en los que te sentiste querido y en los que tú te mostraste amistoso o atento. Descansa en el fluir del amor hacia adentro y hacia afuera.

RESPONDER O REACCIONAR

La vida está constantemente desafiando nuestras necesidades. Sin embargo, podemos experimentar que son atendidas incluso cuando estamos dando pasos prácticos para afrontar desafíos intensos. Por ejemplo, he estado en muchos lugares peligrosos haciendo escalada, de pie sobre diminutos salientes rocosos del grosor de un lápiz en los que, si resbalaba, iba a sufrir una caída muy larga. En esos momentos, estaba claro que mi necesidad de seguridad se veía comprometida. Sin embargo, yo siempre me he sentido completamente seguro por dentro. He escalado mucho y me he sentido cómodo haciéndolo, y sabía que estaba atado a una cuerda con un compañero muy capaz sosteniendo el otro extremo. Estaba en alerta máxima, con precaución y prudencia, afrontando peligros inmensos... y, por lo general, disfrutando como nunca.

Es probable que tú también tengas tus propios ejemplos de cómo gestionas con tranquilidad, e incluso disfrutando, actividades o situaciones muy complicadas. La vida es turbulenta e impredecible, contiene oportunidades maravillosas que, a pesar de serlo, requieren un montón de trabajo y conllevan inevitables pérdidas y dolor. No podemos evitar los desafíos. La única cuestión es cómo los podemos gestionar. Existe una diferencia fundamental entre afrontar los desafíos sintiendo que tus necesidades están suficientemente cubiertas y hacerlo mientras percibes que *no* lo están.

Zona verde, zona roja

Cuando experimentamos que nuestras necesidades están lo suficientemente cubiertas, tenemos una sensación de *plenitud* y *equilibrio*. El cuerpo y la mente caen por defecto en su estado de reposo, lo que yo llamo el modo de respuesta o «zona verde». El cuerpo conserva sus recursos, se realimenta, repara y se recupera del estrés. En la mente, se produce una sensación de *paz, contento* y *amor*, unos términos muy amplios y genéricos relacionados con nuestras necesidades de seguridad, satisfacción y conexión. Esto es el bienestar personificado.

Cuando, por el contrario, experimentamos que una necesidad no está cubierta, se produce una sensación de *déficit* y *perturbación*: falta algo, hay algo que está mal. El cuerpo y la mente son sacados de su estado de reposo y pasan al modo reactivo o «zona roja». El organismo dispara reacciones de lucha, huida o paralización que sacuden los sistemas inmunitario, hormonal, cardiovascular y digestivo. En la mente, se produce una sensación de *miedo, frustración* y *dolor*, unos términos genéricos relacionados con nuestras necesidades de seguridad, satisfacción y conexión. Esto es estrés, angustia y disfunción.

Las diferencias entre el modo de respuesta y el reactivo son, inherentemente, vagas. No obstante, todos conocemos la distinción entre sentirnos capaces y confiados cuando afrontamos un desafío o sentirnos agitados y preocupados. Aquí tienes un resumen de estos dos modos.

ATENDER A NUESTRAS NECESIDADES					
Necesidad	Atendida al	Cerebro	Evolución	Respuesta	Reacción
Seguridad	Evitar	Bulbo raquídeo	Reptil	Paz	Miedo
Satisfacción	Acercarse	Subcorteza	Mamífero	Contento	Frustración
Conexión	Unirse	Neocórtex	Primate/Humano	Amor	Dolor

Se puede experimentar que una necesidad básica no ha sido atendida y que otras dos, en cambio, sí. Por ejemplo, unos padres pueden sentirse emocionalmente desconectados de su hijo adolescente rebelde y saber, al mismo tiempo, que todos ellos están físicamente seguros y pueden buscar oportunidades de obtener gratificaciones en otras áreas. Cuando una necesidad *se pone en rojo* mientras las otras *siguen en verde*, las reacciones ante la que no está siendo atendida pueden extenderse y abarcar a otras necesidades; en este ejemplo, los progenitores podrían empezar a sentir angustia por la seguridad de su hijo y frustración por no conseguir que supere la educación secundaria. Por otro lado, sentirse satisfecho en otras áreas puede ayudar a abordar una necesidad concreta que está con el piloto rojo parpadeando; los padres del ejemplo pueden recurrir a la sensación de su compromiso con la seguridad de su hijo y a la de saber que existen formas eficaces de satisfacer las exigencias del instituto. En ocasiones, lo único que puedes hacer es conservar un diminuto refugio verde dentro de ti que permanezca en calma y fuerte, aunque el resto de tu ser esté alterado. Esta sensación del pequeño santuario supone un gran apoyo y, con el tiempo, podrás ir poco a poco saliendo de él para aliviar y atender al resto de tu mente.

Los modos de respuesta y reacción no son solo el resultado de sentir que las necesidades han sido atendidas o no; son también dos *formas* diferentes de atenderlas. Tomando prestado un ejemplo del libro de Robert Sapolsky *Por qué las cebras no tienen úlcera*, imagina que eres una cebra que vive en África en medio de una gran manada. Estás paciendo hierba, ojo avizor por si vienen leones pero tranquila, interactuando con otras cebras y disfrutando mientras atiendes tus necesidades en el modo de respuesta. De repente, atacan unos leones y tu manada entra en modo reactivo y emprende una huida que termina rápido... de una forma o de otra. Entonces, las otras cebras y tú volvéis al modo de respuesta para afrontar la vida en la sabana.

En resumen, este es el plan de acción de la Madre Naturaleza: largos periodos de gestionar las necesidades en modo de respuesta interrumpidos brevemente por picos ocasionales de tensión *necesaria* en modo reactivo que van seguidos, a su vez, por el regreso rápido a la zona verde. El modo de respuesta nos hace sentirnos bien porque *es* bueno: el cuerpo está protegido y alimentado y la mente, tranquila y contenta. Por el contrario, el modo reactivo nos hace sentirnos mal porque *es* malo, sobre todo, a la larga: el cuerpo está alterado y agotado, y la mente, ocupada por la ansiedad, la irritación, el desengaño, el dolor y el resentimiento.

El modo reactivo nos destroza mientras que el de respuesta nos construye. Sin lugar a dudas, la adversidad es una oportunidad para desarrollar resiliencia, resistencia al estrés e, incluso, crecimiento postraumático. Sin embargo, para que una persona pueda crecer con la adversidad, debe contar con recursos de respuesta como la determinación y sentido del propósito. Además, la mayoría de las oportunidades que nos ofrece la vida cotidiana para experimentar y desarrollar recursos mentales no implican la presencia de la adversidad: podemos encontrar sencillamente un momento de relajación, de gratitud, de entusiasmo, de autoestima o de amabilidad. Y, por su parte, la mayor parte de los momentos de miedo, frustración o dolor son simplemente desagradables y estresantes, y no nos aportan ningún beneficio. La adversidad se debe afrontar y hay que aprender de ella, pero yo creo que, a veces, se sobreestima su valor. En conjunto, las experiencias reactivas nos hacen más quebradizos y frágiles con el tiempo y las de respuesta tienden a hacernos más resilientes.

El modo reactivo evolucionó para ser una solución breve ante amenazas inmediatas a nuestra supervivencia, no una forma de vida. Por desgracia, aunque ya no tenemos que correr para escapar de los tigres dientes de sable, nuestra vida actual, en la que estamos siempre haciendo varias cosas a la vez, a la carrera y, con frecuencia, abrumados por el estrés nos empuja hacia la zona roja. Luego, cuesta mucho salir de ella por lo que los investigadores denominan la «tendencia a la negatividad» del cerebro.

La tendencia a la negatividad

Nuestros antepasados tenían que conseguir «zanahorias» como la comida y el sexo, y escapar de «palos», como los depredadores y las agresiones, tanto dentro de su propio clan como entre clanes diferentes. Ambos aspectos son importantes, pero los palos suelen ser más urgentes y tienen más impacto en la supervivencia. En las llanuras del Serengueti, si no conseguías coger una zanahoria, ya habría otra oportunidad para ello, pero si no podías evitar un palo… zas, se acabaron las zanahorias para siempre. En consecuencia, el cerebro, de forma natural y rutinaria:

- Busca malas noticias en el mundo y dentro del organismo y de la mente.
- Se centra plenamente en ello y pierde de vista el conjunto.
- Reacciona excesivamente ante ellas.
- Transforma aceleradamente la experiencia en memoria emocional, somática y social.
- Se sensibiliza mediante dosis repetidas de cortisol, la hormona del estrés, con lo que se vuelve aún más reactivo a las experiencias negativas, que, a su vez, vuelven a bañar el cerebro con más cortisol, lo que crea un círculo vicioso.

De hecho, nuestro cerebro es como el velcro para las experiencias malas y como el teflón para las buenas. Por ejemplo, si durante tu jornada laboral o en una relación te suceden diez cosas y nueve son positivas y una negativa, ¿en cuál tiendes a pensar más? Probablemente, en la negativa. Tenemos muchas experiencias agradables, útiles y beneficiosas a lo largo del día —disfrutar de una taza de café, terminar de hacer algo en casa o en el trabajo, acurrucarnos por la noche en la cama con un buen libro—, pero, por lo general, pasan por el cerebro como el agua por un colador, mientras que cada una de las estresantes o dañinas se quedan aferradas a él. Estamos diseñados para aprender demasiado de las experiencias malas y muy poco de las buenas. La tendencia hacia la negatividad era lógica para la supervivencia durante los millones de años que ha durado la evolución, pero hoy en día es una especie de discapacidad universal de aprendizaje en un cerebro diseñado para rendir en momentos concretos bajo las condiciones de la Edad de Piedra.

Los efectos de esta tendencia se ven agravados por la reciente evolución de las redes neuronales situadas en la línea media de la corteza cerebral que permiten los *viajes mentales en el tiempo*: reflexionar sobre el pasado y planificar el futuro. Estas redes permiten también la *rumiación negativa*. A diferencia de nuestros primos animales, que aprenden de las llamadas inmediatas, pero no se obsesionan con ellas, nosotros tendemos a seguir dando vueltas a nuestras preocupaciones, resentimientos y autocríticas: «son tantas las cosas que pueden salir mal», «¿cómo se ha atrevido a tratarme así?», «¡si es que soy idiota!». Los pensamientos y sentimientos que tenemos mientras rumiamos cambian el cerebro exactamente igual que otras experiencias negativas. Entrar de forma repetida en estos bucles es como correr en un circuito de tierra blanda: con cada vuelta que damos, nuestra huella se vuelve cada vez más profunda. De ese modo, en el futuro nos resultará más fácil caer de nuevo en la rumiación negativa.

LLEGAR A CASA, QUEDARSE EN CASA

Resumiendo, no podemos hacer nada para evitar las tres necesidades ni la forma en que las etapas evolutivas de reptil-mamífero-primate han conformado los métodos que emplea el cerebro para cubrirlas. Lo único que podemos elegir es *cómo* las satisfacemos: desde la zona verde o desde la zona roja, con una sensación subyacente de paz, contento y amor o con un sentimiento de miedo, frustración y daño.

El modo de respuesta es nuestra casa, un equilibrio sano de cuerpo y mente. Es la esencia del bienestar y la base de la resiliencia sostenida. Sin embargo, nos sacan de él muy fácilmente para llevarnos a la zona roja. Luego es fácil quedarse atascado en ella por la tendencia hacia la negatividad y la rumiación negativa en una especie de falta de hogar interior crónica.

No es culpa nuestra ser así, es nuestra herencia biológica, una especie de regalo de la Madre Naturaleza. Sin embargo, podemos hacer muchas cosas para solucionar esta situación.

Abandona la zona roja

A veces, es necesario afrontar desafíos de forma reactiva. Imagina que tienes que esquivar un coche que viene hacia ti o enfadarte con alguien que se está poniendo demasiado agresivo. Los seres humanos somos fuertes y podemos tolerar incursiones a la zona roja. Sin embargo, debes abandonarla lo antes posible. Las tres formas de utilizar la mente te proporcionan un buen plan de acción para ello.

Deja estar

Sé consciente de los momentos en los que empiezas a sentirte presionado, incómodo, exasperado, frustrado, estresado o molesto. Quédate con la experiencia y explora sus diferentes partes. Etiquétalas: *tenso*, *preocupado*, *enfadado* o *triste*. De ese modo, aumentarás la actividad de la corteza prefrontal (la parte del cerebro situada detrás de la frente) y eso te ayudará a mantener el autocontrol. Dar nombres a lo que estás experimentando disminuye también la actividad de la amígdala —que funciona como una alarma en el cerebro— y te ayuda a calmarte.

Investiga qué es lo que podría haber de vulnerable y tierno por debajo, como la tristeza de haber sido dejado de lado en el instituto escondida bajo un ataque de ira por no haber sido incluido en una reunión del trabajo. Quédate sencillamente con lo que fluye por tu conciencia sin discutirlo ni elaborar una justificación. Sepárate de las reacciones de la zona roja y obsérvalas, como si te salieras de una película y te fueras a los asientos de atrás del cine para mirarla.

Deja ir

Pasa a dejar ir. Entiende que los pensamientos y sentimientos reactivos no suelen ser buenos para ti… ni para los demás. Decide si quieres aferrarte a ellos o liberarlos. Exhala lentamente y relaja el cuerpo. Deja fluir los sentimientos. Según convenga, llora, grita, refunfuña con un amigo comprensivo o sencillamente siente cómo la ansiedad, la irritación y el dolor van saliendo de ti. Muéstrate escéptico ante las suposiciones, expectativas o creencias que te han llevado a preocuparte, estresarte, frustrarte o enfurecerte. Considera los significados que diste a las situaciones o la forma en la que interpretaste las intenciones de los demás y deja ir todo aquello que sea falso, innecesariamente alarmista o malintencionado. Sé consciente de la sensación de dejar el modo reactivo.

Deja entrar

Empieza a dejar entrar cualquier cosa que te ayude a sentir que se están atendiendo tus necesidades. Sintonízate con una sensación interior de determinación y capacidad. Date algún placer: lávate las manos con agua calentita, cómete una manzana o escucha un poco de música. El placer libera opiáceos naturales que alivian y asientan la maquinaria cerebral del estrés. Piensa en cosas que te produzcan gratitud o alegría, cosas que te provoquen una pequeña sonrisa. Conéctate con alguien que te guste, ya sea directamente o en tu imaginación. Déjate querer; reconoce también tu propio corazón amoroso. Identifica aquellos pensamientos o perspectivas que sean ciertos, útiles y sabios. Sé consciente de la sensación de entrar en el modo de respuesta.

Aumenta tus recursos de respuesta

La mayoría de las personas experimentan el modo de respuesta muchas veces al día, pero, por lo general, pasan corriendo sin darle la oportunidad de que cale en ellas. Por tanto, busca oportunidades para sentir que tus necesidades están atendidas. Por ejemplo, mientras inspiras, observa que hay mucho aire para respirar. Al menos en este momento, estarás lo suficientemente seguro, un momento tras otro, tras otro. Cuando termines alguna tarea —un correo electrónico enviado, el pelo de la niña cepillado, el depósito de gasolina del coche lleno—, permanece con la sensación de satisfacción. Cuando alguien te sonría o cuando recuerdes a una persona a la que amas, sigue sintiéndote conectado. Sé consciente de las experiencias de la zona verde, valóralas y permanece con ellas. Déjalas que penetren en ti y dedícales media docena de segundos o más para ayudarlas a que empiecen a grabarse en tu cerebro.

De esta forma, estarás desarrollando en tu interior la plenitud y el equilibrio subyacentes que constituyen la base del modo de respuesta. Estarás también reduciendo gradualmente la sensación de carencia o perturbación que dispara el modo reactivo. Interiorizar experiencias de la zona verde fabrica un núcleo de fuerzas internas. En un ciclo positivo, esto fomenta más experiencias del modo de respuesta y, con ello, más oportunidades de cultivar recursos internos. De este modo, podrás ir gestionando desafíos cada vez mayores permaneciendo en la zona verde interior, aunque el mundo esté lanzando destellos rojos, con un bienestar resiliente que te impregna hasta los huesos y que nada puede penetrar y arrollar.

Cuando estés ante un desafío, sé consciente de qué necesidad particular —seguridad, satisfacción o conexión— está en peligro. Recurre deliberadamente a tus fuerzas interiores relacionadas con la satisfacción de esa necesidad concreta; en las próximas páginas, te voy a mostrar formas de hacerlo. De ese modo, cuando experimentes recursos mentales podrás reforzarlos en tu sistema nervioso.

Yo he navegado algo y he conseguido volcar un barco que no tenía quilla. Si la mente es como un velero, cultivar los recursos interiores es como reforzar y alargar la quilla. Eso te permite vivir de una forma más atrevida confiando en que puedes explorar y disfrutar de las aguas profundas de la vida y afrontar cualquier tormenta que se te aproxime.

PUNTOS CLAVE

Tú cerebro está conformado por tus experiencias, que, a su vez, están conformadas por aquello a lo que atiendes. El mindfulness te permite centrar la atención en experiencias de recursos psicológicos como la compasión o la gratitud y grabarlas en tu sistema nervioso.

Existen tres formas principales de relacionarse con la mente y utilizarla de manera útil: estar con lo que hay, disminuir lo que resulta doloroso y perjudicial y aumentar aquello que es agradable y beneficioso.

Tenemos tres necesidades básicas —seguridad, satisfacción y conexión— que afrontamos evitando daños, aproximándonos a las gratificaciones y uniéndonos a otras personas. Estas necesidades y las formas en las que las atendemos están estrechamente relacionadas con el bulbo raquídeo reptiliano, la subcorteza de los mamíferos y el neocórtex de los primates y los seres humanos.

El bienestar se consigue atendiendo a nuestras necesidades, no negándolas. Cuando notamos que están lo suficientemente cubiertas, el cuerpo y la mente entran en la «zona verde», el modo de respuesta, y se produce una sensación de paz, contento y amor. Cuando consideramos que nuestras necesidades no están cubiertas, entramos en la «zona roja» de lucha-huida-paralización del modo reactivo y se produce una sensación de miedo, frustración y dolor.

El modo de respuesta es nuestro hogar, pero resulta fácil sacarnos de él y dejarnos atascados en la zona roja por culpa de la tendencia que tiene el cerebro a la negatividad, que hace que sea como el velcro para las malas experiencias y como el teflón para las buenas.

Para permanecer en la zona verde, deja entrar en tu mente experiencias de tus necesidades atendidas y, con ello, conseguirás cultivar recursos interiores. De este modo, podrás afrontar desafíos cada vez mayores con un bienestar resiliente.

CAPÍTULO 3

APRENDIZAJE

> No te tomes el bien a la ligera diciendo: «no va a venir a mí».
> La olla se llena de agua gota a gota. Del mismo modo, el hombre
> sabio se llena a sí mismo con el bien recogiéndolo poco a poco.
>
> EL DHAMMAPADA

C UANDO HACEMOS UNA EXCURSIÓN LARGA, tenemos que llevar comida y demás suministros. Del mismo modo, en el camino de la vida, necesitamos suministros psicológicos como la compasión y el valor. ¿Cómo podemos meterlos *dentro* de nuestra «mochila» neuronal?

LA CURVA DE CRECIMIENTO

Lo hacemos *aprendiendo*. Este es un término muy amplio que abarca mucho más que memorizar las tablas de multiplicar. Cualquier cambio duradero en el estado de ánimo, la perspectiva de la vida o la conducta requiere un aprendizaje. Desde la infancia vamos aprendiendo buenos hábitos, fuerzas de carácter y formas habilidosas de interactuar con los demás. La sanación, la recuperación y el desarrollo son también formas de aprender. Aproximadamente, un tercio de nuestros atributos son innatos de nuestro ADN y los otros dos tercios se adquieren mediante el aprendizaje. Esto es estupendo porque significa que tenemos una gran influencia sobre las personas en las que nos convertimos, las que aprendemos a ser. Imagina que te gustaría ser más tranquilo, más sabio, más feliz o más resiliente. Después de haber leído muchos tebeos en mi infancia, considero estas fuerzas interiores como una especie de superpoderes. El aprendizaje es el superpoder de los superpoderes, del cual nacen todos los demás. Si quieres hacer que tu curva de crecimiento en la vida sea más acusada, merece la pena que aprendas a aprender.

Cómo se produce el aprendizaje

Cualquier tipo de aprendizaje implica un cambio en la estructura neuronal o en su funcionamiento. Estos cambios se producen en dos etapas, que yo denomino *activación* e *instalación*. En la primera, se produce una experiencia, como sentirse apreciado. Todas las experiencias —todos los pensamientos, las sensaciones, los sueños, las preocupaciones y cualquier cosa que pase por nuestra consciencia— se basan en procesos neuronales; una experiencia concreta es un estado concreto de actividad mental o neuronal. Luego, en la segunda fase, la de instalación, esta experiencia se va consolidando gradualmente en el almacenamiento a largo plazo del cerebro. Con el tiempo, los estados pasajeros se instalan como características duraderas —utilizo el término «características» de una forma muy amplia—.

En la ciencia del cerebro, existe un viejo dicho basado en la obra de Donald Hebb: «las neuronas que se disparan juntas se conectan juntas». Cuantas más veces se disparan juntas, más se unen. En líneas generales, desarrollas recursos psicológicos si tienes experiencias sostenidas y repetidas de ellos que se transforman en cambios duraderos en el cerebro. Te vuelves más agradecido, confiado o decidido si instalas repetidamente experiencias de gratitud, confianza o determinación. Del mismo modo, te centras cada vez más en la zona verde de respuesta —con una sensación de paz, contento y amor— si tienes e internalizas muchas experiencias de seguridad, satisfacción y conexión.

La esencia de la autodependencia

Este es el método fundamental de la sanación, la formación y el crecimiento personal. Puedes aplicarlo al desarrollo de habilidades interpersonales, motivación, paz mental o cualquier otra cosa que desees adquirir. Es la esencia de la autodependencia. Incluso las situaciones, ocupaciones y relaciones más satisfactorias pueden cambiar; antes o después, de una forma o de otra, pueden venirse abajo. Sin embargo, todo aquello que tienes dentro de ti estará siempre contigo. Así como no puedes desaprender a montar en bicicleta, tampoco te puedes desprender de las fuerzas interiores que adquieres a lo largo del tiempo. Y cuanto más dura es la vida y menos apoyo recibes de fuentes exteriores, más importante es que busques a diario esas pequeñas oportunidades para realizar una experiencia útil o agradable y asimilarla conscientemente.

Por desgracia, este proceso de internalizar deliberadamente las experiencias beneficiosas no suele enseñarse de manera explícita. En los colegios, en los centros de trabajo y en la formación, a las personas se les enseñan diversas cosas…, pero normalmente no *cómo* aprender. Cuando *aprendes a aprender*, consigues la fuerza que fabrica las otras fuerzas del bienestar resiliente.

SÁNAte a ti mismo

Hay cuatro pasos que te permiten guiar los procesos de fabricación de estructuras de tu cerebro. Yo los resumo con el acrónimo SANA:

Activación

Sumérgete en una experiencia beneficiosa. Date cuenta de su presencia o créala.

Instalación

Amplíala: permanece en ella sintiéndola plenamente.
Nótala: recíbela en tu interior.
Aplícala (opcional): utilízala para calmar y sustituir elementos psicológicos dolorosos y dañinos.

El primer paso de SANA es la fase de activación del aprendizaje. Empiezas con una experiencia útil o agradable del tipo que sea. El resto es la fase de instalación, en la que comienzas el proceso de convertir esa experiencia beneficiosa en una transformación duradera de tu cerebro. El cuarto paso, «aplícala», significa que seas consciente de las cosas positivas y de las negativas al mismo tiempo. Es opcional por dos razones: porque los tres primeros pasos son suficientes por sí solos para aprender y porque hay veces en que las personas todavía no están preparadas para activar las cosas negativas.

En el resto de este capítulo, vamos a ir analizando con detalle estos cuatro pasos y veremos la forma de tener experiencias beneficiosas más a menudo y cómo ayudarlas a que adquieran un valor duradero. Te mostraré cómo identificar y cultivar las fuerzas que más necesitas y verás cómo usar el paso de aplicar para aliviar e incluso acabar con pensamientos, sentimientos y conductas difíciles, tristes o limitantes, aunque provengan de la infancia.

ESTIMULA LAS EXPERIENCIAS BENEFICIOSAS

Pregúntate a ti mismo qué es lo que destaca en un día normal. ¿El coche que te cerró el paso, el plato que se rompió y el proyecto frustrante del trabajo? ¿O, quizás, el placer de desayunar, el sentimiento de determinación a la hora de emprender una labor complicada y la belleza de la puesta del sol? Piensa en tus relaciones. ¿Qué atrae tu atención cuando interactúas con otras personas: las muchas cosas que van bien o esa única palabra que te hace daño?

Si eres como la mayoría de la gente, observarás que lo que destaca es lo negativo. Como consecuencia de la tendencia a la negatividad que tiene el cerebro, las experiencias dolorosas y perjudiciales ocupan la parte delantera de nuestra consciencia y las agradables y útiles se difuminan en el fondo. Esto puede resultar beneficioso a corto plazo en condiciones duras, pero, a la larga, provoca mucho desgaste en el cuerpo y en la mente. De hecho, el cerebro está sesgado hacia la supervivencia y contra la salud y el bienestar a largo plazo. Si lo inclinas hacia las experiencias positivas, consigues nivelarlo. Esto no significa ponerse unas gafas de color de rosa ni mirar el lado alegre de la vida; es un pragmatismo terco basado en el reconocimiento de que, con frecuencia, la vida resulta complicada, de que necesitamos recursos mentales para afrontarla y de que se pueden construir esas fuerzas interiores guiando los procesos de aprendizaje del cerebro.

Este proceso empieza *experimentando* lo bueno que quieres cultivar en tu interior. Hay dos formas de tener una experiencia beneficiosa: la primera es, sencillamente, *darse cuenta* y centrarse en una que ya se está teniendo; la segunda es *crearla* deliberadamente, como cuando nos provocamos un sentimiento de autocompasión o nos sentamos a meditar. Vamos a analizar cada una de ellas.

Contempla las joyas que tienes a tu alrededor

Casi todo el mundo vive numerosas experiencias positivas a
lo largo del día, la mayor parte de ellas leves y fugaces. Por ejemplo, resulta agradable beber agua cuando tienes sed o ponerte un
jersey si tienes frío. Es difícil que transcurra un día entero sin
sentirse bien al menos con una persona. ¿Te das cuenta de estas
experiencias y las resaltas en tu consciencia? ¿O pasas más bien
por su lado para ir a la siguiente cosa?

Cada día es como un camino jalonado con muchas joyitas:
las experiencias beneficiosas pequeñas y corrientes de la vida.
Resulta fácil ignorarlas y pasar por encima de ellas, y luego
llegamos al final del día y nos preguntamos: «¿Por qué no me
siento más rico por dentro? ¿Por qué me siento sin fuerzas?».

Las joyas están ahí. ¿Por qué no coges alguna? Si una experiencia te resulta agradable, por lo general, *es buena* para ti y, a
menudo, también para otras personas. No desdeñes las experiencias placenteras como algo trivial e intrascendente y deja de considerar que las agobiantes, agotadoras y estresantes son la base de
una buena vida. Es todo lo contrario: las experiencias positivas
nos llenan y las negativas nos desgastan. Es cierto que algunos
placeres son malos cuando duran un tiempo, como tomar dema-
siados dulces. Además, algunos recursos psicológicos se adquieren, en parte, a través de experiencias desagradables. Por ejemplo, puedes fortalecer tus criterios morales mediante una
sensación adecuada de culpabilidad y arrepentimiento. Sin embargo, como norma general, si algo resulta agradable suele ser
señal de que es una joya que merece la pena coger.

Nuestras experiencias se construyen a partir de cinco elementos y cada uno de ellos es un tipo de joya que puedes engarzar en
tu cerebro y en tu vida. Estos elementos son los *pensamientos* (las
creencias, las imágenes…), las *percepciones* (sensaciones, sonidos…), las *emociones* (sentimientos, estados de ánimo…), los *de-*

seos (los valores, las intenciones…) y las *acciones* (la sensación de la postura, las expresiones faciales, los movimientos y las conductas). Por ejemplo, en una experiencia de gratitud puede haber un pensamiento de algo que te dio un amigo, una percepción de relajación, una emoción de alegría, un deseo de expresar aprecio y una acción de escribir una nota de agradecimiento.

Mientras estás teniendo una experiencia beneficiosa, también puedes ser consciente de otras cosas. Es posible que te duela la espalda mientras disfrutas acariciando a tu gato dormido sobre tus rodillas. Estas otras cosas no anulan la experiencia beneficiosa. Las dos son reales: lo negativo y lo positivo, lo amargo y lo dulce. Puedes dejar estar lo malo y, al mismo tiempo, dejar entrar lo bueno.

Esto no es pensar en positivo; es pensamiento *realista*: ver el mosaico completo del mundo que te rodea y la complejidad de tu experiencia, a pesar de las tendencias del cerebro a fijarse en un puñado de teselas malas de ese mosaico pasando por alto las que parecen joyas.

Crea tú mismo algunas joyas

Observar pensamientos, percepciones, emociones, deseos o acciones agradables o útiles que ya están ocurriendo es la forma principal de tener una experiencia beneficiosa. La experiencia está ahí y es auténtica y real. ¿Por qué no ganar algo con ella?

Otra posibilidad es *crear* experiencias beneficiosas como, por ejemplo, hacerse ejercicio o pensar en alguien a quien le gustas. Hay varias formas de hacerlo.

En primer lugar, *busca* hechos buenos. Son esos que refuerzan tu bienestar y tu felicidad… y, con frecuencia, también los de otras personas. Puedes encontrarlos en muchos lugares como, por ejemplo, tu situación actual, acontecimientos recientes, condiciones duraderas, el pasado y las vidas de otras personas.

También puedes hallarlos dentro de ti: piensa en tus talentos, habilidades y buenas intenciones. Pueden incluso estar presentes en los momentos duros, como cuando compruebas la bondad de otras personas si estás atravesando una pérdida. En segundo lugar, *produce* hechos buenos mediante la acción. Por ejemplo, puedes hacer algo tan sencillo como cambiar de postura en la silla para estar más cómodo. O puedes hacer que suceda algo bueno en una relación, como cuando escuchas con atención a otra persona.

Los hechos son hechos y puedes contar con ellos. No te estás inventando nada. Cuando encuentres un hecho bueno, convierte el acto de reconocerlo en una experiencia corporal. Date cuenta de que es verdad, adquiere un sentimiento de convicción acerca del mismo y confía en él. Sé consciente de tus sensaciones cuando lo reconozcas: sentimientos de relajación y apertura en el cuerpo. Sintonízate con ellos y deja que la experiencia resulte emocionalmente rica. Para obtener una experiencia ampliada de esto, prueba la práctica del recuadro de la página siguiente.

En tercer lugar, *suscita* directamente una experiencia positiva como, por ejemplo, relajarte a voluntad, adquirir una sensación de determinación o dejar atrás un resentimiento. Debido a la neuroplasticidad dependiente de la experiencia, tener e interiorizar repetidamente una experiencia concreta en el pasado hace que resulte cada vez más fácil suscitarla en el presente. Es como ser capaz de pulsar un botón de tu tocadiscos interior y rápidamente oír en tu mente la canción de una experiencia útil porque la has grabado una y otra vez.

Tanto si te das cuenta de una experiencia como si la creas, cada día está lleno de oportunidades para tener pensamientos, emociones, percepciones y deseos beneficiosos. ¡El simple hecho de saber que esto es así ya es, en sí mismo, una buena experiencia!

CREAR UNA EXPERIENCIA BENEFICIOSA

Esta práctica se centra en la alegría, pero puedes aplicar sus métodos a cualquier experiencia que desees crear para ti.

Piensa en algo —un hecho— que te alegre. Puede ser pequeño o grande, del presente o del pasado. Puede ser una cosa, un suceso, una condición duradera o una relación. Puede ser un ente espiritual o el universo entero.

Sé consciente de tu cuerpo y estate abierto a la alegría, a la gratitud, al consuelo, a la felicidad... Puede que se produzca un alivio de la tensión, que dejes ir el estrés o la decepción.

Explora diferentes elementos de la experiencia. Sé consciente de pensamientos como «tengo suerte», percepciones, sobre todo, sensaciones corporales, emociones como deleite o alegría callada, deseos, quizá, de dar las gracias, y acciones como una suave sonrisa.

Piensa en otras cosas que te alegren. Facilita que el hecho de conocerlas se convierta en una experiencia rica utilizando las sugerencias anteriores.

AYUDA A LAS EXPERIENCIAS A TENER UN VALOR DURADERO

Cuando esté sonando una buena canción en tu mente, conecta la grabadora y llévala al cerebro. De lo contario, a largo plazo tendrá muy poco valor o ninguno.

En ocasiones, se produce un aprendizaje fortuito a partir de pensamientos y sentimientos pasajeros. Sin embargo, la mayoría de las experiencias beneficiosas que tiene la gente en el transcurso del día no marcan ninguna diferencia. No se produce ningún giro en la perspectiva de la persona, ningún cambio en el corazón, ninguna adquisición de recursos internos.

Algo muy parecido sucede en los programas de psicoterapia, *coaching* y recursos humanos. Como terapeuta desde hace mucho tiempo, debo reconocer que resulta aleccionador e inquietante saber que la mayoría de las experiencias que mis clientes consiguieron con mucha dificultad en mi consulta no produjeron ningún cambio real a mejor. Y fue por mi culpa, no por la suya. Creo que los profesionales suelen ser eficaces a la hora de *activar* diversos estados mentales pero torpes para *instalarlos* como características beneficiosas en el cerebro. En consecuencia, la mejor oportunidad no es buscar formas mejores de conseguir que nuestros clientes, pacientes o alumnos tengan experiencias útiles, sino ser mejores a la hora de convertir las experiencias que ya están teniendo en cambios duraderos en su estructura y función neuronal.

Tanto si estás haciendo esto por ti como si lo que deseas es ayudar a otra persona, la esencia de la instalación es simple: *amplía* la experiencia y *nótala*. En la mente, ampliar una experiencia significa mantenerla en marcha y sentirla plenamente mientras que notarla es como recibirla en tu interior. En el cerebro, ampliar supone realzar un patrón concreto de actividad mental y neuronal, mientras que notar implica preparar, sensibilizar y aumentar la eficacia de la maquinaria creadora de recuerdos.

En principio, puede parecer algo abstracto, pero es un proceso natural e intuitivo y todos sabemos hacerlo. Todo el mundo ha tenido experiencias ante las cuales se ha frenado para asimilarlas. En la práctica, suele ser un proceso muy rápido, de una o dos respiraciones, y sus aspectos de ampliación y percepción se funden entre sí. Sin embargo, cuando estás aprendiendo algo nuevo —incluido el hecho en sí de aprender—, resulta útil separar las piezas y centrarse en cada una de ellas individualmente. Más tarde, en el transcurso del día, se volverán a acoplar cuando asimiles lo bueno tantas veces como quieras.

Ampliar una experiencia

Hay cinco formas de ampliar una experiencia:

Alárgala. Permanece en ella durante cinco, diez o más segundos. Cuanto más tiempo estén las neuronas disparándose juntas, más tenderán a grabarse juntas. Protégela de distracciones, céntrate en ella y vuelve a ella si tu mente divaga.

Intensifícala. Ábrete a ella y deja que se haga grande en tu mente. Sube el «volumen», por decirlo de alguna forma, haciendo respiraciones más grandes o emocionándote un poco.

Expándela. Observa otros elementos de la experiencia. Por ejemplo, si estás teniendo una idea útil, busca sensaciones o emociones relacionadas con ella.

Refréscala. El cerebro es un detector de novedades diseñado para aprender de lo nuevo o inesperado. Por tanto, busca lo interesante o diferente de una experiencia. Imagina que la estás viviendo por primera vez.

Valórala. Aprendemos de lo que nos resulta personalmente relevante. Sé consciente de por qué la experiencia es importante para ti, por qué importa y cómo podría ayudarte.

Cualquiera de estos métodos aumentará los efectos de una experiencia y, cuantos más apliques, mejor, aunque no tienes que usarlos todos a la vez. Muchas veces te limitarás sencillamente a permanecer en algo durante un ratito y a sentirlo en tu cuerpo y pasarás a la siguiente experiencia.

Notar una experiencia

Hay tres formas de notar más una experiencia:

Haz la intención de recibirla. Decide conscientemente asimilar la experiencia.

Siente cómo cala en tu interior. Puedes imaginar que es como un bálsamo cálido y tranquilizador o como una joya que se coloca en el cofre de tu corazón. Entrégate a ella y permítele que forme parte de ti.

Recompénsate. Sintonízate con aquello que te resulte agradable, tranquilizador, útil o esperanzador. De este modo, tenderás a aumentar la actividad de dos sistemas de neurotransmisores —dopamina y norepinefrina— que catalogarán la experiencia como un «tesoro» que se debe guardar durante mucho tiempo.

Los tres primeros pasos de SANA —sumergirse en una experiencia beneficiosa, ampliarla y notarla— son la esencia del aprendizaje. Por usar la metáfora de un fuego, son como encontrarlo o encenderlo, protegerlo, alimentarlo y, por último, dejar que su calor penetre en tu organismo. Puedes utilizarlos sobre la marcha muchas veces al día, diez segundos aquí y medio minuto allá. También puedes reservar unos minutos o más para centrarte en una experiencia concreta como hacíamos en la práctica del recuadro.

Esto no es aferrarse a las experiencias. La corriente de la conciencia está constantemente cambiando, de modo que aferrarse a cualquier cosa que esté en ella está condenado al fracaso y resulta doloroso. Lo que *sí* puedes hacer es favorecer que todo aquello que sea beneficioso surja, se quede y cale en ti, incluso cuando estás dejándolo ir. La felicidad es como un bello animal salvaje que te contempla desde el límite de un bosque. Si intentas cogerlo, se escapará. Sin embargo, si te sientas junto al fuego y le añades unas cuantas ramas, la felicidad vendrá y se quedará contigo.

AMPLIAR Y NOTAR UN SENTIMIENTO DE CARIÑO

Trae a tu mente alguien a quien quieras; puede ser un amigo, un niño, tu pareja o una mascota, por ejemplo. Intenta percibir un sentimiento de calor, agrado, aprecio, compasión o amor.

Cuando tengas esa experiencia de cariño, empieza a ampliarla. Prolóngala desentendiéndote de las distracciones y regresando a ella si tu mente divaga; mantenla una respiración tras otra. Ábrete a ella, deja que te llene, que se haga más intensa. Expándela investigando los distintos aspectos del cariño: pensamientos, sensaciones, emociones, deseos, acciones —como ponerte la mano sobre el corazón—… Adopta una actitud de curiosidad para ayudar a la experiencia a permanecer fresca y clara. Reflexiona sobre cómo puede el sentimiento de cariño ser importante para ti, relevante y valioso.

A continuación, centrate en notarlo. Hazte el propósito consciente de recibir esta experiencia en tu interior. Siente cómo este sentimiento cálido se expande dentro de ti y se convierte en una parte de tu ser. Observa qué aspecto de ser cariñoso te hace sentirte bien: es agradable, te abre el corazón, te recompensa. Sumérgete en el cariño a medida que este penetra en ti.

CULTIVA LAS FUERZAS QUE MÁS NECESITAS

Mis padres eran cariñosos, trabajaban muchas horas y me criaron lo mejor que pudieron. Sin embargo, por múltiples motivos, incluido mi propio retraimiento, yo no experimenté mucha empatía por su parte. Los niños necesitan una «sopa» concentrada de empatía por parte de sus padres, pero lo que yo obtuve fue un caldo ligero. Además, era más joven que mis compañeros de clase porque mi cumpleaños es a finales de año y me había saltado un curso. Todo esto sumado a mi temperamento algo ñoño dio lugar a muchas experiencias de ser ignorado o rechazado en el colegio. Mis necesidades de seguridad y satisfacción estaban bastante bien gestionadas, pero la de conexión, no. Con el tiempo, las cositas pequeñas se van sumando y, cuando dejé mi casa para entrar en la universidad, me sentía como si tuviera un gran agujero en el corazón; un lugar vacío y dolorido dentro de mí.

No sabía qué hacer con ello. Probé a ser prudente y decidido, y eso me ayudó a sentirme seguro, pero no llenó el agujero. En la universidad, me divertí y saqué buenas notas —lo que gestionaba la necesidad de satisfacción—, pero esto también me dejó vacío por dentro. Era como si tuviera escorbuto —una necesidad no atendida de conexión— y necesitara vitamina C, pero estuviera tomando vitaminas A y B. Estas estaban muy bien, pero no eran el nutriente clave que me faltaba.

Luego, a mediados del primer curso, todo cambió cuando empecé a observar, sentir y tomar *suplementos sociales*, como tener un grupo que me llamaba para que comiera con ellos o encontrarme con alguien amistoso de camino a clase. Eso era lo que yo necesitaba; *esto* era mi vitamina C. Poquito a poco, día tras día, muchas experiencias pequeñas fueron llenando el agujero de mi corazón.

¿Cuál es tu vitamina C?

Encuentra tus recursos fundamentales

Las tres necesidades básicas ofrecen un marco útil para identificar tus recursos interiores más importantes. Cuando sabes cuáles son, por lo general, consigues encontrar oportunidades para experimentarlos y cultivarlos a diario.

Deja claro el desafío

Como te preguntaría un médico, ¿dónde te duele?

Es posible que estés ante un desafío externo como un conflicto interpersonal, un trabajo estresante o un problema de salud. También puedes estar afrontando un desafío interno como una dura autocrítica o la sensación de no ser querido. A veces, es un dos por uno. Por ejemplo, la tensión con otra persona puede estar removiendo la autocrítica en tu interior.

Elige un desafío y, a continuación, considera las necesidades que están en juego en lo que se refiere a seguridad, satisfacción y conexión. Puede que esté presente más de una necesidad, pero, por lo general, hay una que destaca. El dolor, el peligro o la impotencia —muchas veces, con sentimientos de ansiedad, enfado o impotencia— son indicios de que la *seguridad* es la que está en riesgo. Los obstáculos que te impiden alcanzar tus objetivos, el fracaso, la pérdida de propiedad o una vida con poco placer —quizá con sentimientos de desencanto, frustración o aburrimiento— sugieren que hay que atender a la *satisfacción*. Los conflictos interpersonales, el rechazo, la pérdida o la devaluación —a menudo con sentimientos de soledad, dolor, resentimiento, envidia, incompetencia o vergüenza— señalan la necesidad de *conexión*. Si tiendes a echar a un lado una necesidad concreta —como la conexión, por ejemplo, si te echas la culpa a ti mismo cuando otros te maltratan—, esa es, con toda seguridad, la que no debes pasar por alto.

Identifica los recursos que pueden ayudarte

La mejor forma de satisfacer una necesidad concreta es utilizando las fuerzas interiores que se *emparejan* con ella. Si el depósito de tu coche está en las últimas, la solución es echar gasolina, no utilizar la rueda de repuesto. Estos son los recursos mentales más importantes para las necesidades básicas y en las próximas páginas iremos analizando cada uno de ellos:

Seguridad: estar de tu parte, determinación, coraje, sentido de agencia, sentirse protegido, tener claro cuáles son las amenazas, sentirse bien en este momento, calma, relajación, paz.

Satisfacción: gratitud, alegría, placer, logro, tener claro cuáles son los objetivos, entusiasmo, pasión, motivación, aspiración, sensación de tener bastante ya, contento.

Conexión: compasión hacia los demás y hacia uno mismo, empatía, amabilidad, autoestima, asertividad diestra, perdón, generosidad, amor.

Si estás helado y necesitas calentarte, cualquier tipo de chaqueta te valdrá. Del mismo modo, cualquiera de estos recursos ayuda, por lo general, a satisfacer la necesidad con la que se relaciona. Además, la mejor forma de afrontar un desafío suele ser con una combinación de fuerzas interiores. Dicho esto, emparejar bien un recurso específico con un desafío concreto puede resultar muy útil. Yo, por ejemplo, era bajito cuando iba al colegio y solían elegirme el último para los equipos de deporte. He podido sanar aquella antigua sensación de vergüenza y debilidad mediante muchas experiencias de capacidad y resistencia en lo alto de las montañas.

Cuando te plantees un desafío importante y la necesidad (o necesidades) que se esconde en él, observa si alguno de los recursos indicados te llama más la atención. Pregúntate:

¿Qué me podría ayudar de verdad si estuviera más presente en mi mente en estos días?

¿Qué fuerzas interiores podrían ayudarme a permanecer en el modo de respuesta cuando estoy afrontando este desafío?

Si este desafío empezó en el pasado, ¿qué me habría ayudado de verdad si lo hubiera experimentado en aquel momento?

En lo más profundo de mí, ¿qué experiencia es la que sigo anhelando con todas mis fuerzas?

Las respuestas a estas preguntas señalan un recurso funda-mental: tu vitamina C. Recuerda también que el amor es el mul-tivitamínico, la medicina universal. Nos ayuda a sentirnos seguros, tanto al niño asustado que recibe un abrazo como al adulto que camina con un amigo por un aparcamiento oscuro. Aporta una satisfacción profunda y siempre nos produce una sensación inme-diata de conexión. Si te cuesta encontrar un recurso clave para un desafío, no te preocupes, prueba el amor de una forma o de otra.

Internaliza los recursos clave

Cuando hayas identificado una fuerza interior clave, utiliza los pasos de SANA para tener experiencias de ella que puedas instalar en tu sistema nervioso.

Es posible que ya tengas una sensación de este recurso en el fondo de tu mente y que lo único que tengas que hacer es *percibirla* y traerla al primer plano de tu consciencia. Supón que te sientes inseguro con tu rendimiento laboral y que te has dado cuenta de que te ayudaría sentirte más respetado por tus colegas. Es posible que ya te estén diciendo cosas o haciendo algún gesto pequeño que revela que te reconocen y te aprecian, y que una sensación fugaz de esto pase por tu consciencia. Si así fuese, in-tenta ser más consciente de esta experiencia.

También puedes *crear* experiencias de un recurso interior im-portante. Por ejemplo, si quieres sentirte más respetado por tus co-legas, puedes buscar deliberadamente datos que lo demuestren, como, por ejemplo, una sensación de camaradería, un tono de apro-bación o que te pidan tu opinión. También puedes actuar: hablar y dejarte brillar más en las reuniones. Cuando encuentres datos que constituyan oportunidades naturales de experimentar una fuerza interior, ve más despacio para centrarte en ellos y conseguir que su reconocimiento se transforme en una experiencia beneficiosa.

Cuando tengas una experiencia del recurso, pasa a la fase de instalación del aprendizaje. Como ya he dicho, puedes ampliar la experiencia permaneciendo en ella, dejando que llene tu mente, abriéndote a ella en tu cuerpo, investigando lo que podría tener de fresco o nuevo y reconociendo lo que tiene de relevante o importante. Nótala con la intención de que entre a formar parte de ti y percibe cómo se hunde en tu ser; descubre lo que tiene de agradable.

Céntrate en las experiencias, no en las condiciones

Cualquier oportunidad de sentir y cultivar un recurso mental clave es una oportunidad valiosa. Sé consciente de las experiencias que estás buscando y, cuando las encuentres, asimílalas de verdad.

Es natural que pienses en tus recursos como personas, sucesos o incluso escenarios que tienes a tu alrededor. Sin embargo, imagina cómo podrían estas condiciones influir en lo que sientes dentro de ti. Es importante atender a las condiciones exteriores por sí mismas, incluidos sus efectos sobre otras personas, pero para tus propios fines prácticos son, en gran medida, un medio para el fin de las *experiencias* que valoramos. Por ejemplo, supón que una persona quiere tener una pareja sentimental. ¿Por qué iba alguien a buscar esta «condición»? Seguramente, en parte, porque de ese modo podría tener experiencias de amor, autoestima, alegría y otras cosas buenas. Sin duda, deberíamos intentar mejorar las condiciones de nuestra vida por nosotros y por los demás. Sin embargo, con frecuencia tardan en cambiar, si es que llegan a hacerlo. Por el contrario, cuando nuestra atención pasa de los medios a los *fines*, de las condiciones a las experiencias, se nos abren muchas posibilidades. Por ejemplo, incluso sin tener una pareja sentimental, esa persona puede encontrar otras formas de experimentar algún otro tipo de amor, autoestima y alegría.

No estoy tratando de minimizar el valor de una pareja sentimental ni ninguna otra condición exterior. Sin embargo, incluso en el caso de que esta condición esté fuera de nuestro alcance, podemos experimentar algunos aspectos de ella. Y en lo que se refiere a internalizar recursos en el cerebro, *las experiencias son independientes de las condiciones que las generan.* Cuando tenemos una canción sonando en nuestro iPod interior, podemos «tocarla» sin que importe la fuente de la que procede. Entre otras cosas, esto significa que puedes ayudarte a tener y a internalizar partes de experiencias clave que pueden haberte faltado cuando eras joven, incluso en el caso de que las condiciones de la infancia estén ya muy lejos.

Esta distinción entre condiciones y experiencias, entre medios y fines, es muy importante y perderla de vista genera mucho estrés e infelicidad. Por ejemplo, una persona puede adquirir la fijación y el impulso de conseguir una condición concreta, como un coche nuevo o un ascenso, y luego perder de vista las necesidades que el hecho de alcanzarla va a satisfacer. Con ello, perdería la oportunidad de experimentar cómo estas necesidades se satisfacen de otras formas. ¿Es el coche *en sí mismo* importante o es más bien la sensación de comodidad y seguridad lo que de verdad valoras? ¿Es el ascenso en sí mismo el quid de la cuestión o se trata más bien de la sensación de éxito y satisfacción? Por decirlo de una forma distinta, las personas no son desgraciadas porque no tengan un coche o un ascenso; lo son porque no se sienten cómodas, seguras, con éxito y satisfechas.

Cuando conoces los auténticos fines, las experiencias que más te importan, puedes buscar esos momentos en los que ocurren o crearlas deliberadamente. Quizá no consigas tener todos los aspectos de una experiencia importante, como sentirte querido por un padre muy cariñoso cuando eras niño o amado por una pareja sentimental hoy. Sin embargo, casi siempre conseguirás encontrar aspectos de ello que puedes internalizar, como sentirte querido por

un amigo o apreciado por un colega. Es posible que no puedas sanar totalmente una herida ni llenar todo el agujero que tienes en el
corazón, pero algo es mejor que nada. Y esos algos que vas cogien-
do pueden ayudarte, con el tiempo, a conseguir el todo que anhelas.

Usa flores para quitar las malas hierbas

Cuando empecé a captar lo bueno de la universidad, hubo
veces en las que fui consciente de dos cosas a la vez, como sentirme apreciado en el primer plano de mi consciencia y notar
una sensación de falta de valía en un ladito. Cuando eso sucedía,
tenía la sensación de que la experiencia positiva tocaba y entraba
en la negativa e iba poco a poco llenando los espacios vacíos que
tenía en mi interior y sanando las heridas viejas.

Esta es la esencia del paso «Aplícala» del proceso SANA.
Quizá suene exótico, pero existen muchos ejemplos muy corrientes. Es posible que te sientas preocupado por algo y que
hablar con un amigo te tranquilice. Quizá tengas un contratiem-
po en el trabajo y te acuerdes de esas veces en las que lo hiciste
muy bien. Puede que un conocido te trate con brusquedad y eso
te duela, y que entonces te acuerdes de tu abuelo cariñoso y
eso te consuele. Cuando usas la primera de las tres formas principales de relacionarte con tu mente, la de, sencillamente, estar
en algo que te trastorna, enlazas de forma natural la experiencia
inquietante con el campo siempre imperturbable de la consciencia.

Utiliza la neuropsicología del aprendizaje

La aplicación es siempre un método muy potente. El cerebro
aprende por asociación y, cuando tenemos dos cosas en la
consciencia al mismo tiempo, se influyen entre sí. La clave es

asegurarse de que la beneficiosa sigue siendo más importante que la dolorosa o perjudicial. De ese modo lo positivo purificará lo negativo e impediremos que lo negativo contamine lo primero.

Como consecuencia de la tendencia a la negatividad, las experiencias estresantes que nos suceden en el transcurso de nuestra vida se almacenan de forma prioritaria en el cerebro, sobre todo, en lo que se denomina *memoria implícita*; son los residuos de la experiencia vivida que conforman nuestras expectativas, nuestra manera de relacionarnos con los demás y la sensación de fondo de los sentimientos que te producen a ti. Los restos del pasado te afectan en el presente y puedes usar el paso de «Aplicar» para reducirlos e, incluso, sustituirlos. Cuando el material negativo se reactiva a partir del almacén de la memoria, se vuelve inestable y se abre al material positivo, que también está presente en la consciencia. Entonces, este material negativo atraviesa un proceso neuronal de *reconsolidación* que puede incorporar estas influencias positivas. En el jardín de la mente, los tres primeros pasos de SANA plantan flores y, en el cuarto, usas las flores para quitar las malas hierbas.

Utiliza el paso de «Aplicar» con habilidad

Para aplicar, una persona debe ser capaz de mantener dos cosas en la consciencia al mismo tiempo, de manera que la positiva sea más prominente y no resulte secuestrada por la negativa. La práctica del mindfulness aumenta nuestra capacidad para lograrlo. Si te ves arrastrado hacia la negativa, déjala y céntrate solo en la positiva. Más tarde, puedes dejar que la negativa vuelva a tu consciencia junto con la positiva. La mayor parte de las experiencias de «Aplicar» son bastante breves, por lo general, de menos de medio minuto, pero puedes alargarlas más si lo deseas.

Busca cosas positivas que se emparejen de forma natural con las negativas, como los recursos clave relacionados con desafíos concretos que analizamos en la sección anterior. Las experiencias de tranquilidad, por ejemplo, son un antídoto relajante para la ansiedad o el nerviosismo; sentirse incluido en la actualidad ayuda a sanar la herida provocada por habernos dejado de lado en el pasado. Si el material negativo es de cuando eras pequeño, céntrate en los aspectos no verbales, tangibles, tiernos y dulces del material positivo, como los que ofrecerías a un niño de esa edad.

Hay dos formas de entrar en el paso de «Aplicar». A menudo se empieza con algo positivo como la sensación de un recurso clave. Mientras tienes esta experiencia, puedes evocar algo negativo, para lo que sería una buena medicina. La otra forma es empezar con algo que te resulte incómodo, estresante o perjudicial, como una gran ansiedad antes de hacer una presentación. En la secuencia de *dejar estar, dejar ir, dejar entrar*, después de dejar que tus sentimientos estén todo el tiempo que quieras y luego dejarlos ir, deberías encontrar algo positivo para sustituir aquello que has liberado, como la sensación de calma que te produce saber que las personas están interesadas en lo que vas a contarles. Hasta ese momento, solo has usado los tres primeros pasos de SANA. Entonces, si quieres, puedes pasar al cuarto y poner lo positivo en contacto con los restos o capas de material negativo para desarraigarlos del todo.

Ten cuidado con lo negativo. Si te resulta demasiado poderoso, puedes cultivar recursos mentales para abordarlo a través de los tres primeros pasos de SANA. Luego, cuando sientas que estás preparado, podrás aplicarlo al material positivo de tres formas cada vez más intensas.

Conócelo

La forma menos intensa y, por lo general, más segura de abordar lo negativo es ser consciente solo de su *idea*, como el hecho de saber que perdiste a uno de tus progenitores cuando eras niño. Mantén la idea «allí», a un lado de la mente, mientras tienes una experiencia rica y agradable «justo aquí», bajo los focos del escenario de la consciencia.

Siéntelo

A continuación, si te sientes cómodo, puedes tener una «sensación percibida» de lo negativo, como un sentimiento de pérdida y duelo por haber perdido a tu padre. Acuérdate de mantenerlo más pequeño, más vago y menos activo que lo positivo que tienes en la consciencia. Si lo negativo empieza a tirar de ti, vuelve a centrarte en lo positivo.

Entra en ello

Por último, puedes imaginar o sentir que lo positivo está *entrando en contacto y penetrando* en lo negativo. Esta es la forma más intensa de abordarlo y, en consecuencia, puede ser la más eficaz, pero también es la más arriesgada. Por eso, ten cuidado y aparta tu atención de lo negativo si consideras que es demasiado para ti. Podrías visualizar una imagen de la experiencia positiva penetrando los huecos que tienes en tu interior y, poco a poco, llenándolos o aliviando los puntos aplastados, y heridos como si fuese un bálsamo. Una perspectiva útil puede sustituir las creencias limitantes o dañinas. Tus aspectos más adultos pueden sostener, consolar y dar seguridad y cariño a los más jóvenes. La compasión puede tocar el sufrimiento.

Cuando apliques, muéstrate ingenioso y creativo. Permanece de tu parte y ayuda a que todo aquello que sea beneficioso prevalezca en tu mente. Emplea tu imaginación y sigue a tu intuición.

Por ejemplo, una vez que yo estaba «aplicando», me vino una imagen de olas de amor que lamían la orilla de mi mente con una marea creciente.

Un proceso de «Aplicar»

Aquí tienes un proceso experimental más amplio que puedes usar para abordar pensamientos, sensaciones, emociones o deseos dolorosos o dañinos, lo que yo denomino material negativo. Cuando lo hagas, sé consciente de cuál es el material positivo —las experiencias beneficiosas, las fuerzas interiores, la vitamina C— que te gustaría asociar al negativo. Acuérdate de dejar lo negativo si se hace demasiado grande o abrumador, permanece de tu lado y adapta esta práctica a tus necesidades. Probablemente te llevará, al menos, unos minutos, pero puedes dedicarle todo el tiempo que quieras.

Sumérgete. Evoca la sensación de estar de tu parte. A continuación, empieza a crear una experiencia del material positivo. Puedes recordar cuando lo experimentaste realmente, quizá, una ocasión en la que te sentiste especialmente seguro, satisfecho o conectado. También puedes imaginar estar en el tipo de entorno o relación que produciría de forma natural esta experiencia o acceder a ella directamente dejándote caer en el recuerdo sensorial que tienes en tu cuerpo. Si no, utiliza cualquier otra forma que te funcione para tener una experiencia clara de este material positivo.

Amplíalo. Permanece en el material positivo. Si tu mente divaga, vuelve a él. Ayúdalo a que se haga más intenso, a que llene tu consciencia. Explora la experiencia, siéntela en tu cuerpo, ábrete a sus aspectos emocionales. Reconoce en qué aspectos es relevante, importante y valiosa para ti.

Nótala. Hazte el propósito de sentir que esta experiencia está calando en ti, que penetra en tu ser, que se convierte en parte de ti. Recíbela en tu interior, como un suave calor que se expande por dentro de ti. Reconoce qué es lo que te resulta agradable, lo que te parece sano y placentero.

Aplícalo. Cuando estés listo, sé consciente de la idea del material negativo que tienes en un lado de la mente y del positivo que ocupa, grande y rico, el primer plano de tu consciencia. No pasa nada si tu atención va rápidamente de uno a otro, pero, en líneas generales, intenta ser consciente de ambos al mismo tiempo. Permanece con la idea de lo negativo junto a la experiencia positiva durante unas cuantas respiraciones o más. A continuación, siempre y cuando no te abrume, puedes sentir más lo negativo pero siempre a un lado, más pequeño y menos poderoso que lo positivo. Una vez más, explora cómo es durante unas pocas respiraciones o más descansando en lo positivo, refugiándote en esta fuerte sensación mientras sigue habiendo una percepción de lo negativo en el fondo de tu consciencia.

Por último, si te parece correcto, imagina que lo positivo toca lo negativo y entra en él. Podría ser como unas olas que penetran en zonas doloridas o vacías del interior o una seguridad, un consuelo y un cariño que alivia partes tristes y dolidas de tu ser, o la luz del conocimiento que se abre paso entre las sombras o compasión y amor adultos que sostienen y quizá murmuran palabras suaves a tus aspectos infantiles y doloridos. Puede haber una sensación de que lo positivo es recibido en lo negativo, que se cuela por dentro y por debajo de él, que quizá lo aparta con suavidad para quitarlo de tu mente. Intenta no mostrarte intelectual con lo negativo ni hacer una gran historia; debe ser lo más experimental posible. Si se vuelve demasiado grande o te pierdes en él, déjalo y céntrate solo en el material positivo. Cuando estés otra vez establecido en este, puedes recuperar la consciencia de lo negativo si lo deseas.

Para finalizar, deja ir todo lo negativo y descansa en lo positivo. Disfrútalo. Te lo has ganado.

PUNTOS CLAVE

A través del *aprendizaje*, adquirimos recursos mentales. Esto se produce en dos etapas: activación e instalación. En primer lugar, debe haber una experiencia del recurso o de los factores relacionados con él y, a continuación, esa experiencia debe convertirse en un cambio duradero de la estructura y la función neuronal.

Si no hay instalación, no hay aprendizaje, sanación ni desarrollo. Aprender a instalar bien hace que la curva de crecimiento sea más pronunciada y estas habilidades puedan aplicarse a cualquier cosa que te gustaría desarrollar en tu interior.

Esto no es pensamiento positivo; es pensamiento realista, ver todo el mosaico de la realidad con sus problemas y sus dolores así como sus muchísimas partes reconfortantes, agradables y útiles.

Puedes cultivar fuerzas interiores en cuatro pasos, resumidos en la abreviatura SANA: sumérgete en una experiencia positiva —agradable, beneficiosa—, amplíala, nótala y —opcionalmente— aplícala al material negativo.

Puedes usar los pasos de SANA para cultivar los recursos mentales que más te pueden ayudar en esta época de tu vida. Emplea el marco de las tres necesidades básicas —seguridad, satisfacción y conexión— para identificar las fuerzas interiores que se emparejan con tus desafíos.

El paso de «Aplicar» es una forma poderosa de usar el material psicológico positivo para calmar, reducir e, incluso, sustituir al negativo.

Podemos aprender a aprender. El aprendizaje es la fuerza interior que hace crecer todas las demás.

SEGUNDA PARTE

BUSCAR RECURSOS

CAPÍTULO 4

ENTEREZA

La fuerza está en el alma y en el espíritu, no en los músculos.

ALEX KARRAS

LA ENTEREZA ES UN RECURSO terco y correoso. Es lo que nos queda cuando todo lo demás se ha venido abajo… y cuando se agota, la situación a la que debe enfrentarse la persona se vuelve muy complicada.

Un invierno que fui de acampada con mi amigo Bob, aprendí unas cuantas lecciones bastante espeluznantes. Pasábamos el día calzados con nuestras raquetas ascendiendo colinas cubiertas de nieve profunda cerca del Parque Nacional de las Secuoyas. Gracias a experiencias anteriores en el campo y en otros entornos complicados, ambos habíamos desarrollado un buen nivel de resistencia y entereza y estábamos convencidos de que todo iba a ir bien. Bob tiene una vitalidad natural tremenda y abría la marcha con gran energía. Cuando oscureció y tuvimos que acampar, ambos estábamos agotados y Bob empezó a tiritar de forma incontrolable. Había gastado tanta energía sin reponerla que estaba entrando en hipotermia, la primera etapa de la muerte por congelación. De hecho, había agotado sus reservas de entereza y eso puso su necesidad de seguridad en un riesgo mortal. La temperatura descendía a gran velocidad y yo me sentía también absolutamente exhausto. Nos apresuramos a plantar la tienda de campaña, nos metimos en los sacos de dormir, encendimos el hornillo, bebimos agua caliente y tomamos algo de comida también caliente. Muy pronto, los dientes de Bob dejaron de castañetear y, al cabo de un rato, volvimos a sentirnos bien. Tras una noche larga y fría, levantamos el campamento y nos encaminamos lentamente hacia la civilización, esta vez con mucho más cuidado para no agotar todo lo que llevábamos dentro.

Fue una lección dramática sobre la importancia de desarrollar entereza para afrontar los desafíos que conoces y los que te están esperando a la vuelta de la esquina para sorprenderte. Si Bob y yo no hubiéramos adquirido unas buenas reservas con nuestras experiencias y nuestro entrenamiento, podía habernos sucedido algo muy grave. Fue, además, un recordatorio patente de la importancia de ir reabasteciendo este recurso para que la aguja no se ponga en cero.

Para tener entereza, hacen falta varias cosas. Para incrementarla y reabastecerla en tu interior, vamos a empezar por estudiar la *agencia*, la sensación de que puedes hacer que las cosas sucedan en lugar de sentirte impotente. Luego, analizaré diferentes aspectos de la determinación, incluida la paciencia y la tenacidad. Terminaremos con formas de incrementar la vitalidad, incluida la de aceptar y apreciar nuestro cuerpo. Si quieres ver más puntos de vista sobre la entereza, te recomiendo el libro de Angela Duckworth titulado *Grit: El poder de la pasión y la perseverancia* y toda la investigación relacionada con él.

AGENCIA

La agencia es la sensación de ser una *causa* y no un efecto. Está presente si escoges deliberadamente un jersey azul en lugar de uno rojo o escuchas a una persona expresar su opinión y piensas: «Pues no estoy de acuerdo». Te permite ser activo en lugar de pasivo, tomar la iniciativa y dirigir tu vida en lugar de dejar que te arrastren de acá para allá. Es fundamental para tener entereza, porque, sin ella, la persona no puede movilizar otros recursos internos para afrontar los problemas. Cuando la vida te deja tirado por los suelos, la agencia es lo primero a lo que recurres para levantarte.

Desaprender la indefensión

La agencia es lo contrario de la indefensión. Investigaciones realizadas por Martin Seligman y otros han revelado que somos muy susceptibles de adquirir *indefensión aprendida* a través de experiencias de impotencia, inmovilización o derrota. Piensa en un niño que no puede evitar que abusen de él o en un adulto que ha sido atacado. También se da en situaciones en las que hay disparidad entre la responsabilidad y los recursos, como la de una persona en una empresa con falta de personal que intenta hacer el trabajo de tres. Hasta las formas sutiles de impotencia acaban desgastando con el tiempo, como la persona que intenta una y otra vez recibir una atención empática sostenida de su pareja y al final acaba rindiéndose. La sensación creciente de pesimismo, inutilidad y falta de esperanza va minando el estado de ánimo, la capacidad de hacer frente a las situaciones y la ambición, y es uno de los principales factores de riesgo de la depresión.

Por lo general, es necesario experimentar la agencia muchas veces para compensar una única experiencia de indefensión, otro ejemplo de la tendencia a la negatividad del cerebro. Para impedir esta experiencia de indefensión o ir desaprendiéndola gradualmente, busca experiencias en las que elijas o influyas sobre un resultado. A continuación, céntrate en la sensación de ser un agente activo, de ser martillo en lugar de clavo y asimílala.

Busca en concreto experiencias que te produzcan una fuerte sensación de hacer que algo suceda o de empujar algo hacia adelante. Podría ser tomar la decisión de intentar una última repetición de levantar una pesa en el gimnasio o de mantener una postura de yoga durante diez segundos más. En una interacción con otra persona, puedes decidir que ya has tenido bastante y que es hora de irse. En una reunión, si tu idea ha sido malinterpretada y desdeñada, puedes levantar la mano y explicarla otra vez.

En la vida, hay momentos en los que damos un paso atrás y analizamos detalladamente algo —una relación, una situación de vida o una forma de educar a nuestros hijos, por ejemplo— y reconocemos de un modo profundo y honesto que tenemos que hacer un cambio significativo. Puede ser duro, puede ser doloroso, pero elegimos cambiar. Esto también es agencia.

Cuando la agencia es limitada

Cuando tus opciones son muy limitadas, busca cosas pequeñas que *sí puedas* hacer y céntrate en la sensación de agencia que te aportan. Por ejemplo, si afrontas una crisis de salud, ¿podrías tomar la decisión de entrar en internet para conocer más datos acerca de ella? En una discusión con algún familiar, ¿puedes tener la sensación de que *tú* estás decidiendo lo que quieres decir y lo que no? Cuanto más poderosas sean las fuerzas que se le echan encima a una persona, más importante resulta encontrar formas de experimentar alguna sensación —la que sea— de agencia.

Si no podemos ejercitarla «ahí afuera», con palabras o con hechos, por lo general sí podemos tomar decisiones «aquí adentro», en el interior de la mente. A menos que algo resulte extraordinariamente doloroso, ya sea física o emocionalmente, siempre tenemos el poder de alejar de ello nuestra atención y desviarla hacia algo más agradable o útil. Yo, por ejemplo, cuando me siento en el sillón del dentista, me acuerdo deliberadamente de mis caminatas por las altas praderas del Parque Nacional Yosemite. También tenemos el poder de decidir cómo pensamos acerca de las situaciones y las relaciones y podemos ponerlas en perspectiva. Cuanto menos poder tengamos «ahí afuera», más importante es ejercitar la agencia «aquí adentro». Cuando elijas algo de forma deliberada dentro de tu mente, intenta darte cuenta de ello y registrar el sentimiento que te produce ser la persona que elige.

A una persona le suceden muchas cosas, pero podemos experimentar una sensación de agencia en nuestra forma de *responder* ante ellas. Si se puede hacer incluso en las situaciones más horribles y terroríficas, entonces también se puede hacer en la vida normal. Reflexiona sobre este pasaje de Viktor Frankl después de sobrevivir al Holocausto:

> Los que vivimos en campos de concentración podemos acordarnos de los hombres que caminaban entre los barracones consolando a los demás, dando hasta su último pedazo de pan. Puede que fueran pocos, pero ofrecían pruebas suficientes de que todo se le puede arrebatar a un hombre excepto una cosa, la última de las libertades humanas: elegir nuestra actitud ante cualquier circunstancia, elegir nuestro propio camino.

Atiende las causas

Resulta lógico centrar la atención en aquello en lo que sí tenemos agencia en lugar de en donde no la tenemos. Voy a poner un ejemplo: en nuestro jardín hay un viejo manzano que yo he podado y regado durante muchos años, pero nunca he sido capaz de *hacer* que me diera una manzana. De forma muy parecida, hay muchísimas cosas en la vida ante las cuales lo único que podemos hacer es atender las causas, pero no forzar los resultados. Podemos cuidar y guiar a nuestros hijos, pero no podemos controlar lo que harán cuando sean adultos. Podemos ser buenos y cariñosos con otras personas... pero no podemos hacer que nos quieran. Podemos tomar comidas nutritivas, hacer ejercicio e ir al médico, pero, aun así, podemos ponernos enfermos. Lo único que podemos hacer es regar el manzano.

Quizá no seamos capaces de crear directamente algo que deseamos, pero sí podemos estimular los procesos subyacentes que lo harán realidad. Ser consciente de esto aporta una sensación de responsabilidad y de paz. En lo que se refiere a la responsabilidad, depende de cada uno de nosotros cuidar las causas sobre las que podemos influir, utilizar la agencia que sí tenemos. Dedica un tiempo a considerar los aspectos más importantes de tu vida, como la salud y las relaciones, y busca cosas sencillas y realistas que podrías hacer para que mejoraran. Por ejemplo, si haces un buen desayuno, te levantas de la mesa, al menos, una vez cada hora y te acuestas a una hora razonable la mayoría de las noches, puedes marcar una gran diferencia en tu salud. No ir siempre corriendo y pararse a escuchar a un amigo puede mejorar una relación. Este tipo de cosas pequeñas producen, a menudo, grandes resultados. Cuando te plantees así tu vida, si ves que algo te está pidiendo más cuidados, deja que esta forma de verlo se convierta en un sentimiento de compromiso, amplíalo, nótalo y entrégate a él para que te mueva a actuar. Al final de cada día, sé consciente en tu interior de que has hecho las cosas lo mejor que has podido.

Mientras tanto, disfruta de una mayor sensación de paz. Muchos de nosotros vamos por la vida insistiendo, de forma metafórica, en que las semillas tienen que darnos manzanas. Sin embargo, de ese modo nos estamos limitando a unos resultados concretos y nos frustramos y nos criticamos a nosotros mismos cuando no se producen. Lo cierto es que hay diez mil causas anteriores a este momento que lo están haciendo realidad y la mayor parte de ellas está fuera del control de todo el mundo. Reconocer este hecho y aceptarlo puede resultar alarmante al principio; es como si nos estuviera arrastrando la corriente. No obstante, cuando te acostumbres a él podrías sentir alivio de la tensión y de la sensación de ser arrastrado y una serenidad cada vez mayor.

DETERMINACIÓN

A todo el mundo pueden sucederle cosas complicadas y la *determinación* es la fuerza inconmovible a la que recurrimos para soportarlas, hacerles frente y sobrevivir a ellas. Una persona puede estar herida, débil... y tener una gran determinación. De hecho, algunas de las personas con más determinación que he conocido eran las que llevaban una carga más pesada, como un joven haitiano amigo mío, que estaba luchando por salir de una pobreza terrible y otro amigo que está afrontando la pérdida gradual de la vista. Es posible que la determinación nos parezca algo sombrío y, sin embargo, puede ser muy alegre y jovial. Reflexiona sobre esta descripción que escuché una vez de Thich Nhat Hanh, el monje y maestro budista defensor de la paz: «Una nube, una mariposa y una máquina excavadora».

La determinación tiene cuatro aspectos: *resolución, paciencia, constancia* e *intensidad*. A lo largo del día puedes utilizar los pasos de SANA para convertir las experiencias de estos aspectos en una sensación aún más fuerte de determinación.

Resolución

La resolución se dirige hacia un objetivo. De lo contrario, es como tener un coche con un motor potentísimo y carecer de destino. Para tener una sensación física de lo que supone la resolución, piensa en esas ocasiones en las que te has planteado un objetivo con seriedad. ¿Qué cara tienes cuando estás absolutamente comprometido con algo? ¿Y cuando quieres hacer un negocio? Puedes tener un aspecto grave, una cualidad de intención férrea. Cuando experimentes la resolución, permanece en ella durante una docena de segundos o más para ayudarte a ser todavía más resuelto y decidido.

Evidentemente, cuando intentamos alcanzar un objetivo tenemos que saber adaptarnos. Podemos ponernos demasiado quisquillosos con los pequeños detalles y, en nuestra fijación por los medios, perder de vista el fin. La auténtica resolución es como manejar un barco, cambiando de rumbo para coger los vientos, dando bordadas para llegar a nuestro destino.

Y, en todo momento, debemos tener corazón. De lo contrario, la resolución puede convertirse en algo frío e impuesto desde fuera —como un jefe interior muy duro que no hace más que gritarnos— cuando debería ser cálido y natural. La resolución implica pasión, ardor e, incluso, alegría. Piensa en algo que «deberías» hacer pero que vas posponiendo e imagina que lo haces con toda el alma. Al imaginarlo, observa que tu sensación de compromiso aumenta de forma natural. Deja que esta sensación mayor de resolución cale en tu interior.

Paciencia

En cierta ocasión, siendo adolescente, tuve una de esas experiencias inolvidables que se nos quedan grabadas para siempre.

Una noche, ya muy tarde, miré por la ventana del piso donde vivíamos y vi a un obrero caminando fatigosamente por la acera. No sabía si regresaba a casa o iba a entrar de turno. En cualquier caso, se le veía muy cansado. A lo mejor le dolían los pies, quizá deseaba una vida diferente…, pero seguía caminando. Me hizo pensar en mis padres y en otras personas que no dejan de hacer lo correcto, que cumplen sus obligaciones, que ponen pacientemente un pie delante del otro.

Muchos de los errores que he cometido en mi vida han sido por impaciencia: enfadándome por lo mucho que algo estaba tardando, presionando a otras personas para que se dieran prisa o sacando conclusiones apresuradas. Ser paciente no significa ignorar los problemas reales, pero la vida está llena de retrasos y molestias y, a veces, no nos queda más remedio que esperar.

La paciencia puede parecer una virtud modesta, pero es la esencia de dos factores fundamentales para la salud mental y el éxito en el mundo: el primero es la *gratificación aplazada*, la disposición para demorar la recompensa inmediata por otra mayor en el futuro; el segundo es la *tolerancia al dolor emocional*, la capacidad de soportar una experiencia dolorosa sin empeorar una situación ya de por sí perjudicial, como cuando nos «automedicamos» comiendo en exceso o bebiendo alcohol.

Elige alguna parte de tu vida que te resulte frustrante o exasperante e intenta imaginar que la abordas con más paciencia. ¿Qué sensaciones te produciría? Puede que sientas que aceptas las cosas tal y como son, que soportas el estrés o el dolor una respiración tras otra, un paso tras otro. ¿Qué elemento de tu interior podría ayudarte a ser más paciente? Puedes centrarte en la sensación de que todavía estás vivo, que sigues estando básicamente bien, a pesar de que no estás obteniendo lo que deseas. Puedes dejar deliberadamente a un lado la irritación y recordar que lo que estás soportando, sea lo que fuere, no es más que un periodo breve en el conjunto de toda tu vida.

Si fueras más paciente, ¿cuáles serían algunas de las cosas buenas que obtendrías? Es probable que te sintieras mejor y que fueras más eficaz, y los demás se sentirían más a gusto contigo. Cuando experimentes la paciencia, utiliza el paso de «Notar» de SANA para recibirla en tu interior junto con la sensación de estar, realmente, convirtiéndote en una persona más paciente. Prueba el paso de «Aplicar» para mantener tanto la paciencia como la frustración en tu consciencia y usa la primera para aliviar y calmar cualquier punto tenso o irritado que tengas dentro de ti.

Constancia

En muchas culturas, aparecen distintas versiones de esta fábula: en cierta ocasión, unas ranas cayeron en un cubo lleno de nata. Como los lados eran muy empinados, ninguna de ellas podía escapar y una a una fueron rindiéndose y se ahogaron. Una, sin embargo, siguió nadando, moviendo las patitas para mantenerse a flote. Y poquito a poco, muy poquito a poco, batió la nata hasta convertirla en mantequilla sólida, lo que le permitió saltar del cubo y vivir feliz para siempre.

Me encanta esta fábula y la idea de que, pase lo que pase, siempre puedes insistir por tu bien, aunque solo sea dentro de tu mente. Incluso en el caso de que tus esfuerzos no obtengan ninguna recompensa, sabrás que lo has intentado y eso en sí mismo produce una sensación honrosa y consoladora.

Los mayores cambios provienen de los esfuerzos pequeños, sencillos y constantes. Imagina que quieres empujar un barco grande para meterlo en el agua. Puedes echar a correr a toda velocidad y chocar contra él, pero eso resultaría doloroso y poco eficaz. También puedes ponerte en el extremo del pantalán, apoyarte en el barco... y seguir apoyándote contra él.

¿Hay algo importante en tu vida a lo que le vendría bien que siguieras apoyándote contra ello? Hacer ejercicio de forma regular, a lo mejor, o meditar, o arreglar mentalmente una relación con tu pareja o con un hijo adolescente, una interacción positiva breve cada vez. Si insistes con las acciones pequeñas, puedes llegar a conseguir cosas grandes. Imagina que has pensado escribir un libro y la idea te resulta abrumadora. Bueno, ¿podrías escribir dos páginas en un día? Hazlo cien veces, cada pocos días, en el transcurso de un año y tendrás tu libro.

A veces, las cosas en las que debes tener más constancia son tus pensamientos y sentimientos. He conocido personas capaces de enfrentarse con valor a condiciones externas muy duras, como un trabajo complicado, pero que se rendían cuando lo importante era abrirse emocionalmente. También en estos casos los pasitos pequeños hacen avanzar a una persona. Intenta mantener ese sentimiento que te asusta durante una respiración más de lo normal o mostrarte un poco más a otra persona. Observa los resultados. Lo más probable es que no suceda nada malo y que, de hecho, te sientas bien y veas que los demás también están mejor. A continuación, registra e internaliza la sensación de que hayas asumido un riesgo pequeño y te haya resultado bien. Apóyate en ella para dar el siguiente paso y así sucesivamente.

Intensidad

La determinación se conecta con un aspecto ancestral y salvaje que todos llevamos dentro. Yo lo experimenté de una forma sobrecogedora cuando tenía diecinueve años y acompañaba a un grupo de escolares en una excursión por las montañas Yosemite.

Estábamos a finales de primavera y las noches eran todavía muy frías. Paramos a comer en un gran prado lleno de rocas cerca de un río, y luego seguimos caminando. Al cabo de un par de kilómetros, uno de los niños se dio cuenta de que se había dejado la chaqueta en el prado, así que me ofrecí para ir a buscarla y quedamos en encontrarnos en el campamento para cenar. Dejé la mochila, regresé al prado, busqué la chaqueta y la encontré. Sin embargo, no fui capaz de hallar el camino por el que habíamos ido. Miré hacia todos lados: estaba rodeado de rocas, árboles y terreno accidentado. La persona más cercada debía estar a varios kilómetros. Estaba perdido, con una camiseta por toda vestimenta, sin agua ni comida y con la noche casi encima. Me empezó a entrar el pánico.

Entonces me asaltó una sensación extraña, la de que iba a hacer lo que fuera necesario para sobrevivir. Era de una intensidad salvaje, no cruel ni malvada, sino más bien como la de un halcón hambriento que se lanza sobre un conejo: no se trataba de algo mezquino ni vengativo, sino un compromiso feroz con la vida. La intensidad acabó con el pánico y me aportó la energía suficiente para buscar con gran atención los leves rastros del camino. Al final lo encontré y, muchos kilómetros después, pude reunirme con mis amigos ya caída la noche.

Sigo conservando la sensación de esa voluntad férrea de resistir y he recurrido a ella muchas veces. Lo curioso es que el simple hecho de saber que puedo contar con ella si la necesito me ha ayudado a poner la otra mejilla en determinadas situaciones, utilizando algo salvaje para seguir siendo civilizado. *Somos animales*, con la fuerza y la tenacidad suficientes como para elevarnos hasta la cúspide de la cadena alimentaria. En algunos planteamientos de psicología, religión y educación infantil, encontrarás la idea subyacente de que los fondos primigenios de la mente de todas las personas están llenos de unas criaturas apestosas y despreciables que deben permanecer encerradas. Está claro que tenemos que regularnos, pero no debemos temer ni avergonzarnos de ese aspecto salvaje que albergamos en nuestro interior.

Piensa en alguna experiencia buena que hayas tenido cuando te has mostrado feroz y fuerte, quizá defendiendo a otra persona, atravesando un terreno salvaje o manejando una emergencia. Imagina lo que sentirías y en qué te ayudaría hoy aportar algo de esa intensidad decidida a una situación complicada. Echando la vista atrás, veo que, a menudo, he sido demasiado manso, demasiado reservado. Es posible que tú también te beneficies, como yo, de abrir una puerta interior y aprovechar algo que te resulte ferozmente útil.

VITALIDAD

Todo aquello que pensamos y sentimos está basado en sensaciones y movimientos físicos. Los psicólogos han descubierto, por ejemplo, que el desarrollo cognitivo de los niños está conformado por la actividad sensoriomotriz y que las formas de ver las cosas y los estados de ánimo de los adultos están muy influidos por el placer y el dolor, la energía y la fatiga, la salud y la enfermedad. De una forma parecida, nos afecta lo que pensamos de nuestro cuerpo y nuestra forma de tratarlo. Yo he pasado años creyendo que el mío era demasiado flaco, demasiado gordo, demasiado esto, demasiado aquello, haciéndolo trabajar duro, como si estuviera espoleando a un caballo colina arriba un día tras otro. Si a una persona no le gusta su cuerpo, le costará más cuidarlo bien; en ese momento, la vitalidad decrece y, con ella, la entereza y la resiliencia. Tenemos que aceptar, apreciar y alimentar nuestro cuerpo y tratarlo más como a un amigo que como a una bestia de carga.

Acepta tu cuerpo

¿Qué te parece tu cuerpo? Muchas personas lo critican y se avergüenzan de él, en parte, porque desde nuestra más tierna infancia nos bombardean constantemente con mensajes sobre el aspecto que deben tener las niñas y los niños, las mujeres y los hombres, la gente en general. Piensa en lo que has oído y visto en todos estos años a tus padres, tus compañeros de clase y tus amigos; también en los anuncios y las redes sociales.

Son pocas las personas que están a la altura de esos patrones, pero, aun así, los internalizamos, nos miramos al espejo, nos juzgamos, nos presionamos y nos avergonzamos de nosotros mismos. Y luego es facilísimo obsesionarse con la comida o el ejercicio, meterse en dietas yoyó e, incluso, llegar quizá a desarrollar un trastorno alimentario.

Para lograr una mayor aceptación de tu cuerpo, piensa en algunas personas que te gusten y a las que respetes. ¿En qué influye su aspecto en la opinión que tienes de ellas? Probablemente, en muy poco. Piensa también en cuando conoces gente nueva. ¿Cuánto tardas en pasar de su aspecto físico a otro más profundo? Posiblemente, menos de un minuto. Nos preocupamos por lo que los demás piensan de la imagen que tenemos y, por lo general, ellos piensan en ella tanto como nosotros en la suya… ¡muy poco!

¿Qué sientes al saber que la mayoría de la gente no le da ninguna importancia a tu aspecto físico? ¿Qué sientes al saber que, de hecho, tu apariencia les parece bien? Dedica un rato a reflexionar sobre ello y a que este conocimiento se establezca en tu interior. Si tu atención se desvía hacia esa frase despectiva sobre tu peso, vuelve a llevarla a lo que sabes acerca de cómo te ve la mayor parte de la gente. Ayuda a que se desarrolle esta convicción, la sensación de que crees de verdad que los demás aceptan tu apariencia. Puedes decirte cosas como «los demás están ocupados y tienen sus propias preocupaciones, no pierden el tiempo criticando mi aspecto; aunque una persona sea crítica, las demás me aceptan, les parece bien cómo soy». Ábrete a las sensaciones relacionadas con el alivio y la seguridad. Relájate y deja que las buenas noticias calen en tu interior.

A continuación, da el siguiente paso e intenta aceptar tu cuerpo tanto como lo aceptan los demás. Está bien tener unos objetivos realistas relacionados con el estado físico y la salud, pero, al mismo tiempo, tu cuerpo es lo que es y puedes aceptarlo. Elige algo de él que te guste (como, por ejemplo, los dedos o los ojos), acéptalo y asimila la sensación de aceptarlo.

Ahora, empezando desde los pies, ve intentando aceptar cada una de las partes principales de tu cuerpo. Puedes mirarte directamente, con un espejo, o centrarte mentalmente en las distintas partes, lo que te más ayude a pasar a la aceptación. Si no eres capaz de aceptar alguna parte concreta, pasa a las otras. Di cosas como: «pie izquierdo, te acepto... pie derecho, me resultas aceptable... pantorrilla izquierda, te acepto tal y como eres... pantorrilla derecha, también te acepto». Deja que esta sensación de aceptación crezca y se extienda por tu mente. Relájate y no enjuicies. Puedes usar el paso de, «Aplicar», para emplear la aceptación como un medio de calmar y aliviar cualquier autocrítica hacia tu cuerpo.

Aprecia tu cuerpo

Además de aceptar tu cuerpo, ¿serías capaz de apreciarlo? Imagina que tuvieras un amigo con un cuerpo como el tuyo... y también con los talentos, habilidades, buen corazón y demás virtudes que posees. Supón también que este amigo se siente preocupado, cohibido o crítico con su cuerpo tal y como estás tú. Visualiza algunas de las cosas razonables, compasivas y de ánimo que le dirías. Puedes escribirlas si te apetece. A continuación, díteles a ti mismo mentalmente o en voz alta. Prueba también la práctica del recuadro.

GRACIAS, CUERPO

Como en todas las prácticas, adáptala a tus necesidades, cuida bien de ti mismo y desconéctate de cualquier cosa que te resulte demasiado incómoda. Haz unas cuantas respiraciones, relájate y siente que estás de tu parte. Piensa en otras personas que te aprecian, a las que les gustas o que te quieren y ábrete a la sensación de ser cuidado.

Imagina tu vida como si fuese una película, empezando por tu infancia y avanzando hasta el presente. Mientras la observas, fíjate en algunas de las formas en las que tu cuerpo te ha protegido y servido. Aunque haya tenido limitaciones, discapacidades o enfermedades, te ha cuidado de muchísimas maneras. Imagina que tu cuerpo te dice cómo te ha ayudado: «hice crecer ojos para que pudieras ver, fabriqué un cerebro maravilloso para que pudieras pensar y soñar, mis brazos y mis manos te han permitido abrazar a tus seres queridos, te he permitido caminar, trabajar, bailar, cantar y disfrutar de mucho placer».

Ve repasando las partes principales de tu cuerpo desde los pies hasta la cabeza. Intenta apreciar cada una de ellas. Puedes decirte cosas como: «Pies, gracias por transportarme; muslos, habéis cumplido con vuestro trabajo muchísimas veces y os estoy muy agradecido; corazón y pulmones, cuántos latidos y respiraciones, cuantísimo os aprecio; manos y caderas, os acepto tal y como sois; pecho y brazos, cuello y hombros, cabeza y pelo, gracias por todo lo que habéis hecho por mí».

Imagina tu cuerpo en los días venideros. Contémplate en distintas situaciones a lo largo del año próximo —con amigos, por ejemplo, en el trabajo o en reuniones familiares— e imagina que aceptas completamente tu cuerpo en ellas, que aprecias realmente a tu cuerpo en ellas, que disfrutas de tu cuerpo en estas situaciones. Sé consciente de lo bien que te sentirías si te relacionaras así con tu cuerpo. Deja que estas sensaciones agradables penetren en tu interior mientras te sumerges en ellas.

Cuida tu cuerpo

La salud física es una ayuda enorme para la resiliencia y las amenazas más importantes para la seguridad son las amenazas del cuerpo. Como psicólogo, no te estoy ofreciendo consejos médicos, pero los fundamentos de sentido común son evidentes:

- Sigue una dieta equilibrada y nutritiva.
- Duerme bien por las noches.
- Haz ejercicio físico de forma regular.
- Minimiza o elimina las sustancias intoxicantes.
- Actúa pronto para evaluar y tratar posibles problemas de salud.

La mayoría de la gente sabe lo que tendría que hacer. La clave es recurrir a la agencia y a la determinación para ponerlo en práctica. Mira la lista anterior y observa si hay algo que crees que deberías hacer. Si hay algo que sabes que deberías hacer, pero que no haces, haz una pausa y piensa en las consecuencias: con respecto a cómo te sientes un día normal, para otras personas, para ti mismo dentro de un año, o diez, o veinte…, para todo el tiempo que quieres vivir y lo bien que deseas hacerlo.

Es habitual posponer las prácticas que mejoran la salud personal. Resulta tan fácil decir: «mañana empiezo»… Sin embargo, los «mañanas» van sumándose y los años van pasando. Entonces, sucede algo —una lesión, una enfermedad grave o un factor de gran estrés— que golpea con fuerza una constitución debilitada, como una rama que cae sobre una casa agujereada por las termitas. Resulta motivador, no morboso, darse cuenta de que a todos se nos está acabando la pista de despegue y de que ha llegado el momento de cambiar algo que podría añadir años buenos a tu vida.

Imagina lo bien que te sentirías si hicieras ese cambio. Dedica un rato a imaginar la sensación de salud y energía en tu cuerpo, el sentimiento de que te estás respetando, el aprecio de los demás, los posibles años que te quedan para estar con tus amigos y familiares… Si no estás seguro de si vas a ser capaz de mantener el cambio, centra tu atención en experimentar con mucho detalle las recompensas que te ofrece. Utiliza uno o más de los cinco aspectos del paso «Ampliar» de SANA para fortalecer la experiencia: permanece en ella, ayúdala a ser más intensa, ábrete a ella con tu cuerpo, encuentra algo nuevo u original en la misma y reconoce en qué te resultaría valiosa. Todo esto te parecerá motivador e inclinará tu cerebro hacia esta conducta nueva.

Luego, evidentemente, haz el cambio. Busca formas sencillas y prácticas de apoyarte. Por ejemplo, si quieres reducir el consumo de hidratos de carbono, toma una ensalada con algo de proteína a la hora de comer y no te lleves a casa una caja de dónuts. Si quieres dormir más, apaga la televisión a las diez de la noche. Si necesitas hacer más ejercicio, queda con un amigo para salir a andar. Si te tienta el alcohol, mantenlo fuera de tu casa. Y cuando actúes, aunque sea con cosas pequeñas, haz una breve pausa y siente de verdad las recompensas de hacerlo.

No pretendo trivializar lo difícil que puede ser adoptar un hábito de salud nuevo. Te aseguro que yo también lo he pasado. Sin embargo, las probabilidades de éxito aumentan muchísimo cuando «atiendes las causas» de tres maneras: reconociendo la necesidad del cambio, emprendiendo acciones apropiadas e internalizando las experiencias de las recompensas que te llegan. Sigue regando el árbol y lo más probable es que te dé buena fruta.

PUNTOS CLAVE

Unas pocas experiencias de sentirse atrapado, impotente y derrotado pueden conducir a la «indefensión aprendida», que mina nuestra capacidad de hacer frente a las situaciones y nuestra ambición y constituye un factor de riesgo de la depresión. Por eso, es importante buscar lo que *puedes* hacer, aunque solo sea mentalmente, sobre todo, en situaciones o relaciones complicadas.

En muchísimos aspectos de la vida puedes atender las causas, pero no controlar los resultados. Ser consciente de esto fomenta tanto la responsabilidad como la paz interior.

Utiliza los pasos de SANA para internalizar las experiencias de resolución, paciencia y constancia.

En ocasiones, se afirma que la salud mental se consigue reprimiendo nuestra naturaleza animal primigenia. Sin embargo, de ese modo, también encerramos partes de nuestro ser que son salvajes y maravillosas. La persona que es capaz de conectarse con una intensidad feroz y salvaje es más resiliente.

Tus sentimientos hacia tu cuerpo y la forma en la que lo tratas influyen sobre tu salud y tu vitalidad y estas, a su vez, afectan a tus pensamientos, tus sentimientos y tus actos.

Así como lo más probable es que no te importe demasiado el aspecto físico de otras personas, la mayoría de la gente tampoco se dedica a criticar tu cuerpo. Acéptalo tal y como es y céntrate en los aspectos de este que aprecias.

No pospongas las acciones razonables que benefician tu salud física. Siempre resulta fácil empezar mañana. Mejor pregúntate a ti mismo: «¿Qué puedo hacer hoy?».

CAPÍTULO 5

GRATITUD

El cerdito se dio cuenta de que, aunque tenía un corazón muy
pequeño, podía albergar una cantidad considerable de gratitud.

A. A. MILNE

L A GRATITUD Y EL RESTO DE LAS EMOCIONES positivas producen
muchos beneficios importantes: favorecen la salud física
reforzando el sistema inmunitario y protegiendo el cardiovascular; nos ayudan a recuperarnos de las pérdidas y los traumas;
ensanchan el campo de percepción y nos ayudan a ver el conjunto de una situación y las oportunidades que contiene; favorecen
la ambición y, además, conectan a las personas entre sí.

Tendemos a pasar la vida intentando sentirnos bien en el
futuro, pero esto resulta estresante y agotador en el presente. La
gratitud te permite sentirte bien *ya*, así que vamos a estudiar
cómo podemos desarrollar esta y otras emociones positivas dando gracias, disfrutando, sintiéndonos afortunados y alegrándonos
con las cosas buenas que les suceden a los demás.

DAR LAS GRACIAS

Recuerda alguna ocasión reciente en la que hayas dado las
gracias, en voz alta o solo mentalmente. A lo mejor fue mientras

comías algo, al recibir un abrazo o al levantar la mirada al cielo. Cuando nos sentimos agradecidos, se produce una sensación natural en el cuerpo, un sentimiento de alivio, una necesidad cubierta, satisfacción.

Piensa en alguna de las cosas que te han sido concedidas, como, por ejemplo, amistad y amor, una educación, la vida en sí misma y un universo que surgió hace más de trece mil millones de años. Y esto solo para empezar. Todo aquello que resulta doloroso o difícil en la vida de una persona va acompañado de muchas cosas por las que podemos estar agradecidos.

Como experimento, recuerda algo que te haya sido dado y luego da las gracias, mentalmente o en voz alta. El agradecimiento es una buena sensación por sí mismo. Además, Robert Emmons y otros investigadores han descubierto que aporta un conjunto muy notable de beneficios:

- Más optimismo, felicidad y autoestima; menos envidia, ansiedad y depresión.
- Más compasión, generosidad y clemencia; unas relaciones más fuertes; menos soledad.
- Se duerme mejor.
- Mayor resiliencia.

Formas de cultivar el agradecimiento

Estar agradecido no significa minimizar ni negar los problemas, las enfermedades, las pérdidas o las injusticias. Es sencillamente apreciar aquello que *también* es verdadero: las flores y la luz del sol, los clips y el agua fresca, la amabilidad de otras personas, el acceso fácil al conocimiento y a la sabiduría, la luz con solo pulsar un interruptor…

Date cuenta de cualquier reticencia a ver esos regalos que puedas albergar; podría ser, por ejemplo, la preocupación de que eso te hará perder la noción de los problemas o bajar la guardia. Resulta útil recordar que se puede estar profundamente agradecido y, al mismo tiempo, tener muy claro lo que podría ir mal.

Cuando aparezca el dolor en tu vida, comprueba si viene acompañado de algún regalo. Por ejemplo, nuestros hijos se han hecho mayores y se han ido de casa; los echamos mucho de menos, pero también apreciamos que se hayan convertido en adultos.

Uno de los descubrimientos clave de las investigaciones sobre la gratitud es el valor tan destacado que tiene celebrar los dones de la vida con otras personas. Recuerdo una ocasión en la que, junto con mi mujer y cien padres más, estábamos sentados en una fiesta de la clase de preescolar de mi hija viendo a los niños hacer pequeñas actuaciones y luego cantar todos juntos. Fue precioso y nos sentimos muy agradecidos hacia nuestros hijos y hacia los profesores.

Intenta que el agradecimiento forme parte de tu jornada habitualmente. Por ejemplo, puedes ponerte en la mesa o en el salpicadero del coche un papelito que te recuerde que debes dar las gracias. Puedes anotar las cosas por las que te sientes agradecido o escribir una carta a alguien diciéndole lo que aprecias de él. Un método muy poderoso es reflexionar sobre tres bendiciones que haya en tu vida antes de dormirte. Esto ayuda a que el reconocimiento de lo que has recibido se convierta en un sentimiento de aprecio, seguridad e, incluso, asombro y alegría. Usa los pasos de SANA para llevar estos sentimientos hacia tu interior y dejar que calen en ti mientras tú te sumerges en ellos. La práctica del recuadro te dará una experiencia ampliada.

SER AGRADECIDO

Haz una respiración y relájate. Piensa en alguien a quien aprecies de verdad. ¿Qué te ha dado esta persona? Deja que estos recuerdos se conviertan en sentimientos de agradecimiento y te vayan impregnando.

Piensa en las cosas en las que has tenido suerte, como tus talentos naturales, cuándo o dónde naciste, quiénes fueron tus padres... cosas buenas que te hayan llegado. Sin olvidar tus propios esfuerzos, ábrete a la sensación de gratitud por tu buena suerte.

Reflexiona sobre la naturaleza: las flores, los árboles, las bandadas de pájaros, toda la vida del mar... Mentalmente o en voz alta, observa lo que sucede cuando dices «gracias». Deja que tu agradecimiento llene tu corazón y se desborde hacia afuera.

Piensa en algunos de los muchos objetos que usas al cabo del día y que hayan sido fabricados o inventados por otras personas, aunque fuera hace mucho tiempo: las ruedas, los imperdibles, los teléfonos móviles, la salsa de soja, los semáforos, las señales de stop, las cremalleras y las hebillas de los cinturones. Te han sido transmitidos, te los han regalado y merecen tu agradecimiento.

Da un paso atrás y piensa en todas las cosas que han sucedido para que se formara nuestra galaxia de la Vía Láctea, nuestro sistema solar, nuestro propio planeta, tan bonito, la vida que surgió hace tres mil millones de años, la aparición de nuestra propia especie humana, el nacimiento de nuestros abuelos, el que tuvieran hijos, que se conocieran y te tuvieran a ti. Son tantas las cosas que se han unido para que tú hayas podido existir... Si echamos la vista atrás en el río del tiempo podemos ver muchísimas cosas por las que estar agradecidos. Muchas gracias.

DISFRUTAR

Nuestros placeres incluyen las vistas hermosas, las ideas fasci-
nantes y los buenos momentos que pasamos en compañía de otras
personas. Los placeres saludables superan en mucho a los perjudiciales; después de tomar una manzana, tenemos menos ganas de
comer una chocolatina. Si estás viviendo una experiencia estresante o desagradable, placeres sencillos como escuchar música pueden
sacarte de la zona roja del estrés y llevarte de nuevo a la verde. Y si
usas los pasos de SANA para internalizar una y otra vez las experiencias de placer, con el tiempo irás disfrutando cada vez más in-
ternamente, algo que te ayudará a reducir la búsqueda del placer.

Por desgracia, muchas personas no experimentan demasiado placer. Algunos de los motivos son generales. Como escribió
Søren Kierkegaard, «muchos de nosotros buscamos el placer
con tanta prisa que nos lo pasamos». En las culturas que van a
un ritmo rápido, hace falta un esfuerzo deliberado para frenar
y disfrutar de un placer. Otras razones son más individuales;
comprueba si te sientes identificado con alguna de estas. Una
persona puede creer algo así como: «mi papel es asegurarme de
que los demás estén disfrutando, no yo» o pensar: «cómo me
atrevo a disfrutar de esto cuando hay tanta gente sufriendo».
También puede haber inhibiciones contra determinados placeres, quizá porque se asocian con la vergüenza.

Si encuentras algún bloqueo en tu interior, puedes superarlo
utilizando las tres formas de aplicar la mente:

Deja estar: Explora el bloqueo con plena consciencia y
autocompasión; siente curiosidad acerca de cómo se desarrolló.

Deja ir: Relaja todas las tensiones de tu cuerpo relacionadas
con el bloqueo; desafía las creencias asociadas con él —por ejemplo, encuentra razones que demuestren que son erróneas—; decide conscientemente que no quieres que el bloqueo te controle.

Deja entrar: Expresa ideas que contradigan las creencias asociadas con el bloqueo —por ejemplo, «yo también merezco disfrutar»—; imagina lo bien que te sentirías si te permitieras disfrutar más.

Se podría pensar que, en una vida llena de dolor, no hay posibilidad de encontrar ningún placer. Sin embargo, si eres capaz
de aceptar el dolor —recurriendo al mindfulness, a la autocompasión y a otros recursos internos que te ayuden a soportarlo—,
dejarás más sitio para el placer. Tu atención no estará tan centrada en resistir el dolor y podrás reconocer y disfrutar de todo lo
demás.

Disfrutar es, en sí mismo, una expresión de agencia. Incluso
en los peores momentos, hay posibilidades de obtener placeres
sencillos: un sorbo de agua cuando tenemos la boca seca, el can-
to de un pájaro, un recuerdo amable, una brizna de hierba que
asoma por la grieta de una acera sucia. Jamás olvidaré una visita
que hice a una residencia para personas con graves discapacidades
del desarrollo. Al dar la vuelta a una esquina, vi en el pasillo a un
joven tumbado en una cuna. No podía andar y tenía un cociente
intelectual de veinte, pero me dirigió una sonrisa deslumbrante;
temblaba de placer ante la vista de un rostro humano.

Un diario de placer

Cuanto más dura es la vida, más importante resulta experimentar e internalizar los recursos psicológicos, incluida la percepción del placer. Una forma muy agradable de hacerlo es llevar un diario de placer en papel o en la mente.

Piensa en algunos de los muchos placeres sensoriales que
puedes encontrar hoy: imágenes de rascacielos, caras, piedras.
Sonidos de música, agua, risas. Sabores de fruta, té, queso. Tactos

de telas suaves, la mano de un niño, una almohada. Olores de naranja, canela, rosa, curri. Los placeres del movimiento, de estirarse, caminar o correr.

Considera también los placeres mentales o emocionales, como terminar un crucigrama o aprender un dato interesante. La meditación y la oración también pueden resultar profundamente agradables, al igual que tocar una pieza de música o cocinar un plato nuevo para cenar. Nos sentimos bien cuando nos aceptamos a nosotros mismos y dejamos ir ideas y sentimientos que nos han hecho daño.

Y, evidentemente, también están los placeres sociales. Reír con otras personas, arrullar a un bebé, conseguir algo en equipo, comprender mejor a otra persona... son cosas maravillosas. Algunos de los placeres más profundos son morales: sentirse una persona íntegra, saber que has hecho lo correcto cuando era difícil hacerlo.

A medida que transcurre el día, ve descubriendo deliberadamente oportunidades de disfrutar. Puedes ir anotando en un papel los placeres que recibes y, cuando llegue la noche, probablemente te sentirás agradablemente sorprendido por el total de cosas que has escrito. También puedes dedicar unos minutos antes de dormir a hacer un repaso de la jornada y recordar algunos de sus muchos placeres.

SENTIR QUE SE HA ALCANZADO EL ÉXITO

Dentro de nosotros existe una arquitectura de objetivos que va desde procesos reguladores microscópicos de cada una de las células hasta nuestras aspiraciones más elevadas. La vida es, por naturaleza, una búsqueda de objetivos. Cuando los alcanzamos, nos sentimos bien, disminuimos nuestro estrés y conseguimos motivación positiva. Nos confirman que estamos avanzando, lo que nos ayuda a permanecer en el modo de respuesta —en la zona verde— a medida que va transcurriendo nuestra jornada. Existen objetivos de *resultado*, como levantarse de la cama por la mañana, alcanzar un buen acuerdo con un colega de trabajo y fregar los platos después de cenar. Están también los objetivos de *proceso* —valores y fines continuados— como ser honesto, aprender, crecer y cuidar la salud.

Si lo piensas, verás que, cada hora, alcanzas muchos objetivos, tanto de resultado como de proceso. Por ejemplo, mientras caminas por una habitación, cada paso es uno de ellos. Puede que suene trivial, pero, para un bebé que está aprendiendo a andar, cada paso es una victoria. En una conversación, cada palabra entendida y cada expresión facial descifrada es un objetivo alcanzado. En el trabajo, cada correo electrónico leído, cada mensaje de texto enviado y cada punto explicado en una reunión es un logro.

Como cada día está lleno de objetivos, grandes y pequeños, también lo está de oportunidades para asimilar experiencias de alcanzarlos con éxito. De este modo, vamos creando una sensación de *tener* éxito que nos ayuda a capear las críticas y a depender menos de la aprobación de los demás. Gran parte de las actitudes prepotentes y superiores son compensaciones contra sentimientos ocultos de fracaso e incompetencia. Por tanto, sentir el éxito en lo más profundo de nuestro ser puede animarnos y hacer que nos tomemos menos en serio a nosotros mismos. La sensación duradera de tener éxito se obtiene al internalizar muchas experiencias de éxitos pequeños, no al ver un gran trofeo externo como un coche elegante aparcado delante de nuestra casa.

Sentimientos de fracaso

Todo el mundo consigue muchísimos objetivos de resultado y de proceso cada día. Sin embargo, muchas personas tienen la sensación de que no obtienen muchos éxitos. Esto se debe, en parte, a la tendencia a la negatividad. Cuando no alcanzamos nuestros objetivos, se disparan unas alarmas internas y la actividad de la dopamina en el cerebro disminuye; en consecuencia, nos sentimos mal y tenemos más ansiedad, tensión e hiperactividad. Sin embargo, cuando sí conseguimos alcanzarlos, con frecuencia, no somos capaces de reconocerlos. La gente puede ir haciendo una tarea tras otra sin prestar atención, de una forma automática, o tan centrados en lo que está a la vuelta de la esquina que pasan corriendo por la línea de meta para dirigirse a toda prisa a la siguiente carrera.

Cuando te das cuenta de que has alcanzado un logro, ¿cuántas veces te paras a sentir el éxito, aunque sea solo por unos momentos? Es muy habitual bloquear las sensaciones de éxito por miedo a que nos ridiculicen o nos castiguen por destacar o por pensar que somos especiales. Y cuando percibes el éxito, ¿te paras un momento para asimilarlo y grabarlo en tu sistema nervioso? La cantidad de fracasos auténticos que se producen en la vida de cualquier persona es diminuta comparada con el número ingente de objetivos que se han podido conseguir. Sin embargo, el cerebro resalta los fracasos, los asocia con sentimientos dolorosos y los guarda en lo más profundo de la memoria. De este modo, no deja sitio para una sensación legítima y bien merecida de ser una persona habilidosa y de éxito.

El miedo al fracaso es más fuerte si durante tu infancia te han llovido las críticas, incluso aunque fueran acompañadas de mucho amor. También empeora si formas parte de una empresa —o, en términos más amplios, de una economía— incentivada para mantener a las personas en la clásica rueda del hámster en la que el éxito real está siempre ligeramente fuera de tu alcance. ¿Has conseguido ganar tu primer euro? Tienes que llegar a los mil. ¿Has llegado a los mil? Bueno, fulano ha conseguido diez mil. ¿Te ascienden? No te conformes. ¿Has ganado un campeonato?

Repite el año que viene. Trabaja más, quédate hasta más tarde, da el ciento diez por ciento... y nunca es suficiente. La meta se sigue empujando hacia atrás una y otra vez.

El miedo a ser un perdedor puede resultar motivador, tanto para un niño como para un director general. Sin embargo, a la larga estos sentimientos negativos acaban desgastando a las personas y disminuyendo su rendimiento. Sentir que *ya* se ha conseguido un éxito razonable ayuda a la gente a tener miras elevadas, a recuperarse de los contratiempos y a rendir al máximo.

Como, en realidad, *estás* yendo de éxito en éxito cientos de veces al día, es justo *sentir* que los has alcanzado.

El éxito cotidiano

Por tanto, intenta darte cuenta de algunos de los muchos objetivos que consigues a diario. Sé consciente de que *tienes éxito en cosas pequeñas*, como preparar una comida, poner papel en la impresora o leerle un cuento a un niño. Conseguir, aunque solo sea un pequeño resultado —como, por ejemplo, tomar una cucharada de sopa—, suele implicar muchos logros más pequeños, como sostener la cuchara, meterla en el plato, llevarla a la boca sin que se derrame, introducir la sopa en la boca y volver a dejar la cuchara. Cualquiera de estos pequeños logros es una oportunidad para sentir que has tenido éxito.

Date cuenta de tu *progreso hacia resultados importantes*, como educar a tus hijos para que sean adultos independientes, completar los cursos para alcanzar la licenciatura o ahorrar dinero para la jubilación. Cada paso puede ser pequeño, pero, a medida que se van sumando las horas, los meses y los años, es bueno darse cuenta de que se está recorriendo una gran distancia.

Reconoce que *sigues cumpliendo objetivos de proceso continuados*. Piensa en cómo has mantenido tu integridad y has actuado correctamente en casa y en el trabajo. Piensa también en algunos de los desastres que ya has conseguido evitar hoy: no has tenido una mala caída en el cuarto de baño, no se ha incendiado tu casa. En realidad, esto es un tipo de éxito y merece la pena apreciarlo.

Hasta en una vida muy complicada se puede sentir que se ha alcanzado el éxito de muchas formas. Cuanto más derrotado te sientas por algunas cosas, más importante es que reconozcas tus victorias en muchas otras. Cuando experimentes el éxito, ábrete a él y asimílalo utilizando los pasos de SANA. Prueba la práctica del recuadro para percibirlo de una forma rica y corpórea.

SENTIR EL ÉXITO

Haz unas respiraciones y relájate. Siente que estás de tu parte. Recuerda algunos objetivos de resultados pequeños que ya hayas conseguido en el día de hoy, como levantarte de la cama, beber agua y hacer algunas tareas en casa o en el trabajo. Ayúdate a sentir el éxito por haberlos logrado. Ábrete a las sensaciones de placer, confirmación y valía que llevan aparejadas. Enriquécelas sosteniéndolas, sintiéndolas en tu cuerpo… reconociendo la importancia que puedan tener para ti. Absórbelas percibiendo cómo calan en tu ser, cómo se convierten en parte de ti, céntrate en aquellos aspectos que te agraden.

Reconoce tus progresos hacia logros importantes como plantar un jardín, conocer a un nuevo amigo o prepararte para un ascenso en el trabajo. Deja que este reconocimiento se convierta en una experiencia de éxito y asimílala.

Sé consciente de los objetivos de proceso continuados que vas consiguiendo como, por ejemplo, seguir respirando, seguir viviendo, ser cariñoso y justo, hacer esfuerzos, disfrutar

---

de la vida. Ábrete a la sensación de éxito y a los sentimientos
que este lleva aparejados, como el contento.

Cuando experimentes una sensación de éxito, puedes usar
el paso «Aplicar» para conectarlo con «material negativo»,
como los desengaños, las preocupaciones, la tensión y la hiperactividad o la sensación de incompetencia. Mantén esta sensación de éxito en primer plano de tu consciencia y deja caer
el material negativo si te atrapa. Imagina que lo positivo entra
en contacto con lo negativo, que se va filtrando hacia los puntos de frustración que tienes dentro de ti, que llega incluso a
experiencias de fracaso que sufriste de joven. Deja que la sensación de éxito calme, alivie y aporte perspectiva al material
negativo. Cuando termines, deja ir todo lo negativo y permanece centrado en la sensación de éxito.

ALEGRARSE POR LOS DEMÁS

Piensa en alguna ocasión en la que vieras a un niño riendo,
oyeras a un amigo contar una buena noticia o supieras que un
colega del trabajo se había recuperado de una enfermedad grave.
Es el sentimiento de alegrarse por los demás, lo que, en ocasiones, se denomina *alegría altruista*, que está enraizado en nuestra
larga historia como seres sociales. Nuestros antepasados cazadores
y recolectores vivían en grupos pequeños y prosperaban cuando
aquellos con los que compartían su vida lo hacían también. En
consecuencia, se produjo una presión evolutiva para desarrollar
compasión por el sufrimiento de otros y felicidad por su buena
suerte. Es cierto que, a veces, competimos por recursos finitos y
escasos, como una solicitud para un trabajo. Sin embargo, si las
cosas son razonablemente justas, podemos tomárnoslas con de-
portividad y respetar el éxito de los demás. Y, en casi todas las

facetas de la vida, ganan todas las partes: la buena salud de una persona, un matrimonio estable y unos niños que se crían bien no impiden que otra persona disfrute también de todo esto.

La felicidad que siempre está disponible

Parafraseando al Dalai Lama, *si puedes ser feliz cuando los demás son felices, siempre serás feliz porque siempre habrá alguien en algún lugar que lo sea*. Es más fácil sentirse entusiasmado o contento por lo bueno que les sucede a los miembros de nuestra familia, a nuestros amigos y a otras personas que nos han tratado bien, pero también podemos alegrarnos por los conocidos difíciles e, incluso, por los extraños. Puedes sentirte feliz por individuos y grupos, por los que viven cerca de tu casa o los que están muy lejos, por tus mascotas y, en realidad, por cualquier ser vivo.

Así como las demás personas pueden ser de muchos tipos, también hay muchos tipos de buena suerte. Puedes alegrarte por algún acontecimiento reciente que se haya producido en la vida de alguien o estar satisfecho con cosas continuadas como la salud, la prosperidad y una familia cariñosa. Si conoces a algún niño, piensa en lo mucho que está aprendiendo cada día. Es posible que las cosas le estén empezando a ir mejor a alguien a quien aprecias. El simple hecho de que la gente esté viva es razón suficiente para alegrarte por ellos.

Piensa en alguna ocasión en la que alguien se alegró de verdad por ti —quizá te ascendieron o un problema de salud que te preocupaba resultó no ser nada— e intenta recordar cómo te afectó. Dale la vuelta: el apoyo, el reconocimiento y los buenos deseos que te dieron son exactamente lo que tú das a otros cuando te alegras por ellos.

Esto te beneficia a ti tanto como a los demás. La alegría altruista resulta agradable, abre el corazón y aporta una sensación de conexión positiva con el mundo. Los demás perciben que estás contento por ellos y eso refuerza y profundiza las relaciones.

Un antídoto contra la decepción y la envidia

Cuando caminamos por una calle concurrida de una ciudad, nos resulta fácil olvidar que el entorno social natural de un ser vivo es un grupo de unas cincuenta personas. Así es como hemos vivido la mayor parte del tiempo que nuestra especie lleva en la Tierra y como vivieron nuestros antepasados homínidos fabricantes de herramientas durante más de dos millones de años antes de eso. En consecuencia, hemos evolucionado en cerebro y mente, diseñados para un entorno muy concreto: grupos relativamente pequeños.

Tanto si ese grupo es una tribu de la Edad de Piedra, una clase de octavo de primaria o un grupo de colegas del trabajo, es importante saber el lugar que ocupamos en relación con los demás. Por eso, nos comparamos tanto con los amigos como con los rivales. Cuando tenemos la sensación de que nos va mejor que a ellos, nos sentimos confiados y valiosos. Sin embargo, cuando es al revés, tendemos a sentirnos mal. Gracias a las redes sociales comparamos toda la película de nuestra vida —cuyos fallos conocemos muy bien— con las cuidadosamente editadas y realzadas de todos los demás y es muy fácil sentirse decepcionado, menoscabado y envidioso.

Alegrarse por los demás es un antídoto natural para estos sentimientos. Puede sacarte de tus preocupaciones amargas o críticas contigo mismo y cambiar tu estado de ánimo en un sentido positivo. Sin embargo, pensar en la buena suerte de otras personas puede dar lugar a comparaciones dolorosas que nos impiden alegrarnos por ellas. Para superar este bloqueo, empieza a reconocer las cosas buenas que *tú* has recibido, las alegrías que has encontrado, las cosas que has logrado y las contribuciones que has hecho a los demás. Todo aquello que hay en tu vida de bueno sigue siéndolo, aunque otra persona tenga algo estupendo. Además, debes saber que las personas afortunadas también sufren. Al igual que todo el mundo, tienen que hacer frente a la enfermedad, la muerte y las pérdidas inevitables. Recuerda que sea lo que fuere lo que esté sucediendo en la vida de cualquier persona, no es más que una onda local en el inmenso río de las causas. La mayor parte de esas causas son impersonales, como la suerte que tuviste con tu ADN o la clase social de tus padres. Esto significa que no tienes por qué tomarte sus cosas buenas ni tus cosas malas de forma personal.

Empieza con aquellas personas por las que te resulte fácil alegrarte. Cuando te sientas contento por su buena suerte, ve más despacio y asimílalo. Prueba luego con otras. Hazlo repetidamente y desarrollarás el hábito de alegrarte por los demás… una forma de gran corazón para encontrar una felicidad en la que puedas confiar.

PUNTOS CLAVE

Intentamos sentirnos bien en el futuro, pero muchas veces eso resulta estresante en el presente. Por desgracia, la búsqueda de la felicidad puede impedirnos alcanzarla. Cuando somos agradecidos, ya nos sentimos bien.

Dar las gracias por lo beneficioso no nos impide ver lo que es perjudicial. De hecho, la forma en la que la gratitud favorece la salud física y mental nos hace más resilientes y más capaces de afrontar los desafíos.

Es fácil desestimar el placer, pero constituye una forma rápida de disminuir el estrés o de desconectarnos de algo que nos molesta. Los placeres saludables superan en mucho a los insanos. Cuanto más lleno de placer te sientas, menos te esforzarás por buscarlo fuera de ti.

Por culpa de la tendencia a la negatividad, nos damos cuenta de aquellas ocasiones en las que no conseguimos alcanzar un objetivo y no somos conscientes de que, mientras tanto, estamos logrando cientos de objetivos más. Busca oportunidades de sentir que has alcanzado el éxito muchas veces al día. Asimila estas experiencias y utilízalas para compensar y curar las sensaciones de fracaso o incompetencia.

Si te alegras con la felicidad de los demás, encontrarás una felicidad duradera.

CAPÍTULO 6
CONFIANZA

Hay demasiadas personas que sobrevaloran lo que no son
e infravaloran lo que sí son.

MALCOLM FORBES

U NOS AMIGOS MÍOS TUVIERON una niña cuando empecé a escribir este libro y ahora ya camina. Sus padres se aseguran de que no se haga daño y la ayudan lo justo para que pueda alcanzar aquello que está intentando tocar o probar. Si se da un golpe y llora, la consuelan y la tranquilizan. Antes de su primer cumpleaños, ya había experimentado miles de interacciones breves en las que sus padres la ayudaron y la animaron y en las que se sintió capaz y feliz. La esencia de estas experiencias ha quedado grabada en su sistema nervioso y ha fabricado recursos para cubrir su necesidad de conexión.

En todos nosotros, este proceso de aprendizaje continúa durante la infancia y la edad adulta. Además de a los padres, implica a los hermanos e iguales, a los profesores y jefes, a los amigos y enemigos. Si va razonablemente bien, adquirimos la sensación de que nos quieren, de nuestra valía, y confianza en nosotros mismos, que nos ayudan a afrontar los desafíos, sobre todo, en las relaciones. Desarrollamos *confianza* en nosotros mismos, en los demás y en el mundo. Sin embargo, cuando existe demasiada falta de aprobación, demasiado rechazo y muy poco ánimo o apoyo, la persona tiende a carecer de confianza y a ser insegura, crítica consigo misma, frágil y menos resiliente.

Para cultivar la fuerza de la confianza, empezaremos enraizando este tema en la evolución del cerebro social y en los efectos del apego seguro e inseguro. Luego, veremos cómo puedes sentirte más seguro en lo más profundo de ti y mantener el equilibrio emocional. Terminaremos explorando cómo hacer frente al crítico interior y reforzar la autoestima.

EL CEREBRO SOCIAL

Nuestras relaciones y sus efectos son el resultado de la lenta y larga evolución del *cerebro social*, que comenzó con la aparición de los mamíferos. A diferencia de la mayoría de los reptiles y los peces, los mamíferos cuidan de sus crías. Asimismo, a menudo, se unen en parejas —a veces, de por vida— y viven en distintos tipos de cooperativa con otros de su misma especie. Para gestionar las complicaciones de la vida social, necesitaban más poder de procesamiento de la información y, por tanto, un cerebro más potente. En proporción con el tamaño de su cuerpo, los mamíferos suelen tener un cerebro más grande que los reptiles y los peces. Además, solo ellos han desarrollado un *neocórtex* con seis capas, esa lámina de tejido delgada y llena de pliegues que constituye la «piel» exterior del cerebro y la base neuronal de las experiencias complejas, las comunicaciones y el razonamiento.

Sus habilidades sociales han permitido a los mamíferos prosperar en un abanico extraordinario de entornos —focas en las aguas antárticas, ratones en los desiertos abrasadores, murciélagos en cuevas negras como una boca de lobo— y han impulsado a uno en concreto a convertirse en la especie dominante del planeta. En una espiral evolutiva, los beneficios que tenían las

relaciones para la supervivencia de nuestros antepasados primates y humanos favoreció el desarrollo de un cerebro más «social»
que permitió unas relaciones aún más complejas que, a su vez,
exigían un cerebro todavía más capaz. Por ejemplo, cuanto más
social era la especie de primates —es decir, cuanto más amplio
fuera el grupo de acicalamiento y más complejas las alianzas y
rivalidades—, mayor era la corteza cerebral. Desde que nuestros
antepasados homínidos empezaron a utilizar herramientas para
fabricar otras hace unos dos mil quinientos millones de años, el
volumen del cerebro se ha triplicado. Gran parte de este desarrollo está dedicado a habilidades socialmente relevantes como
la empatía, el lenguaje, la planificación cooperativa, la compasión y el razonamiento moral.

A medida que iba creciendo el cerebro, la infancia se iba
prolongando. El tamaño del cerebro de un chimpancé recién
nacido es casi la mitad del de un adulto, pero el de un bebé humano es solo un cuarto del que llegará a tener. Los cerebros de
los homínidos y los primeros humanos necesitaban más tiempo
para madurar y adquirir su tamaño total, lo que aumentó la de-
pendencia de los niños con respecto a sus madres. Una madre
homínida o humana primitiva que estuviera criando un hijo tenía menos capacidad para recolectar alimentos, escapar de un
depredador o defenderse. No le quedaba otro remedio que confiar en los demás: su pareja, sus hermanos y su tribu. Esto con-
dujo a la evolución del vínculo de la pareja humana, la inclusión
de los padres en la crianza de los hijos y el desarrollo de todo un
pueblo que se necesita para criar a un niño.

Depender de los demás puede parecer una debilidad, pero,
en realidad, es una de nuestras mayores fuerzas. El éxito tremen-
do de los seres humanos, que se han extendido hasta los rincones
más remotos del planeta e, incluso, han llegado a caminar sobre
la luna, se debe a que *dependen* los unos de los otros: los niños de
sus padres, un progenitor del otro, las familias de las comunidades

y las comunidades de los muchos adultos que no están criando hijos.

La raíz de la palabra confiar significa tener fe. Si podemos depender de otras personas, desarrollamos confianza en ellos y fe en nuestra propia valía. Sin embargo, cuando los demás no son fiables, es normal desarrollar un sentido de incompetencia, dudar de uno mismo e, incluso, avergonzarse. Esto sucede, sobre todo, en la infancia, el momento en el que somos más dependientes de los demás y más nos afectan las experiencias negativas.

APEGO SEGURO E INSEGURO

En términos físicos, nuestra vida depende de que obtengamos suficiente aire, agua y comida. Además, debemos conseguir *provisiones sociales*, en especial, cuando somos pequeños y necesitamos grandes cantidades de empatía, cuidados diestros y amor. Nuestra naturaleza biológica hace que necesitemos sentirnos cuidados. De hecho, necesitamos sentir que *nos merecemos* que velen por nosotros. En el caso de algunos niños y adolescentes, estas necesidades están bien cubiertas, pero en otros, no tanto. Las de una persona joven descansan en los padres, los hermanos y los compañeros de clase, que también tienen sus propias necesidades y problemas. Todos los niños, de forma natural e implícita, están preguntando una y otra vez a muchas personas distintas: «¿Me ves? ¿Te preocupas por mí? ¿Me vas a tratar bien?». La psique se construye de abajo arriba, a partir de los residuos de innumerables experiencias, y las bases se establecen en los primeros años de vida.

Cuando el niño cumple dos años, los efectos acumulativos de muchas experiencias con sus cuidadores suelen fundirse y dar lugar a un *estilo de apego* fundamental. Durante la educación primaria y secundaria, las interacciones van siendo conformadas por este estilo de apego original y tienden a reforzarlo. A menos que se produzca un cambio importante —como el que tiene lugar por un crecimiento personal significativo—, este estilo sigue actuando en lo más profundo de las relaciones adultas importantes, sobre todo, cuando son íntimas.

Simplificando la gran cantidad de investigaciones que existen, podemos decir que, cuando los padres y otros cuidadores se muestran en líneas generales en armonía con el niño, receptivos, cariñosos y hábiles —y aportan de manera fiable una corriente lo «suficientemente buena» de habilidades sociales—, los niños suelen adquirir un *apego seguro*. Se sienten queridos y valorados y disponen de fuertes capacidades para calmarse y regularse. Las personas que cuentan con esta base interior segura son capaces de explorar el mundo, toleran las separaciones y se recuperan de los daños y las decepciones. No les importa decir cómo se sienten y lo que quieren porque han tenido muchas experiencias en las que eso les funcionó razonablemente bien. No se aferran a otras personas ni las apartan. En lo más profundo de su ser, tienen la sensación de que sus necesidades de conexión están atendidas y su sistema de apego está centrado en el modo de respuesta. Tienen confianza.

Por el contrario, cuando los niños experimentan que, a menudo, sus cuidadores no están disponibles, que son insensibles o fríos, que los rechazan, los castigan o maltratan, lo más probable es que adquieran un *apego inseguro* (existen tres tipo de apego inseguro —evitativo, ambivalente y desorganizado—, pero en este resumen no vamos a analizar sus diferencias). Las personas con este tipo de apego tienden a sentirse incompetentes y sin valor, no tienen la seguridad de importar realmente a otras personas. Dada su historia personal, dudan de que los demás sean realmente atentos y dignos de confianza y de poder contar con su apoyo. En consecuencia, tienden a mantener las distancias y a no esperar gran cosa de ellos o, por el contrario, a aferrarse a otras personas. Al haber asimilado una atención relativamente pequeña por parte de otras personas, son menos capaces de sentir compasión hacia ellos mismos; además, al haber internalizado los desprecios y los rechazos, tienden a mostrarse excesivamente críticos consigo mismos. Por ello, son menos resilientes, menos capaces de afrontar el estrés y los contratiempos. En lo más profundo de su ser, consideran que sus necesidades de conexión no están suficientemente cubiertas y, en sus relaciones, muestran propensión a entrar en el modo reactivo.

SEGURO EN LO MÁS PROFUNDO DE TU SER

Los modelos conceptuales tienen que establecer diferencias marcadas, pero la realidad es menos nítida. El apego seguro y el inseguro están en extremos opuestos de un intervalo, como el espectro cromático con el verde brillante en una punta y el rojo brillante en la otra, y entre medias encontramos un abanico muy complejo y difuso. Estés donde estés en este abanico, siempre puedes moverte hacia una mayor sensación de seguridad, tanto en las relaciones particulares como con la gente en general. La *plasticidad* del sistema nervioso que hace que nos afecten con tanta facilidad las malas experiencias en las relaciones nos permite también curarnos y crecer con las buenas y convertirnos con el tiempo en personas más seguras, es decir, más centradas en la zona verde con respecto a los demás.

Asimilar la sensación de ser querido

Las experiencias que tienes hoy pueden no contener todo aquello que habría sido tan bueno si lo hubieras recibido de niño o de adulto, pero, al menos, pueden ofrecerte parte de lo que te falta. El cariño se obtiene de cinco formas principales y de intensidad progresivamente mayor: que te incluyan, que te vean, que te aprecien, que gustes y que te amen. Cada una de ellas es una oportunidad de sentirse querido. Con el tiempo, internalizar repetidamente estas experiencias puede sentar las bases de un apego seguro.

A medida que transcurra tu jornada, busca momentos en los que otra persona se muestre interesada, amigable, agradecida, empática, respetuosa, afectuosa o cariñosa. Es posible que, en esa relación, sucedan otras cosas que no te resulten tan positivas, pero, en cualquier caso, todo lo que sea bueno para ti es real. Utiliza los pasos de SANA para convertir el reconocimiento del cariño en una experiencia en la que puedas permanecer durante unas respiraciones para asimilarla. En la mayoría de los casos, serán momentos cortos y leves, aunque también puedes vivir experiencias más intensas, como una profunda sensación de intimidad con tu pareja. Experiencia a experiencia, sinapsis a sinapsis, irás cultivando en tu interior un núcleo que se siente valorado, apreciado y querido: una base sólida para la confianza auténtica. Y si deseas una experiencia más larga y sostenida, prueba la práctica del recuadro.

SENTIRSE QUERIDO

Piensa en personas que te importen. Sé consciente de lo que supone sentir cariño hacia ellas. Observa algunas de las cosas por las que se sienten bien al sentirse queridas. Dale la vuelta y considera que para ti es bueno sentirte querido y que es normal y que está bien que lo desees.

Reflexiona sobre los seres que te quieren hoy o que te han querido en el pasado. Pueden ser personas, grupos, una mascota o una conciencia espiritual. Cualquier forma de cariño sirve. Reconoce el *hecho* de que, en la actualidad, eres querido de diversas formas y que lo has sido en el pasado. Deja que tu conciencia de este dato se convierta en una experiencia de sentirte incluido, visto, apreciado, gustado y amado.

Céntrate en la sensación de ser querido. Si te surge algún otro pensamiento o sentimiento, desentiéndete de él y vuelve a centrar tu atención en la sensación de ser querido. Enriquece esta experiencia protegiéndola y manteniéndola viva. Percíbela en tu cuerpo; puedes, por ejemplo, colocarte la mano sobre el corazón. Observa qué aspectos de esta experiencia te resultan reconfortantes, consoladores o agradables.

Si lo deseas puedes usar el paso de «Aplicar» para conectar esta sensación de ser querido con otras de haber sido dejado de lado o maltratado, de haberte sentido inepto o avergonzado. Imagina que estás recibiendo cariño en puntos blandos, anhelantes y jóvenes de tu interior. Introduce el cariño en tu ser como si fuese un bálsamo calmante para las heridas y el dolor. Sé consciente de que mereces que te quieran; deja que esta conciencia se extienda por todo tu interior como si fuese una luz que penetra en las sombras de la falta de autoestima. Como hacemos siempre con el paso de «Aplicar», haz hincapié en el material positivo, deja el negativo si es demasiado fuerte y termina centrándote solo en el positivo.

Desarrolla una narrativa coherente

Las investigaciones han demostrado que las personas que se apegaron de forma insegura de niños pueden desarrollar un apego seguro de adultos. Un paso clave para lograrlo es desarrollar un relato realista, integrado y «coherente» de lo que sucedió cuando eras pequeño y cómo te afectó. Es un proceso gradual que puede llevar muchos meses o, incluso, años. Llevo un montón de tiempo reflexionando sobre mi propia infancia y todavía sigo aclarando multitud de cosas.

Imagina cómo contaría una persona imparcial y cariñosa la verdadera historia de tu infancia año a año, desde tu nacimiento hasta el momento en que dejaste tu casa. Piensa en tus padres y demás personas influyentes de tu vida como individuos complejos con distintas facetas interiores; cada una de las cuales tira en una dirección. Intenta ver el dolor, la pérdida, el estrés, el maltrato o los traumas como lo que fueron y cómo te afectaron. Intenta ver también el amor, la amistad, el afecto, la lealtad y el apoyo que recibiste. Da un paso atrás y reflexiona sobre cómo fueron transcurriendo los años, todo lo que sucedió, cómo reaccionaste y por qué. Comprueba que tu infancia, y también tu adolescencia, dejaron de forma natural unos rastros. Observa las fuerzas que desarrollaste, y también las heridas.

Muéstrate compasivo contigo mismo e intenta contemplar toda la historia de tu niñez de forma pragmática. Busca la humanidad común que contiene, los hilos que compartiste con otros. Por muy fragmentada y difícil que fuera, al entenderla de una forma coherente y clara, encontrarás seguridad. Para reflexionar sobre tu infancia de un modo estructurado, prueba la práctica del recuadro.

REFLEXIONA SOBRE TU INFANCIA

Adapta estas preguntas a tu caso. Para muchas de ellas no tendrás un recuerdo concreto, pero es posible que produzcan una sensación en tu cuerpo o que despierten una intuición. También puedes deducir las respuestas de lo que sabes de tu niñez, quizá por boca de otras personas. Intenta aportar compasión a todo aquello que te resulte doloroso o perturbador.

¿Cómo fue para ti tu primer año de vida? ¿Fuiste prematuro? ¿Tuviste problemas de salud? ¿Fueron tus padres sensibles a tus necesidades? ¿Qué solía suceder cuando llorabas? ¿Alguno de tus padres se vio gravemente afectado por depresión, alcoholismo o problemas en la relación?

¿Qué significó para ti ser un bebé y, luego, un preescolar? ¿Cómo reaccionaban tus padres cuando decías que no? Si tenías hermanos, ¿cómo te afectó? ¿Qué tipo de relación mantenían tus padres entre sí y cómo influyó esto en la familia?

¿Cómo fueron tus años de primaria? ¿Te sentías popular? ¿Qué tipo de amigos tenías? ¿Te sentías incluido en el grupo? ¿Sufriste abusos en el colegio? ¿Cómo fue tu adolescencia? ¿Te sentías confiado o inseguro? ¿Cómo te afectaron socialmente los cambios que se produjeron en tu cuerpo? ¿Qué tal te llevabas con tus padres? ¿Te sentías considerado y apoyado por ellos?

Echando la vista atrás, ¿qué otras cosas supusieron para ti un gran cambio? ¿Hubo, quizá, un divorcio, mudanzas frecuentes, problemas económicos, alguna enfermedad importante o un fallecimiento en la familia, un hermano con necesidades especiales o un contexto generalizado de pobreza o prejuicios? ¿Te sucedió algo traumático como, por ejemplo, abusos, lesiones o una pérdida inesperada? ¿Hubo alguna persona que te protegiera o te cuidara especialmente como, por ejemplo, un abuelo, un profesor o tu mejor amigo?

¿Cómo ha influido todo esto en ti y en tus relaciones? ¿En qué te sigue afectando hoy en día?

Ayuda a los demás a apegarse a *ti* de forma segura

Una de las cosas más asombrosas que comprobé cuando fui padre fue que querer a mis hijos no era bueno solo para ellos. También fue reparando lentamente las heridas y los huecos que *yo* tenía dentro de mí. Es algo casi mágico: al dar lo que no obtuvimos, recibimos algo bueno nosotros mismos.

Algunas relaciones son relativamente superficiales, mientras que otras son muy hondas, como una conexión profunda con un compañero de vida. En el contexto de la relación que sea, otras personas pueden sentirse seguras contigo cuando eres digno de confianza, empático y cariñoso. Es posible que sigan necesitando afrontar sus propias formas de apego inseguro, pero tú, al menos, estás haciendo lo que te corresponde. De este modo, aumentas las probabilidades de que los demás te traten razonablemente bien y te ofrezcan oportunidades de tener e internalizar experiencias que se irán acumulando para formar un núcleo seguro en tu interior.

El hecho de tratar a los demás como te gustaría que te trataran a ti es algo misteriosamente *reparador*, como arreglar algo interior que está roto o estropeado. Es también una afirmación de que, sea lo que fuere lo que te sucedió, tu ser más interior está intacto. Puedes seguir siendo bueno con los demás y todavía puedes amar.

NO TIRES DARDOS

Piensa en alguna ocasión en la que alguien te trató mal y recuerda tus reacciones inmediatas. Quizá experimentaste sorpresa, dolor o enfado. ¿Qué sucedió luego en tu mente? Es muy habitual que se produzca una cascada de pensamientos y sentimientos. Por ejemplo, es posible que te hayas pasado la noche en vela, como me ha sucedido a mí, pensando en lo que te gustaría haber dicho.

Un uno-dos

Buda describió este proceso en dos fases de reacciones: iniciales y secundarias, como *el primer dardo y el segundo*. El primer dardo es una molestia o dolor físico o emocional inevitable: dolor de cabeza, retortijones de estómago, la tristeza de perder a un amigo, el choque de ser atacado injustamente en una reunión de trabajo... El segundo dardo es el que nosotros mismos arrojamos añadiendo reacciones innecesarias a las condiciones de la vida y a sus primeros dardos ocasionales. Por ejemplo, entre estos segundos dardos, estarían: preocuparse mucho por un malentendido menor con otra persona, rumiar un desaire o aferrarse a resentimientos y rencores. Son fuente de mucho sufrimiento, sobre todo, en nuestras relaciones. Hacen que estemos más afectados de lo que tendríamos que estar y nos obligan a hacer cosas que más tarde lamentamos.

Hasta cierto punto, puedes prevenir los primeros dardos cambiando las situaciones y relaciones que te afectan. Puedes, por ejemplo, encontrar un trabajo menos estresante o pasar menos tiempo con un pariente difícil. Además, como ya hemos ido viendo en este libro, puedes desarrollar un núcleo de paz, contento y amor cada vez más robusto que funciona como un parachoques interior. De ese modo, situaciones y relaciones que solían ser para ti primeros dardos te molestarán menos, si es que siguen molestándote.

Sin embargo, todas las personas reciben muchos primeros dardos. Cuando nos alcanza uno, no podemos evitarlo. Nos ha caído el ladrillo en el pie y nos duele. Alguien te ha gritado y estás sobresaltado y furioso. Sientes lo que sientes. Cuando eso sucede, puedes utilizar las tres formas principales de emplear la mente. En primer lugar, *estate con* la experiencia, sopórtala con plena conciencia, acéptala con curiosidad y compasión hacia ti. Luego, *deja ir* la tensión y las emociones y evita los pensamientos o deseos que no te beneficien. En tercer lugar, intenta *dejar entrar* cualquier cosa que pueda resultar beneficiosa para sustituir lo que has soltado por algo útil y agradable.

Practica con los segundos dardos

Mientras tanto, puedes impedir que el primer dardo dispare una salva de segundos dardos. Aquí es donde puedes desarrollar una gran influencia sobre tu mente.

Para empezar, puedes poner en perspectiva los primeros dardos en general. Son una parte natural e inevitable de la vida y no tenemos necesidad de añadirles nuestras reacciones. Una comida campestre dominical que se ve arruinada por una tormenta repentina es algo desafortunado y desagradable, pero no tiene sentido que nos pongamos a gritarle a la lluvia. Si aceptas el primer dardo como lo que es, crearás una especie de interruptor que impide el flujo de segundos dardos.

En concreto, resulta útil poner en perspectiva los primeros dardos en las relaciones. Por ejemplo, es natural que te importe lo que los demás piensan de ti, que te sientas incómodo si te critican. Este es el primer dardo. Para que la cosa no pase de ahí y no se añadan segundos dardos, aquí tienes una reflexión sobre la evolución humana que a mí me ha resultado muy útil.

El altruismo —darse a los demás sin esperar nada a cambio— es muy raro en el reino animal. En la mayoría de las especies, los gorrones pueden aprovecharse de una actitud así y eso disminuye las posibilidades de supervivencia de los individuos generosos, por lo que, en esa especie, la evolución del altruismo se reprime.

El altruismo humano —ayudar a los extraños, saltar al río para rescatar al perro de otra persona— pudo desarrollarse porque el cerebro social en evolución permitió a nuestros antepasados comprender y preocuparse mucho por lo que los demás pensaban de ellos. Al vivir en grupos pequeños, a veces al borde de la inanición, la reputación de una persona era una cuestión de vida o muerte. Imagina que estás en la sabana africana hace cien mil años: si compartiste ayer tu comida con otra persona y hoy esa persona se niega a hacer lo mismo contigo, toda la tribu lo sabría y nadie volvería a compartir su comida con ella. En consecuencia, los gorrones no podrían explotar la generosidad de los demás.

La prioridad que dan las personas a lo que otros piensen de ellas genera nuestra vulnerabilidad al bochorno, el daño y la vergüenza, pero es también lo que permite el altruismo. Del mismo modo, nuestra vulnerabilidad a la soledad, la envidia, el resentimiento y la indignación es una característica necesaria de la naturaleza humana profundamente social que también nos aporta la amistad, la compasión, el amor y la justicia.

Cuando eres consciente de esto, los primeros dardos en las relaciones cobran más sentido y dejan de parecer tan alarmantes. Son normales, un tipo de dolor natural. Cuando ves que han sido conformados por millones de años de evolución, dejan de sentirse como algo inmediato, penetrante y personal. Por muy dolorosos que resulten, están al servicio de una buena causa. Experimentarlos es algo así como sacrificarse por el equipo humano.

A partir de esta perspectiva sobre los primeros dardos, intenta trabajar con las reacciones de segundo dardo que se producen en tu interior (en próximos capítulos, abordaremos formas habilidosas de interactuar con *otras personas*). Respira, da un paso atrás y reconoce los segundos dardos como lo que son: un sufrimiento innecesario. Observa cómo cobran fuerza e intentan secuestrar tu atención. Si estás rumiando un problema con otra persona, centra tu atención en la autocompasión. Luego, intenta centrarte en experimentar recursos clave que se emparejen con ese problema, como pensar en personas a las que aprecias. Si no echas combustible a los segundos dardos, tienden a quedarse sin gasolina por sí solos. Por ejemplo, si dejas de dar vueltas mentalmente a las personas que te han hecho algo malo, lo más probable es que tus resentimientos se desvanezcan. En concreto, ten cuidado con el crítico interior, que es un gran tirador de segundos dardos.

ENFRÉNTATE AL CRÍTICO INTERIOR

Dentro de todos nosotros hay dos actitudes o «voces» diferentes: una que nos apoya y otra que nos critica, una que nos levanta el ánimo y otra que nos echa por tierra. Es algo perfectamente normal, nada psicótico. Cada una de estas partes tiene un papel. El apoyo interior nos aporta autocompasión y estímulo. El crítico nos ayuda a reconocer en qué nos hemos equivocado y lo que tenemos que hacer para arreglar las cosas.

Sin embargo, en la mayor parte de la gente, al crítico interior se le va mucho la mano y tira un segundo dardo tras otro regañando, avergonzando, mostrándose quisquilloso y encontrando faltas sin parar. Es grande y poderoso mientras que el apoyo interior es pequeño e ineficaz. Eso nos tira por tierra el estado de ánimo, la autoestima y la resiliencia. Por suerte, hay buenas formas de recuperar el equilibrio refrenando al crítico y fortaleciendo al apoyo.

Cuidado con la autocrítica

Intenta observar cómo actúa la autocrítica en tu interior. Comprueba si haces caso omiso o minimizas tu dolor, tus

necesidades y tus derechos. Contempla cómo aparecen pequeñas hebras de pensamiento que restan importancia a tus logros:
«Bueno, cualquiera podría haber hecho esto, pero no fue perfecto, qué me dices de las veces en que lo he echado todo a perder».
Observa si existen dudas o desánimos con respecto a tus esperanzas y sueños. Mira a ver si te estás aguando la fiesta tú mismo.
Sé consciente de la existencia de un enfado contigo mismo que
no guarda proporción con lo sucedido y escucha para descubrir
un posible tono de reprimenda, amonestación o vergüenza,
como si alguien te estuviera gritando. Reconoce si tienes interiormente la actitud de que siempre tienes que hacer más para
ser lo suficientemente bueno. Identifica cualquier condena mo-
ralista desmesurada: «deberías avergonzarte de ti mismo, eres
una mala persona».

Mientras observas lo que está sucediendo en tu mente, intenta identificarlo: «autocrítica», «digo que mi dolor no importa», «otra vez azotándome y vapuleándome». Comprueba si
hay algo familiar en las palabras, el tono o la actitud de autocrítica. ¿Te recuerdan a alguien —uno de tus padres, un hermano
mayor, un entrenador—? Reflexiona acerca de cómo se desarrollaron las actitudes autocríticas en ti, quizá cuando eras más
joven.

Cuando actúas de este modo, conscientemente, puedes
aprender cosas acerca de ti mismo y comprobar que gran parte
de lo que dice tu crítico interior está cargado de dogmatismo,
rudeza y razonamientos absurdos. Cuando damos un paso atrás
para observar la crítica, dejamos de reforzarla y eso nos ayuda a
desidentificarnos con ella: puede que la tengamos, pero no tenemos necesidad de *serlo*. Y, en tu cerebro, estarás asociando un
testigo tranquilo al crítico interior —una forma de «Aplicar»—
que le restará intensidad y lo hará más razonable.

Refuerza tu apoyo interior

Cuando el crítico interior empieza a golpear, el apoyo interior es un refugio y un aliado. Esta parte de ti mismo te protege y te anima cuando otras personas te critican y cuando la situación resulta estresante, decepcionante o incluso terrible. Es una fuente importantísima de confianza y resiliencia.

Desde la más tierna infancia, empezamos a desarrollar este apoyo interior internalizando las experiencias con apoyos *exteriores* como los padres, los maestros de preescolar y los niños mayores. Sin embargo, si el apoyo externo es irregular o no resulta fiable —como sucede, por ejemplo, cuando uno de los progenitores es, al mismo tiempo, cariñoso e intensamente crítico—, el apoyo interior no llega a ser tan fuerte como debería.

Con independencia de lo que te haya sucedido anteriormente, puedes construir ahora un apoyo interior utilizando los pasos de SANA para internalizar experiencias en las que otras personas te cuidan, lo que te permitirá cultivar un sentimiento natural y duradero de cariño hacia ti mismo de dentro afuera. Además, cuando te cuides a ti mismo —como, por ejemplo, cuando te digas que un pequeño error no es tan importante—, asimila esas experiencias para fortalecer tu apoyo interior.

Quizá te suene tonto, pero puedes imaginar un «comité de cariño» dentro de ti formado por distintas personas que representan diversos tipos de apoyo y sabiduría. Mi comité de cariño incluye a mi mujer y a mis hijos, a los guías de escalada —duros pero amables—, a varios amigos íntimos e, incluso, a algunos personajes de ficción como Gandalf de *El señor de los anillos*, Spock de *Star Trek* y el hada madrina gordita de *La bella durmiente*. ¡Fíjate! ¿A quién tienes tú en tu comité de cariño?

Cuando el crítico interior se pone en marcha o cuando la vida resulta complicada, llama a tu apoyo. Familiarízate con la sensación que te produce, cómo lo sientes en tu cuerpo, las

actitudes que tiene, los consejos que te da. Puedes empezar recordando a alguien que te haya querido mucho y pasar luego a
un sentimiento más general de ser acogido, consolado o guiado.
Cuando percibas tu apoyo interior, céntrate en esa experiencia y
asimílala: es una oportunidad más para reforzarlo.

Haz retroceder al crítico

En cuanto reconozcas el tono o las palabras características
del crítico interior, trátalo con escepticismo. Es culpable hasta
que demuestre su inocencia. Toma una decisión fundamental:
¿quieres unirte a él y creerlo o separarte de él y dudar de sus
palabras? Por lo general, adquiere fuerza cuando otras personas
se han mostrado desagradables, despreciativas o mezquinas contigo. Lo que te hicieron estuvo mal y no está bien que tú te hagas
lo mismo.

Discute con el crítico con la intención firme de vencerlo.
Escribe una de sus frases habituales —como la de «siempre fra-
casas»— y luego tres refutaciones creíbles o más, como algunas
de las muchas veces en las que has conseguido lo que querías.
Imagina que los miembros de tu comité de cariño se ponen de
tu parte y contestan al crítico. Alíate con *ellos*, no con él. Habla
contigo mismo de forma útil como, por ejemplo: «esta crítica
tiene una pizca de verdad, pero todo lo demás es exagerado o
falso», «esto es lo que _____ solía decirme; estaba mal entonces y
sigue estándolo ahora», «esto no me ayuda y no tengo por qué
escucharlo».

Intenta considerar al crítico interior como un elemento falto
de credibilidad. Puedes imaginarlo como un personaje ridículo,
como el malo tonto de una película de dibujos animados de
Disney. Colócalo en un rincón de tu mente, fuera del núcleo
de tu ser, como a esa persona molesta de una reunión que siem-

pre está criticando y de la que todos se desentienden al cabo de un rato.

Utiliza el paso de «Aplicar» para sentir cómo la seguridad y el estímulo van calando en puntos interiores que han sido criticados y que se han sentido incompetentes o avergonzados. Siente el alivio y la calma que se extienden por dentro de ti. Descansa en esa percepción de valía y confianza apacible.

SÉ CONSCIENTE DE QUE ERES UNA BUENA PERSONA

Piensa en alguien que consideres, básicamente, una buena persona. No hace falta que sea un santo; solo alguien decente y atento. Luego, piensa en otro a quien consideres también una buena persona. Observa cuántas veces ves cualidades buenas en los demás, incluso en aquellos a los que no conoces demasiado bien.

Dale la vuelta y entiende que la mayoría de la gente es como tú. También ellos reconocen habitualmente que alguien es una buena persona. De hecho, reconocen, habitualmente, que *tú* eres una buena persona.

Deja que cale en tu interior la idea de que lo que tú sientes acerca de los demás, ellos lo sienten acerca de *ti*. Lo sienten porque lo ven. No estás engañándolos. Saben que tienes fallos y no les importa. Las personas fundamentales de tu vida siguen creyendo que eres básicamente una buena persona.

¿Puedes verte a ti mismo como te ven los otros, como alguien esencialmente bueno y que merece la pena? Para muchos, es muy complicado. Ver a *otros* como buenas personas resulta sencillo. También puedes reconocer intelectualmente que los demás ven tus buenas intenciones y tu buen corazón, pero ¿verte tú a ti mismo de esta manera? Para la mayoría de nosotros, resulta extrañamente difícil. Puede parecernos algo tabú, algo que no está bien. ¿Y por qué no? Si está bien reconocer la bondad básica en los demás y también que los demás la reconozcan en ti, ¿por qué no iba a estarlo que tú reconocieras la tuya y defendieras su existencia?

En el transcurso de tu jornada, intenta registrar las veces en las que otras personas ven en ti decencia, capacidad, esfuerzo y atención; por lo general, son momentos pequeños y pasajeros, pero no por eso dejan de ser reales. Reconoce también tus buenas cualidades tal y como las verías en los demás. Etiquétalas mentalmente como haría un observador imparcial: «esforzándome», «siendo amigable», «admitiendo un error», «siendo habilidoso», «contribuyendo», «soportando cuando las cosas se ponen mal», «dando amor». Sé consciente de la integridad y el cariño que existen en lo más profundo de tu ser, aunque no siempre resulten visibles ni se expresen. Deja que crezca en tu interior una sensación de confianza en tu valor innato y que llene tu mente. Deja que cale en ti. Intenta hacerlo una y otra vez.

Saber que eres, básicamente, una buena persona es un auténtico refugio. No importa que haya altibajos de éxitos y fracasos, de amores y pérdidas, siempre podrás encontrar consuelo y fuerza en este conocimiento. Con independencia de todos los logros, la fama y la fortuna, siempre hay bondad en lo más profundo de tu ser.

PUNTOS CLAVE

Los seres humanos hemos evolucionado para depender unos de otros. Cuando podemos confiar en que otros nos van a aportar ayuda y cariño, sobre todo, cuando somos pequeños, desarrollamos un sentimiento de seguridad y estabilidad interior. Sin embargo, cuando se muestran distantes o nos rechazan, nos sentimos inseguros y nos volvemos menos resilientes.

Con independencia de lo que te haya sucedido en el pasado, siempre puedes adquirir más seguridad interior. Para ello, busca oportunidades de sentirte querido y asimila estas experiencias, desarrolla una «narrativa coherente» de tu infancia y haz que los demás puedan confiar en tu empatía y tu cariño.

Cuando nos suceden cosas difíciles, con frecuencia, añadimos una segunda oleada de reacciones al dolor o al malestar inicial. Estos segundos dardos generan gran parte de nuestro sufrimiento, especialmente, en las relaciones. Intenta ser consciente de ellos, desentenderte y dejar de alimentarlos.

Una de las fuentes principales de segundos dardos es el crítico interior. Intenta ser útil, pero se le va la mano en las regañinas. Esto erosiona la autoestima y hace que resulte más difícil recuperarse del desengaño o el fracaso. Refuerza tu apoyo interior y haz retroceder al crítico.

De forma habitual, reconoces que los demás son, básicamente, buenas personas. Y ellos te ven igual a ti. Ayúdate a saber que lo eres. Pase lo que pase a tu alrededor o a ti, la base de una confianza duradera es el conocimiento seguro de que hay bondad en tu corazón.

TERCERA PARTE

REGULAR

CAPÍTULO 7

CALMA

Tú eres el cielo. Todo lo demás… es solo el clima.

PEMA CHÖDRÖN

En cierta ocasión, Forrest y yo fuimos a hacer descenso de aguas bravas en el río Klamath, de California del Norte. Nuestro guía nos llevó por unas caídas muy pronunciadas que nos empaparon; fue divertidísimo… y una gran lección. Los rápidos eran peligrosos y suponían un desafío para nuestra necesidad de seguridad. Sin embargo, recuerdo el rostro del guía: atento pero seguro de sí mismo, en alerta pero relajado, mientras afrontaba los peligros que nos rodaban. Tenía *calma*, el recurso mental que nos ayuda a permanecer en la zona verde cuando afrontamos el dolor o la amenaza de sufrirlo.

Todo el mundo sufre dolor físico o emocional en algunos momentos y muchas personas lo padecen todo el tiempo. Además del dolor real, las amenazas de tenerlo nos llegan de todas partes, desde los camiones que circulan demasiado cerca de tu coche al gesto de irritación que cruza el rostro de tu pareja. Hasta la búsqueda de oportunidades puede llevar aparejada la amenaza del dolor. Por ejemplo, una de las experiencias que más me asustó fue contarle a mi primera novia que la quería sin saber lo que ella me iba a contestar (me dijo que ella también me quería).

Cuando tienes que afrontar el dolor o la amenaza de sufrirlo, podrías conseguir permanecer tranquilo, como el guía. Sin embargo, es habitual que se desencadenen reacciones de *huida, lucha o parálisis* en las que aparecen distintas combinaciones de:

Miedo: inquietud, nerviosismo, preocupación, angustia, alarma, pánico.

Ira: exasperación, enfado, irritación, indignación, rabia.

Indefensión: saturación, impotencia, derrota, sensación de inutilidad, parálisis.

Es normal experimentar miedo, ira o indefensión de vez en cuando. Los problemas surgen cuando estas reacciones son invasivas, crónicas o afectan de algún modo a tu bienestar, tus relaciones o tu trabajo. Como la necesidad de seguridad es tan vital, también lo es regularnos a nosotros mismos para afrontar el dolor y las amenazas con una fuerza tranquila. Para ayudarte a conseguirlo, vamos a explorar la forma de relajarnos y centrarnos, de ver las amenazas con precisión, de sentirnos más seguros y de aplacar la ira (para las sensaciones de indefensión, echa un vistazo a la sección sobre la agencia del capítulo 4).

RELAJARSE Y CENTRARSE

Como dijo Alan Watts, la vida es «movediza». En el interior del cuerpo y la mente, las cosas están cambiando continuamente, a mejor o a peor. Además, vivimos en un mundo cada vez más volátil, incierto, complejo y ambiguo, cuyas oscilaciones nos agitan a diario.

El estado de reposo saludable

Para mantenerte estable mientras navegas por estas olas internas y externas, el sistema nervioso *autónomo* dirige tu cuerpo mediante sus ramas *parasimpática y simpática*. Son algo así como los pedales de freno y acelerador de un coche. El sistema nervioso parasimpático, «descansa y digiere», fue el primero en evolucionar, antes de que se desarrollara el simpático. Cuando actúa, la frecuencia cardíaca se ralentiza y el cuerpo se reabastece y se repara. Su activación extrema puede producir una intensa respuesta de parálisis, como cuando no puedes hablar, el equivalente en los seres humanos a la actitud de los animales cuando «se hacen los muertos». Sin embargo, su actividad normal resulta agradable y nos aporta un bienestar relajado y centrado.

El sistema nervioso simpático, por el contrario, pisa el pedal a fondo y moviliza el cuerpo para la acción acelerando el corazón mediante hormonas como la adrenalina y el cortisol, que circulan por la sangre. Cuando el cuerpo se acelera, la mente hace lo mismo y los pensamientos y sentimientos se vuelven más intensos. Como veremos en el próximo capítulo, la activación simpática es una fuente maravillosa de pasión y resiliencia cuando se combina con emociones positivas como la felicidad, el amor y la confianza. El estado de reposo saludable del cuerpo y la mente implica una actividad parasimpática sustancial y la activación simpática justa para que las cosas sigan resultando interesantes. Sin embargo, cuando el sistema nervioso simpático se combina con emociones negativas como la ira o el miedo, estas reacciones de lucha o huida nos estresan y nos trastornan, sobrecargan el cuerpo y la mente y tensan las relaciones.

Por desgracia, nuestra cultura moderna tan acelerada está, constantemente, obligando al sistema nervioso simpático a funcionar a todo gas y ofrece pocas oportunidades para una recuperación parasimpática sostenida. La activación simpática puede deberse también a razones individuales, como tener una personalidad hiperactiva o estar de los nervios como resultado de traumas anteriores. Muchos de nosotros experimentamos un estrés crónico leve o moderado y vivimos gran parte del tiempo en una especie de «zona rosa».

Una persona puede frenar y hacer menos cosas, pero la realidad del trabajo y la familia suelen dificultarlo bastante. Si vas a estar ocupado haciendo malabares con muchas bolas y platos, te resultará útil activar el ala parasimpática del sistema nervioso. Una de las mejores formas de hacerlo es practicar la relajación con frecuencia.

Asentarse

Las ramas parasimpática y simpática del sistema nervioso están conectadas como si fuesen un balancín: si una sube, la otra baja. Cuando te relajas, aumenta la activación parasimpática, lo que disminuye la actividad simpática y las hormonas del estrés relacionadas con ella. Si usas los pasos de SANA para internalizar experiencias repetidas de relajación, tu punto de referencia en la vida tendrá menos presión y ansiedad y será menos irritable. Entonces, si empiezas a sentirte tenso o molesto, podrás volver con más rapidez a un lugar interior tranquilo y centrado.

Nos relajamos con facilidad cuando estamos a gusto, como cuando paseamos por el bosque. No obstante, ese no es el único momento en que podemos hacerlo o necesitarlo. Un jugador de baloncesto que está lanzando un tiro libre fuera de tiempo debe ser capaz de relajarse y permitir que la memoria muscular sea la que asuma el control. En situaciones aún más extremas, tal y como dijo Adam Savage, «las personas tranquilas viven; las tensas mueren».

Esto lo aprendí a los dieciséis años, cuando casi me ahogo practicando buceo en el océano Pacífico. Después de aguantar la respiración todo lo que pude, intenté ascender atravesando un banco de kelp, pero las algas me atraparon. Entré en pánico y luché, pero lo único que conseguí fue engancharme más. Me estaba quedando sin aire y creí que iba a morir. Entonces, de algún lugar de mi mente, surgió un pensamiento que sigo recordando hoy en día: «tranquilízate». Me relajé. En la lucha, se me había salido el tubo de la boca, tenía las gafas alrededor del cuello y había perdido una aleta. Llevaba mucho tiempo debajo del agua. Aun así, me desenredé despacio abriéndome camino hacia arriba a través de las algas de color marrón anaranjado. Al final conseguí atravesarlas, ascendí a la superficie plateada y di una bocanada de aire. En esta experiencia, hay algunas cosas que no consigo entender del todo, como lo de quién dijo «tranquilízate». Sin embargo, el valor de la relajación no pudo ser más claro.

Para establecer un punto de referencia más tranquilo y recuperarte antes del estrés, dedica unos minutos o más a relajarte profundamente muchas veces a la semana. Busca también ratitos para relajarte en el transcurso de la jornada, sobre todo, cuando la aguja de tu «estresómetro» personal empiece a subir hacia la zona amarilla, naranja o roja. En esta cultura nuestra tan recalentada, la relajación tiene que ser una prioridad consciente. Hay muchas cosas que nos pueden calmar y sosegar, y la mayoría pueden emplearse en periodos más largos o más cortos. Aquí tienes unas cuantas maneras buenas de relajarte y puedes usar los pasos de SANA para asimilar estas experiencias.

Prolonga la exhalación

El sistema nervioso parasimpático (SNP) gestiona la exhalación y ralentiza la frecuencia cardíaca mientras que el simpático gestiona la inspiración y acelera el corazón. Si prolongas la exhalación, activas de forma natural el SNP. Durante unas cuantas respiraciones o más, prueba a contar mentalmente para hacer que la exhalación sea más larga que la inspiración. Por ejemplo, inspira en 1-2-3 y exhala en 1-2-3-4-5-6.

Suelta la tensión

Elige una zona clave, como los músculos de la mandíbula o el diafragma situado debajo de la caja torácica, centra tu atención en ella y relájala deliberadamente. Puedes imaginar que llevas la respiración hacia ella o que la luz y la energía fluyen por la misma y se llevan la tensión. Si quieres, puedes probar la *relajación progresiva* empezando por los pies y subiendo hasta la cabeza, liberando sistemáticamente la tensión en todas las partes principales del cuerpo; también puedes empezar por la cabeza e ir descendiendo.

Prueba la biorretroalimentación

Existen varios dispositivos que miden la frecuencia cardíaca y respiratoria mediante una pinza en el lóbulo de la oreja o en el dedo. La información en tiempo real de tu cuerpo te guía hacia un espacio más tranquilo y te permite ver tus avances al cabo de un tiempo. Algunos de estos dispositivos intentan mejorar la *variabilidad de la frecuencia cardíaca*, el cambio en el intervalo entre latidos que refleja hasta qué grado se ralentiza el corazón al exhalar y activar el SNP. El aumento de la variabilidad es un marcador de una mayor activación parasimpática en general y se asocia con una mejoría en el estado de ánimo, un sistema inmunitario más fuerte y una mayor resiliencia ante el estrés.

Muévete

El yoga, el taichí, el qigong, la meditación mientras caminas, bailar, cantar y otras formas estructuradas de movimiento resultan relajantes y, con frecuencia, también nos aportan energía. Puedes practicar una actividad rutinaria como rastrillar hojas o doblar la ropa limpia y hacerlo de una forma muy tranquila y relajada mientras permaneces en contacto con tu cuerpo.

Usa imágenes

Gran parte de nuestro estrés está motivado por procesos verbales internos en los que mostramos nuestra preocupación por el futuro, damos vueltas al pasado y murmuramos acerca del presente. En la mayoría de las personas, la base neuronal del lenguaje está situada en el lado izquierdo del cerebro, mientras que el derecho es el que gestiona las imágenes y otras formas de procesamiento holístico —en los zurdos es al contrario—. Ambos lados se inhiben mutuamente por lo que, si uno está más activo, el otro se acalla. En consecuencia, cuando nos centramos en imágenes reducimos la actividad verbal y nos relajamos.

Hay muchas formas de explorar la imaginería. Puedes recordar un sitio bonito que hayas visitado y volver a pasear mentalmente por él. Imagina que estás en una situación relajante como, por ejemplo, sentado junto a un lago o caminando por un sendero rural. Regresa mentalmente a un entorno en el que te sintieras bien, como la casa de tus abuelos, y evoca todos los detalles posibles. Puedes visualizar unas nubes blancas y esponjosas y surcarlas feliz como si fueses un pájaro.

RECONOCER LA PARANOIA DEL TIGRE DE PAPEL

Hay ocasiones en las que el miedo es evidente, como cuando te sientes nervioso o aterrorizado. Sin embargo, gran parte del tiempo actúa entre bastidores y ejerce un poder oculto. Por ejemplo, está en acción cuando una persona no sale de una zona de confort pequeña, procrastina para evitar un desafío, se siente emocionalmente inhibida o evita alzar la voz y decir lo que piensa.

El miedo es así de poderoso porque es fundamental para la supervivencia. Las formas en las que hoy en día experimentamos e intentamos afrontar preocupaciones aparentemente menores funcionan con la misma maquinaria neurohormonal que ayudó a nuestros antepasados a reaccionar ante amenazas letales y a sobrevivir un día más.

Los dos errores

Durante la evolución del sistema nervioso, los animales podían —metafóricamente hablando— cometer dos tipos de errores:

Creer que había un tigre entre la maleza cuando no había ninguno.

Creer que no había ningún tigre cuando uno estaba a punto de abalanzarse sobre ellos.

En el mundo salvaje, ¿cuál era el coste del primer error? Una ansiedad innecesaria que resulta desagradable pero no mortal. ¿Y cuál era el coste del segundo? Una alta probabilidad de morir. En consecuencia, nuestros antepasados desarrollaron una fuerte tendencia a repetir el primero una y otra vez para evitar cometer el segundo ni siquiera una sola. En efecto, nos hemos adaptado a sufrir paranoia de tigres de papel.

Por eso, la mayor parte de la gente sobreestima las amenazas y subestima sus recursos para hacerles frente. Estas tendencias operan en el fondo de la mente y, a menudo, resultan difíciles de detectar, lo que hace que sean muy poderosas. En el colegio, yo era un niño torpe y tímido, y ya de adulto daba por sentado que, si destacaba en algún grupo, me iba a suceder algo malo. Tardé mucho en ser consciente de esa suposición y en darme cuenta de que la mayor parte de la gente no era mezquina ni me rechazaba.

Una vez establecida una tendencia, nos centramos en la información y las experiencias que la confirman y las internalizamos, mientras que ignoramos o minimizamos todo aquello que la contradiga. Hasta que no empecé a entender mis propias expectativas prejuiciadas acerca de los grupos, las muchas veces que me incluían con afecto «no contaban», mientras que las pocas en las que me dejaban de lado parecían demostrar que mis miedos estaban justificados.

Ansiedad innecesaria

Está claro que es importante reconocer las amenazas reales y desarrollar recursos para hacerles frente. Sin embargo, la mayoría de la gente se angustia más de lo necesario y útil. Tendemos a vernos a nosotros mismos, al mundo que nos rodea y al futuro a través de gafas teñidas de miedo. Incluso cuando sabemos racionalmente que no hay absolutamente nada que temer, habitualmente, seguimos teniendo en el fondo de nuestro ser un hormigueo de angustia, una sensación de que algo *podría* ir mal en cualquier momento. La ansiedad actúa como señal de peligro, pero muchas veces no es más que ruido, como la alarma de un coche que se ha atascado y no hace más que atronar; algo desagradable, pero sin sentido.

¿Y cuál es el coste que eso conlleva? La ansiedad resulta desagradable, estresante y agotadora. Cuando estamos inundados de falsas alarmas, resulta fácil pasar por alto las amenazas reales, sobre todo, aquellas que van creciendo lentamente, como una distancia emocional que se cuela en un matrimonio. Al sentirnos ansiosos, podemos reaccionar de manera excesiva y convertirnos en una amenaza para otros que, a su vez, reaccionan en exceso y confirman nuestros temores. El miedo innecesario nos hace retirar recursos del aprovechamiento de oportunidades para destinarlos a evitar amenazas exageradas. La ansiedad aumenta la actitud defensiva, la parálisis por el análisis y la inmovilización. En las relaciones, el miedo hace que la gente se aferre más a «nosotros» mientras se muestran más suspicaces y agresivos hacia «ellos». Y todo esto hace que las personas sean menos resilientes.

SENTIRSE MÁS SEGURO

El miedo surge cuando las amenazas parecen mayores que los recursos. A veces, es así, como cuando recibes una factura inesperada y no tienes dinero suficiente para pagarla. Sin embargo, como consecuencia de la «paranoia del tigre de papel», muchas veces, las amenazas parecen mayores de lo que realmente son y los recursos, más pequeños.

Aunque te des cuenta de que el miedo está desempeñando un papel irracionalmente grande en tu vida, puede resultar difícil acabar con él. En efecto, muchas personas tienen miedo de no tener miedo, porque es entonces cuando bajan las defensas. Entonces, temen que, de repente, surja algo que pueda hacerles daño.

Para *estar* más seguros, tenemos que disminuir las amenazas reales y aumentar los recursos auténticos. Para *sentirnos* más seguros, tenemos que dejar de inflar las amenazas y empezar a reconocer todos nuestros recursos. De ese modo, no tendremos que tener miedo de no tener miedo.

Pongamos que estás haciendo todo lo que puedes para reducir las amenazas reales que existen en tu vida y desarrollando recursos para afrontarlas. Mientras tanto, asegúrate de que ves las amenazas con claridad, aprecias tus recursos y te sientes tan seguro como razonablemente puedas.

Ver las amenazas con claridad

Escoge algo que te preocupe. Puede ser una enfermedad, tu economía o un conflicto con otra persona. Puede ser también un aspecto de tu vida en el que te estás conteniendo para reducir los riesgos, como evitar hablar en público o no pedir lo que realmente quieres en una relación. Puedes hacer este proceso reflexionando interiormente, anotándolo en un diario o hablando de ello con otra persona y puedes usarlo con muchas de las cosas que te preocupan.

¿Cómo es de grande?

Sé concreto y específico a la hora de definir el tamaño del problema. Rodéalo con una valla en lugar de dejar que sea nebuloso y abrumador. Por ejemplo, en lugar de decir «tengo mala salud», ¿qué tal si lo expresas como «tengo hipertensión arterial»? Limita el problema en el espacio y en el tiempo. ¿A qué partes de tu vida afecta y a cuáles no? ¿Cuándo sucede y cuándo no es muy importante?

¿Qué probabilidades hay de que suceda?

Es posible que tengas un problema continuo, como una enfermedad crónica. Sin embargo, la mayor parte de las veces en las que nos asalta la ansiedad es por algo malo que *podría* suceder: hay una amenaza de dolor, pero no dolor en sí mismo. Por ejemplo, una persona puede pensar: «podría ponerme enfermo» o «si expreso mi enfado, nadie me va a querer». Si lo que te preocupa es una posibilidad que todavía no se ha hecho realidad, plantéate la siguiente pregunta: «¿qué probabilidades reales hay de que suceda?». Es posible que, en el pasado, tuvieras posibilidades de que te sucediera algún suceso malo concreto, quizá por las personas con las que vivías o conocías. Hoy en día, sin embargo, las cosas son distintas y las probabilidades de que eso pase son, seguramente, mucho menores.

¿Cómo de malo sería realmente?

¿Qué experimentarías si la amenaza se hiciera realidad? Pongamos que tienes miedo de que alguien te rechace si eres más vulnerable o asertivo. Muy bien, supongamos que se produce el hecho que temes. ¿Qué sentirías si así fuera? En una escala de 0 a 10 en la que 10 es lo peor imaginable, ¿cómo te sentirías? ¿Durante cuánto tiempo? En el pasado, sucesos similares pueden haber sido realmente espantosos, sobre todo, en la infancia, cuando las cosas se sienten con más intensidad antes de que el sistema nervioso esté plenamente maduro. En la actualidad, sin embargo, ya eres adulto y cuentas con muchos más parachoques interiores. Hay muchas probabilidades de que no te sintieras tan mal ni durante tanto tiempo como temes.

Deja que aterricen las buenas noticias

Deja que todo esto cale en tu interior. Es verdad, *auténticamente* cierto. Puedes creerlo. Déjate convencer por ello. Utiliza los pasos de SANA para abrirte al alivio y a la seguridad que esta noticia te ofrece. Asimílala para aliviar y, con el tiempo, sustituir a la alarma excesiva e innecesaria, la tensión y la ansiedad.

Aprecia tus recursos

A continuación, plantéate lo siguiente: teniendo en cuenta la magnitud real de lo que te asusta, las probabilidades de que suceda y la intensidad de sus efectos, ¿cómo podrías hacerle frente? Por ejemplo, supongamos que descubres que se te ha pinchado una rueda del coche. Sin duda, es una lata, pero no supone un gran problema si sabes cómo cambiarla o puedes llamar a la grúa.

Recursos de tu mente

Piensa en las veces en las que has recurrido a fuerzas interiores como el coraje, la confianza y la compasión para afrontar problemas. A continuación, dedica unos momentos a considerar cómo podrías volver a aprovecharlas para hacer frente al desafío actual. Considera también los talentos y habilidades que podrías aplicar. ¿Cómo podrías trabajar para solucionarlo? ¿Qué planes podrías hacer para prevenirlo, gestionarlo o recuperarte de él? Piensa en otros recursos interiores que tengas —como el mindfulness y tu propio buen corazón— y en cómo podrían ayudarte.

Recursos de tu cuerpo

¿Cómo te ha servido tu cuerpo hasta ahora? ¿Cómo podría volver a servirte? Intenta sintonizar con su vitalidad natural. Siente lo que *tiene* de fuerte, de enérgico y de capaz. Imagina algunas de las formas en las que podría ayudarte a afrontar este problema.

Recursos del mundo

Existen muchos recursos a tu alrededor: amigos, familiares y conocidos. ¿En qué podrían resultarte útiles? Considera el apoyo concreto y el emocional. Piensa en una mascota, si la tienes; mis preocupaciones siempre parecen más pequeñas cuando tengo a nuestro gato sobre mis piernas. En caso necesario, ¿podrías conseguir ayuda profesional de, por ejemplo, un médico, un abogado o un contable? Piensa en las cosas que posees y considera cómo podrías utilizarlas para abordar este problema.

Siente que tienes muchos recursos

Al reflexionar sobre estos recursos, deja que lo que piensas acerca de ellos se convierta en un sentimiento de tener lo suficiente, de seguridad y de alivio. Utiliza los pasos de SANA para ampliarlo y notarlo. Si quieres, emplea el paso de «Aplicar» para calmar y sustituir, con este sentimiento positivo, cualquier sensación de ansiedad.

Sentirse lo más seguro que razonablemente se pueda

Después de una de mis primeras jornadas de escalada, me dormí y tuve una experiencia sobrecogedora. Vi, de repente, con toda claridad, que me caía desde lo alto del precipicio y bajaba para estrellarme en el granito gris. Justo antes del golpe, me desperté sobresaltado. Unos minutos después, volví a quedarme dormido… y otra vez me caía, y me desperté justo antes del impacto. Aquello se repitió varias veces hasta que dejé de intentar luchar contra ello. Mientras me dejaba llevar por el sueño, me imaginé que bajaba dando tumbos por la pared del precipicio y me estrellaba contra una losa del fondo. En el momento del golpe, se apagó una especie de bombilla interior. Me di cuenta de que me había pasado todo el día tragándome todo mi miedo de caer y de que ahora estaban volviendo a asomar. Comprendí que había un punto ideal en el que podía sentir la ansiedad apropiada sin dejar, por ello, de funcionar con eficacia y alegría… incluso a trescientos metros sobre el nivel del suelo.

Es importante no reprimir los miedos ni pasar por alto lo que están intentando decirte. Las preocupaciones razonables son buenas porque te mantienen alejado de situaciones potencialmente peligrosas. Sin embargo, dejar que el miedo te consuma, te invada y te ponga en peligro no hace que estés más seguro. De hecho, las distracciones que provoca el miedo excesivo y el desgaste que este ocasiona en tu cuerpo minan tu seguridad. Un poco de miedo es muy útil y no hace falta que llegue hasta el núcleo de tu ser y te empuje hacia la zona roja. Una de mis citas favoritas de Buda es «surgieron sentimientos dolorosos, pero no invadieron mi mente ni se quedaron». Utiliza el miedo; no dejes que él te utilice a ti.

Como ya hemos visto, no hace falta que haya mucho miedo. En la mayor parte de los casos, las amenazas que imaginamos no son tan probables como creemos, sus consecuencias no serían tan malas y seríamos más capaces de afrontarlas de lo que nos parece. Es como caminar creyendo que el mundo está en el nivel naranja de peligro cuando, en realidad, está más bien en el *chartreuse*: un cubo de pintura verde con una gota de amarillo. Si te vas a caer por un precipicio —o algo equivalente—, ten miedo, por supuesto. De lo contario, ayúdate una y otra vez a sentirte tan seguro como razonablemente puedas. Para profundizar esta experiencia, prueba la práctica del recuadro.

SIÉNTENTE MÁS SEGURO AHORA

Haz unas cuantas respiraciones y relájate. Sé consciente de cualquier tensión, incomodidad o preocupación que puedas tener. Apártate de la ansiedad y obsérvala. Déjala estar, que vaya y que venga.

Deja que cualquier tipo de miedo pase al fondo de tu consciencia. Trae a primer plano las cosas que te protegen. Sé consciente de la solidez del suelo que tienes bajo tus pies, de la estabilidad de la silla, de la protección que te ofrece el techo que está sobre tu cabeza. Sé consciente de tu ropa, de tus zapatos y de otras cosas que te protegen. Cuando las reconozcas, ábrete a la sensación de estar cada vez más protegido. Sé consciente de las cosas protectoras que te rodean, como las señales de stop y los hospitales. Sigue abierto a la sensación de estar protegido. Deja que penetre en tu interior la percepción de protección y seguridad y que se convierta en parte de ti.

Reconoce algunos de los muchos recursos con los que cuentas y que podrían ayudarte a estar seguro como, por ejemplo, las personas que quieren que estés bien, que podrían estar a tu lado y de tu parte. También los interiores, como la resistencia y la determinación. Ábrete a la sensación de que hay muchas cosas a las que puedes recurrir. Los desafíos van a llegar, pero dispones de muchas formas de afrontarlos. Sigue abriéndote a sentirte más seguro. Deja que las preocupaciones innecesarias desaparezcan. Suelta toda la tensión. Deja que la sensación de seguridad cale y se extienda por dentro de ti.

Observa que, en este momento, estás bien. Quizá no lo estuviste en el pasado y quizá no lo estés en el futuro, pero, actualmente, estás bien, protegido y con recursos. Puede que haya dolor, puede que haya pena o aflicción en los bordes de tu mente, pero no hay ningún peligro mortal, ningún tigre a punto de abalanzarse sobre ti. Estás fundamentalmente seguro, un momento tras otro, una respiración tras otra. Tu corazón sigue latiendo, sigues vivo, sigues estando bien. Deja que los pensamientos y los sentimientos vayan y vengan. Permanece cómodamente instalado en el borde delantero del ahora. Sigues respirando perfectamente, el momento siguiente está pasando, sigues estando bien, estás seguro ahora, en este momento, un momento tras otro, básicamente bien... ahora.

ENFRIAR LA IRA

La ira es una respuesta natural ante el dolor, la frustración, los ataques y la injusticia. Como crecí en un hogar en el que los padres ostentaban el monopolio del enfado, tardé un tiempo en aprender que experimentar y expresar esta emoción era una forma importante de aceptar y de no dejarme pisar. A lo largo de la historia ha habido distintos tipos de personas —niños, mujeres, grupos religiosos y étnicos, entre otros— cuya ira ha sido despreciada, justificada o atacada. Es especialmente importante hacerle un sitio en la mente cuando los demás han intentado proscribirla.

La ira moviliza energía y aporta una luz brillante a cualquier cosa que esté sobre el tapete. Sin embargo, también viene envuelta en tensión, estrés y amenazas contra las relaciones. El enfado frecuente o crónico resulta agotador; al igual que el ácido, se come la salud física y mental. De todas las emociones que expresamos a los demás, la ira suele ser la que más llama la atención, es como una luz roja que indica peligro. Entonces, reaccionamos ante la ira de una persona con la nuestra propia y, de ese modo, se crean círculos viciosos en las relaciones.

Enfriar la ira no significa permitir la injusticia ni convertirse en un chivo expiatorio. Puedes seguir siendo fuerte y enérgico. Piensa en ocasiones en las que tú u otros os hayáis mostrado decididos, apasionados o asertivos sin dejar que la ira os arrastrase. El arte es recibir y usar el regalo —las funciones positivas de la ira— teniendo cuidado con el envoltorio. Eso significa gestionarla, expresarla con habilidad y abordar los problemas que subyacen en ella.

Sé consciente de la ira

En muchas ocasiones, la ira está actuando en el fondo de la mente, y reconocer su presencia te permite controlarla para que no sea ella la que te controle a ti. Intenta ser consciente de ella en sus muchos tonos e intensidades, desde la exasperación leve a la rabia violenta. Cuando te sientas enfadado, sea de la forma que sea, investiga la experiencia, sus sensaciones, sus sentimientos, sus pensamientos y sus deseos. La ira tiene capas y su superficie frágil, caliente y agresiva suele descansar sobre una base blanda, vulnerable y ansiosa de necesidades no satisfechas, sobre todo de seguridad, porque la ira es la reacción primigenia ante una amenaza, es una mensajera. ¿Qué te está diciendo acerca de tus frustraciones más profundas, tus anhelos insatisfechos y tu dolor emocional? Intenta aceptar tu experiencia y muestra compasión hacia ti mismo. Cuando te abres a este material más profundo y estás en él, la ira tiende a desaparecer.

Sé consciente de las gratificaciones que lleva aparejadas. Existen cuatro tipos principales de emociones «negativas»: tristeza, ansiedad, vergüenza e ira. De todas ellas, la ira es la más seductora. A la mayor parte de la gente no le gusta sentirse triste, preocupada o incompetente. Sin embargo, el brote de indignación justificada y la energía que le acompaña pueden resultar estimulantes, organizadoras —porque unen los hilos de una mente dispersa e identifican un objetivo claro— e, incluso, placenteras. La ira es también una forma eficaz de esconder el dolor y la vulnerabilidad, de afirmar el estatus o la dominación, de expulsar el miedo y de compensarnos por sentirnos pequeños o débiles. En las relaciones, las discusiones y riñas pueden servir para mantener a otros a una distancia cómoda. Hay un dicho que describe la ira como una saeta envenenada con la punta de miel. He pasado más horas de las que me gustaría saboreando esa miel mientras rumiaba enfadado el mal que me habían hecho. Mientras tanto, el veneno iba penetrando, estresándome, perturbándome y preparándome para reaccionar de forma excesiva en el futuro.

Intenta ser consciente del proceso del enfado, que suele producirse en dos etapas: la *preparación* y el *desencadenante*. En la primera etapa se van sumando cosas pequeñas. Algunas son generales, como el estrés, el cansancio y el hambre. Otras son más específicas, como esos pequeños momentos en los que te sientes malinterpretado, decepcionado o fastidiado, que, poco a poco, te van sensibilizando contra una persona concreta. Es como si alguien estuviera pasando la uña por el dorso de tu mano: la primera docena de veces no te importa, pero, cuando van cien, retiras la mano y te echas atrás. Hasta las experiencias menores pueden irse acumulando como un montón de cerillas sin prender.

Luego, en la segunda etapa, aterriza una chispa y prende el fuego... muchas veces, desproporcionado con el propio desencadenante. Por ejemplo, cuando nuestros hijos eran pequeños y dejaban el suelo regado de juguetes y zapatos, si yo estaba de buen humor, apenas me daba cuenta de ello. Sin embargo, si estaba cansado después de un día frustrante —la preparación— y me golpeaba un dedo del pie contra un camión de bomberos —el desencadenante—, se armaba la marimorena. En el momento del enfado, tendemos a dar por supuesto que lo que sucede está justificado: «¡*Claro* que estoy furioso!». Sin embargo, en la mayoría de los casos, gran parte de nuestra ira está alimentada por la preparación y no guarda proporción con el propio desencadenante.

Gestiona con habilidad la ira interior

En el capítulo 10, «Valor», analizaremos cómo podemos reafirmarnos de un modo eficaz. Aquí, me gustaría centrarme en la forma de abordar la ira que se encuentra en el interior de nuestra mente. Con ello, es probable que las cosas vayan mejor cuando nos comunicamos con los demás.

Reconoce cómo te hiere la ira

Existe un proverbio que dice que enfadarse con los demás es como tirar carbones ardiendo con las manos desnudas... las dos personas acaban quemadas. Como la ira puede parecer gratificante y justificada, resulta útil darse cuenta de que, aparte de las consecuencias que produce en los demás, constituye una carga tóxica para *ti*.

Dedica un rato a considerar los costes que tiene para ti, tanto en la actualidad con en años anteriores. Piensa en lo que te hace sentir. Piensa en cómo afecta a tu sueño, a tu cuerpo y a tu salud y en sus efectos sobre tus relaciones, tanto en casa como en el trabajo. Incluso cuando la mantenemos dentro de nosotros mismos, nos va comiendo. Quizá hayas oído decir que el resentimiento es como tomar veneno y esperar que mueran los otros.

Después de reflexionar sobre todo esto, decide desde lo más hondo de tu corazón cómo quieres relacionarte con ella y gestionarla, cómo quieres abordar sus causas subyacentes, como el dolor físico o el maltrato al que te someten otras personas y cómo quieres expresarla. Ayúdate a sentir convicción acerca de estas decisiones y asimila este sentido de compromiso.

Reduce la preparación

En el transcurso del día, sé consciente de la fase previa de la ira e intervén lo antes posible. Por ejemplo, haz una pausa para quitar el trabajo de tu cabeza antes de hablar de deberes con tu hijo adolescente o acuérdate de tener más cuidado con lo que dices cuando te duele la espalda. Reconoce si estás sensibilizado contra una persona, un entorno o un tema. Si así fuera, nómbralo para que tenga menos poder sobre ti: «estoy inquieto porque voy a visitar de nuevo a mi familia política», «estoy hasta la coronilla de que me estén constantemente interrumpiendo en esta reunión» o «me frustra que nadie me ayude a fregar los platos».

Cuando las cosas se pongan feas, intenta reaccionar de manera proporcionada con el desencadenante sin tener en cuenta el efecto amplificador de la preparación. Pregúntate cómo reaccionarías si fuera la primera vez que se produce el desencadenante: la situación, el suceso, las palabras o el tono. Pon el desencadenante en perspectiva. En tu escala de 0 a 10 de maldad, ¿cómo de malo es realmente el desencadenante? ¿Cuánto van a durar sus efectos?

¿Te seguirás acordando de él dentro de un par de días? Esto no significa minimizarlo, sino verlo con claridad. Me ha ayudado muchísimas veces a comprender que lo que había sucedido era en realidad un 2, aunque mi ira estaba subiendo hasta el 7. Cuando me daba cuenta, podía seguir con la oleada caliente de reacciones excesivas, pero mantenía mis palabras y mi tono lo más cerca posible del 2. Luego, cuando ya hayas afrontado el desencadenante, podrás abordar lo que provocó la preparación.

Desentiéndete de la sensación de que está justificada

Resulta útil tener valores y estándares. Sin embargo, si les añades una justificación, con su dogmatismo y su superioridad, estarás alimentando la ira, desencadenarás reacciones en los demás y minarás tu credibilidad. Esa sensación de justificación que desarrollamos acerca de las personas es como un río desbordado que transporta el barco de la ira.

Intenta separar mentalmente la actitud de sabelotodo o de «yo soy mejor que tú» del auténtico corazón del asunto. Por ejemplo, una cosa es querer que tus compañeros de piso frieguen sus platos y otra muy distinta creer que, si no lo hacen, es porque son unos holgazanes vagos y egoístas. Reconoce lo que significa la justificación como experiencia —puede que se produzca tensión alrededor de los ojos y una aceleración acusadora del pensamiento— para que se enciendan luces de aviso en tu salpicadero interior cuando empiece a inundarte. Como la justificación puede resultar agradable, recuerda que a ti no te gusta cuando los demás la emplean contra ti y usa esto para motivarte a dejar la saeta iracunda, aunque su punta pueda, al principio, resultar dulce.

Imagina que describes el asunto con firmeza y de una forma completa —detallando también cómo te afecta y lo que te gustaría cambiar— sin el efecto de la justificación. Mantén este recuento justo de los hechos en tu mente y, cuando te parezca conveniente, puedes compartirlo con los demás.

Ten cuidado con las críticas

Yo crecí en un hogar en el que se criticaba mucho. Como consecuencia de su educación, a mis padres les preocupaba la posibilidad de que las cosas pudieran ir mal y, por eso, señalaban con gran rapidez los errores de los demás. Sus intenciones eran buenas y solo intentaban ayudar, pero yo me ponía a la defensiva cuando me criticaban y adquirí el hábito de buscar los fallos de los demás…, en especial, de aquellos con los que estaba enfadado. Por muy comprensible que fuera, esta actitud ha creado una tensión y unos conflictos innecesarios en mis relaciones.

Escoge una relación importante y observa si tu mente tiende a buscar los errores, palabras con las que discrepar o temas en los que mostrarte quisquilloso. A continuación, pregúntate: «¿cuánto de todo esto es *de verdad* importante?». Mucho de lo que molesta a las personas no las daña directamente a ellas ni a aquellos que les importan. Hay una historia zen que lo ilustra. Un monje ya mayor y otro joven con votos de castidad estrictos iban de viaje y encontraron a una hermosa mujer junto a un río enlodado. El monje mayor se ofreció a cruzarla al otro lado, ella aceptó encantada y así lo hicieron. Luego, ella siguió su camino y los dos monjes el suyo. Durante la hora siguiente, el joven no hacía más que darle vueltas al asunto: ¿cómo pudo sostener su cuerpo suave y cálido entre sus brazos, sentir su dulce aliento en su cuello? ¡Qué terrible que oliera su hermosa cabellera! Finalmente, se enfrentó al otro monje y le espetó todo lo que había estado pensando. El mayor escuchó, sonrió suavemente y dijo: «Yo la dejé en la otra orilla del río, pero tú llevas cargando con ella desde entonces». Si estás preocupado por las faltas y los fallos de los demás, imagina lo bueno que sería poder dejarlos.

Haz que vaya más despacio

En el cerebro, la información fluye por muchos caminos importantes que se parecen a los canales ramificados e interconectados de un río. Una de las vías principales de la información entrante atraviesa el tálamo, que es como el salpicadero sensorial subcortical, y luego se ramifica. Una rama conecta con la amígdala, la alarma ancestral del cerebro —entre otras funciones— mientras que la otra conduce a la recientemente evolucionada corteza prefrontal, el centro del pensamiento complejo, la planificación cuidadosa y la comprensión matizada del resto de la gente.

La amígdala, situada junto al tálamo, se activa antes que la corteza prefrontal. Su naturaleza de «primero salta, luego piensa» es la que dirige nuestras reacciones inmediatas. Además, polariza las interpretaciones y los análisis de la corteza prefrontal cuando esta actúa uno o dos segundos más tarde. Es el *secuestro de la amígdala* en acción: estupendo para la supervivencia, pero también fuente de muchos trastornos innecesarios, reacciones excesivas y dolorosos conflictos con otras personas. En mis propias relaciones y en las parejas a las que he asesorado en mi despacho, he visto muchísimas interacciones desenfrenadas en las que A reacciona ante B, que a su vez reacciona ante A, que entonces reacciona de manera excesiva ante B, que luego tiene una reacción absolutamente fuera de control ante A, y así sucesivamente.

Todo funciona mucho mejor si haces que vayan más despacio. Concédete —y concede a la otra persona— el regalo del tiempo: un espacio para respirar una o dos veces, averiguar qué es lo que la otra persona está diciendo realmente, dejar que las primeras oleadas de reacciones de lucha o huida atraviesen el cuerpo y reconocer y refrenar las palabras y acciones impulsivas que, más tarde lamentarás. Estos segundos extra antes de hablar ayudan a los demás a no tener la sensación de que están recibiendo una ráfaga de ametralladora de palabras e intensidad emocional y les dan tiempo *a ellos* para reflexionar y sentirse menos atacados.

Si lo necesitas, apártate y cálmate un poco. Puedes, por ejemplo, mirar por la ventana, ir a buscar algo de comer o salir a dar un paseo. Con esto no estás intentando plantear resistencia a un problema, sino tranquilizarte para poder abordarlo de forma productiva. Luego, una hora o un dia después, puedes retomarlo.

Intenta no hablar ni actuar movido por la ira

Esto no significa no *sentirse* enfadado. La ira es natural e indica unas necesidades que no sientes satisfechas. Reprimirla suele generar más problemas que soluciones. Tampoco significa que no debas actuar *nunca* con ira. Estoy convencido de que hay momentos en los que la gente la necesita para luchar por su vida o por la de otras personas.

Teniendo esto en mente, como experimento, puedes comprometerte a no hablar ni actuar movido por la ira durante todo un día. Yo lo he probado y me ha ayudado a frenar, a sintonizarme con el daño o la preocupación que se esconden debajo de la ira y a hablar luego de una forma más sentida y menos crítica o avasalladora. De este modo, se sigue sintiendo el enfado, se reconoce lo que se siente ante los demás y se aborda el problema en cuestión. Mientras tanto, observa lo que significa separar la ira de todo lo demás que tienes en la mente y no dejar que sea la fuerza que controla todo lo que dices o haces.

El miedo o la amenaza de ello nos llegan a todos y desafían nuestra necesidad de seguridad. El miedo y la ira, en todas sus formas, surgen en la mente de todo el mundo de vez en cuando. Con la fuerza de la calma, puedes manejar estas corrientes como si fueses un guía de piragüismo navegando por un río desbordado.

PUNTOS CLAVE

El sistema nervioso cuenta con dos ramas que actúan juntas para mantenernos equilibrados: la parasimpática, de «descansa y digiere», nos tranquiliza, mientras que la simpática, de «lucha o huida», nos pone en movimiento.

El ritmo de la vida moderna fomenta la activación crónica del sistema simpático y eso estresa tu cuerpo, tu mente y tus relaciones. Por tanto, busca oportunidades regulares para poner en marcha el sistema nervioso parasimpático con actividades como la relajación o la meditación.

Reaccionamos ante amenazas imaginarias o exageradas para no dejar pasar ni siquiera una real. Es una especie de «paranoia del tigre de papel», que genera ansiedad innecesaria y hace que nos resulte más difícil ver y afrontar los peligros reales.

Averigua en qué podrías estar sobreestimando las amenazas y subestimando los recursos de los que dispones para gestionarlas. Date cuenta de que, principalmente, estás bien ahora mismo. Ayúdate a sentirte lo más seguro que razonablemente puedas.

La ira supone un gran desgaste para el cuerpo y para la mente y alimenta los conflictos con los demás. Puedes ser poderoso y asertivo sin estar enfadado.

La ira tiene dos etapas: la preparación y el desencadenante. Prueba a actuar enseguida para reducir la preparación y a responder al desencadenante de una forma proporcionada. Ten cuidado con la arrogancia y las críticas y ralentiza las interacciones para prevenir un «secuestro de la amígdala».

CAPÍTULO 8

MOTIVACIÓN

Sabiduría es elegir una felicidad mayor antes que otra más pequeña.

BUDA

LA RESILIENCIA ES ALGO más que gestionar el estrés o el dolor y recuperarse de la pérdida y el trauma. Las personas resilientes también son capaces de buscar oportunidades cuando se enfrentan a los desafíos. Pueden empezar a hacer cosas beneficiosas, dejar de hacer las que les perjudican y seguir el día a día sin estresarse demasiado.

Para adquirir este tipo de resiliencia, tenemos que regular la maquinaria motivacional del cerebro. Vamos, por tanto, a analizar cómo podemos disfrutar de los placeres sin apegarnos a ellos, a aprovechar la pasión saludable y a motivarnos en direcciones positivas. En líneas generales, este capítulo trata del *deseo*, una característica innata de la vida corpórea; no podemos acabar con él. Desear que los seres no sufran es un deseo. Hasta el deseo de trascender al deseo es, en sí mismo, un deseo. La única cuestión es si podemos desear *bien*.

EL GUSTAR Y EL QUERER

Imagina que vas a cenar a casa de un amigo y te pones hasta arriba de una comida fantástica y dos postres. Entonces, sacan otro postre, te lo dan a probar y te preguntan:

—¿Te gusta?

Naturalmente, tú respondes:

—Sí, está delicioso.

Entonces te dicen:

—¿Quieres un poco?

Y tú contestas:

—No, gracias. ¡Estoy llenísimo!

Te gusta, pero no quieres.

Ahora imagina a una persona delante de una tragaperras. Introduce una moneda y pulsa un botón una y otra vez. He observado a mucha gente en el casino y, por lo general, tienen aspecto cansado y aburrido, y apenas sonríen cuando consiguen algún que otro premio. En estos casos, existe una constancia compulsiva, pero poco disfrute. Quieren, pero no les gusta.

Dicho de otra forma, el gustar y el querer son dos experiencias distintas, y también se diferencian en el aspecto neurológico. Como ejemplo, diremos que, en lo más profundo de los ganglios basales de la subcorteza cerebral, existe una región denominada *núcleo accumbens* que contiene un pequeño nodo que ayuda a regular la sensación de que algo nos gusta y otro que regula la sensación de quererlo.

El punto de inflexión

En este capítulo, utilizo el término querer de una forma muy concreta para definir un estado de insistencia, impulso o anhelo basado en una sensación subyacente de déficit o trastorno. Su raíz significa «*carencia*». Es natural que nos gusten las cosas agradables, como un postre dulce con amigos. Sin embargo, los problemas aparecen cuando pasamos de que algo nos guste a quererlo, de disfrutar de una comida juntos a insistir en tomar el último trozo de tarta.

El paso del gustar al querer marca el punto de inflexión de la zona verde a la roja, de una sensación subyacente de plenitud y equilibrio a otra de carencia, de que algo está mal. Resulta extremadamente útil ser consciente de esta transición en tiempo real. De ese modo, puedes conseguir que las cosas, sencillamente, te gusten y buscar oportunidades de disfrutar de los placeres sin añadir la tensión que acompaña a quererlos.

Se dice que, cuando algo te gusta sin que lo quieras, es como estar en el cielo, mientras que querer algo sin que te guste es el infierno. Cuando te gusta algo y no lo quieres, puedes disfrutarlo plenamente. La experiencia no va acompañada de ninguna tensión, no te aferras a ella ni tienes miedo de que termine. En ese momento estás libre del querer. Así, tus experiencias beneficiosas tienden a ser más duraderas y resultar más gratificantes. Esto pone en marcha de forma natural los pasos de «Ampliar» y «Notar» del proceso SANA, lo que, a su vez, consigue que la experiencia quede más instalada en tu sistema nervioso. Cuando nuestras experiencias, sencillamente, nos gustan, aprendemos más de ellas y nos aportan más.

Henry David Thoreau escribió: «Me hago rico porque consigo querer pocas cosas». Mantenerse centrado en que algo que te guste sin pasar a quererlo aporta muchos beneficios. Sin embargo, con frecuencia resulta complicado. El consumismo es el impulsor de las economías modernas y, a veces, da la sensación de que las mentes más brillantes de nuestra generación están ocupadas ingeniando formas cada vez más eficaces de estimular a la gente a querer. Es más, incluso si apagamos la televisión, nos borramos de las redes sociales y no entramos nunca en un centro comercial, tenemos un cerebro que ha sido diseñado para *querer aquello que le gusta*.

Querer más

Las tendencias innatas de la mente —nuestra naturaleza humana— son el resultado de varios cientos de millones de años de esculpir el cerebro. Al competir con otras personas por unos recursos escasos, nuestros antepasados evolucionaron unos sistemas motivacionales que les empujaban a la búsqueda intensa de objetivos como la comida y el sexo. Esto era estupendo para la supervivencia, pero uno de sus resultados actuales es una especie de agencia publicitaria interior que intenta motivarnos anunciando a bombo y platillo lo estupendo que sería si pudiéramos conseguir lo que queremos.

Cuando sopeses diferentes opciones, ansíes algún acontecimiento o pienses en un objetivo concreto, ten cuidado con las gratificaciones anticipadas que tu mente está previendo. A continuación, comprueba cuáles serían las gratificaciones *reales*. En casi todos los casos, son menores de lo prometido. Además, cuando la experiencia está a la altura de tus expectativas, al final, se termina. La comida estuvo bien, el nuevo jersey es bonito, fue gratificante terminar el proyecto, pero la experiencia se ha acabado. Y ahora, ¿qué?

Las gratificaciones anticipadas suelen resultar decepcionantes. Ni las mejores experiencias son permanentes. Estos dos factores pueden generar una sensación crónica de que nos falta algo, de que queremos algo, que nos empuja a seguir buscando el siguiente objeto brillante, la siguiente experiencia.

Incluso cuando te sientes tranquilo, sin ningún problema que resolver ni necesidad de nada, mira a ver si percibes en el fondo de tu mente una especie de *autoquerer*: una búsqueda constante de algo nuevo que querer, incluso cuando ya estás satisfecho. Esta tendencia pudo haber evolucionado para impulsar a nuestros antepasados a rebuscar y olisquear en busca de nuevas oportunidades. Sin embargo, este «autoquerer» lleva implícito un sentimiento subyacente de desasosiego y una sensación sutil de que el momento, todos los momentos jamás resultan plenamente satisfactorios tal y como son.

Esta hambre de cosas nuevas nos impide apreciar lo que tenemos y nos impulsa a querer lo que no tenemos. Resulta conmovedor el que habitualmente busquemos la satisfacción con un esquema mental oscurecido por la insatisfacción, lo que coloca el contento completo siempre fuera de nuestro alcance

Cómo conseguir que algo te guste sin quererlo

Hay momentos en los que una persona debe entrar en un estado de querer intenso para satisfacer unas necesidades inmediatas. Hace unos años, se produjo un incendio en las colinas que están encima de nuestra casa. Yo era consciente de que podrían ordenarnos evacuar en poco tiempo y de que nuestra casa podía llegar a verse amenazada por el fuego. Por si acaso, recogí rápidamente las cosas esenciales que podríamos necesitar. Tenía el corazón a cien por hora y la adrenalina inundaba mi organismo. Era un pico necesario de estrés de zona roja. Luego, fue volviendo al naranja, al amarillo y al verde mientras veíamos cómo los bomberos apagaban el fuego antes de que se siguiera propagando. A veces, es necesario querer. Sin embargo, siempre lleva aparejado un coste, ya sea una sutil experiencia de tensión y contracción o un desgaste prolongado de nuestro cuerpo y nuestras relaciones. Para vivir la vida desde el gustar sin querer, los métodos siguientes resultan muy eficaces.

Sé consciente del tono hedónico

Sé consciente de si las experiencias te resultan agradables, desagradables o neutras. Este es su *tono hedónico*. Nos gustan las cosas que lo tienen agradable y nos acercamos a ellas, nos disgustan las que son desagradables y las evitamos e ignoramos o pasamos de largo de las neutras. Sé consciente también del tono hedónico de las distintas cosas que *imaginas* que vas a hacer, como planificar una reunión, pensar en cómo abordar una conversación difícil o decidir si vas a comprar algo.

Tendemos a pasar, rápidamente, a querer cosas que tienen un tono hedónico agradable. En consecuencia, si eres consciente de los tonos hedónicos de tus experiencias, creas un espacio entre lo agradable de algo y el hecho que pueda llevar aparejado de querer. En él, puedes elegir y no tienes que entrar automáticamente en el querer.

Explora el limitarte a que algo te guste

Comprueba las sensaciones que te produce disfrutar de algo sin quererlo. Sé consciente de la sensación de tranquilidad que se produce en tu cuerpo. Observa cómo tus pensamientos permanecen abiertos y flexibles. Comprueba que puedes disfrutar de algo sin añadir el impulso estresante de quererlo. Familiarízate con la sensación de sentir placer —saborear una comida, reír con los amigos— sin dejar que aparezca el deseo de querer. Asimila una y otra vez esta forma de relacionarte con las cosas que disfrutas para que te vayan resultando cada vez más naturales.

Explora la experiencia de querer

En el transcurso del día, sé consciente de la transición de que algo te guste y lo estés disfrutando a quererlo de manera estresante. Sé consciente del «autoquerer» que aparece en el fondo de la mente buscando algo nuevo que querer, incluso cuando ya estás estupendamente. Reconoce los argumentos de venta de tu agencia publicitaria interior, que pueden ser algo parecido a: «Estará muy bueno/me proporcionará unas sensaciones muy buenas/será muy bueno», «no te preocupes, solo una vez más», «nadie lo va a saber», «será muy divertido». Luego, cuando experimentes lo que querías, date cuenta de si es tan bueno como prometía.

Imagina una especie de salpicadero interior y observa cuándo se encienden las luces rojas del querer. Conoce los distintos «sabores» del querer. Por ejemplo, sé consciente de lo que supone sentir urgencia, presión, contracción, insistencia, exigencia, compulsión, anhelo o adicción. Da un paso atrás y observa los elementos que componen una experiencia de querer: los pensamientos y las imágenes, las sensaciones corporales, las emociones, las expresiones faciales, la postura y las acciones. Date cuenta de cómo querer algo es una sensación diferente de que eso te guste.

Reconoce que querer es una experiencia como cualquier otra, formada por distintas partes que van y vienen. Intenta ver las experiencias de querer como si fuesen nubes que se mueven por el cielo de la consciencia. De ese modo, no parecen tan fuertes, sólidas e imperiosas.

Percibe el comienzo de la presión, la insistencia y otros indicadores del querer. Observa también las persuasiones y, en ocasiones, manipulaciones de otras personas que intentan que quieras cosas… normalmente en beneficio de ellos, no en el tuyo.

Regresa a que algo te guste

El hecho de que el querer surja en la consciencia no constituye en sí mismo un problema. Querer es algo natural. El problema es que favorecemos estas experiencias y dejamos que nos controlen. El que exista una experiencia de querer no significa necesariamente que *tengas* que hacer algo. La clave no es que brote el querer, sino cómo te relacionas con ello.

Reconoce los costes que el querer tiene sobre tu salud, tu bienestar y tus relaciones. Comprueba si puedes tomar una decisión fundamental de vivir la vida lo más posible sobre la base de que las cosas te gusten y no de que las quieras. Utiliza el proceso SANA para ampliar y notar la experiencia de esta decisión para que se vaya haciendo cada vez más estable en ti.

Si algo que te gusta se convierte en algo que quieres, aléjate de ello y ponle nombre: «querer de verdad esa cerveza», «bastante alterado para demostrar este asunto», «dedicar demasiado tiempo a esta página web de ropa». Observa el querer como una parte de ti que está a un lado o en la distancia; puedes imaginar, por ejemplo, que es como un perro divertido e insistente que tira de ti en la dirección equivocada. Haz unas cuantas respiraciones para calmarte y centrarte. Desconéctate de cualquier sensación de presión, compulsión o «tengo que». Deja ir conscientemente el querer. Vuelve a centrarte en el disfrute y en la resolución sin querer.

Siéntete ya satisfecho

Cualquier experiencia en la que se produzca una sensación de *satisfacción* —como gratitud, placer y logro— es una oportunidad para sentir que esta necesidad está cubierta, al menos por el momento. Además de las experiencias concretas, sé consciente también de la sensación general de estar ya lleno, de que este momento ya es suficiente. Prueba la práctica del recuadro. Si internalizas repetidamente estas experiencias de satisfacción —aunque sean leves y pasajeras, propias de la vida diaria—, poco a poco, irán construyendo, en lo más profundo de tu ser, una sensación incondicional de contento. De ese modo, podrás llevar una felicidad interior allá donde vayas. No te estresarás intentando conseguir placeres o logros. Si llegan, estupendo, y si no, bueno, ya eres feliz.

SIÉNTETE YA LLENO

Haz unas cuantas respiraciones y relájate. Observa que estás respirando, que tu corazón está latiendo, que sigues viviendo. Puede que haya dolor, enfermedad o discapacidad, aflicción y sufrimiento, pero, mientras tanto, puedes centrarte en lo que *es* suficiente o en lo que *está* funcionando. Podría ser bueno tener más y, sin embargo, ya tienes suficiente. Deja que la sensación de suficiencia cale en tu interior.

Reconoce la plenitud del mundo natural que te alimenta, incluida su ofrenda de oxígeno para respirar y alimentos para comer. Sea lo que fuere lo que te falta en la vida, sigue estando la abundancia de la naturaleza, tantos tipos de seres vivos que te permiten vivir. Déjate sentir apoyado, protegido y alimentado por la plenitud de la vida.

Considera la plenitud del universo material, tu cuerpo formado por innumerables átomos, ya presentes, ya hechos, no tienes que hacer nada para crearlos; el tejido de materia y energía, espacio y tiempo, del cual ya has sido fabricado. Descansa en esta plenitud; no tienes necesidad de entenderla, solo recíbela.

> Sé consciente de todas las cosas que aparecen en tu consciencia en cada momento: tantos sonidos, sensaciones, imágenes, emociones y pensamientos... Relájate y reconoce la plenitud inherente, casi abrumadora, de la propia experiencia cotidiana. Déjate llenar de esta sensación de plenitud.
>
> Reconoce que está bien que las experiencias sigan pasando porque continuamente están siendo sustituidas por otras nuevas. Déjate llenar por cualquier cosa que surja en tu consciencia, aunque sea pasajera. Ahora que ya estás tan lleno, deja de querer nada más.

PASIÓN SALUDABLE

Como ya dije en el capítulo anterior, las ramas simpática y parasimpática del sistema nervioso actúan juntas como el acelerador y el freno de un coche. El sistema nervioso simpático se activa durante la respuesta de lucha o huida ante el estrés, pero también actúa cuando buscamos oportunidades con entusiasmo, cuando somos asertivos, cuando hacemos el amor y cuando animamos a nuestros hijos o amigos. Lo necesitamos para tener una pasión saludable.

El simple hecho de que exista un factor de estrés —desde una cena de vacaciones en casa a una oportunidad de mucha trascendencia en el trabajo— no significa que tengas que sentirte estresado. La activación del sistema nervioso simpático (SNS) no es estresante de por sí. La diferencia clave es si está presente una emoción positiva o negativa. Por decirlo de forma sencilla:

SNS + emoción positiva = pasión saludable

SNS + emoción negativa = estrés no saludable

Las emociones positivas y la zona verde

Para entender la relación entre las emociones y el estrés, piensa en dos ejemplos de tu propia vida. En primer lugar, recuerda alguna ocasión en la que intentaste conseguir un objetivo importante que implicaba mucho estrés. Pudo ser, por ejemplo, mudarte a otra ciudad o asumir un proyecto importante. Recuerda algunas de las emociones negativas que tuviste —ansiedad, frustración e ira, por ejemplo— y considera cómo aumentaban tu estrés. A continuación, piensa en otra ocasión en la que intentaste conseguir un objetivo importante y en la que sintieras muchas emociones positivas. Observa cómo estas disminuían tu estrés.

Las emociones positivas te mantienen en la zona verde y hacen que te sientas cada vez más activo, intenso o apasionado. Como el sistema nervioso simpático evolucionó para ayudar a nuestros antepasados a luchar o huir, es muy fácil que la excitación se convierta rápidamente en frustración o ira. Recuerdo, por ejemplo, una ocasión en la que estaba viendo en la televisión a los San Francisco 49ers. Gritaba feliz porque habían conseguido hacer un ensayo cuando mi mujer me hizo una pregunta sencilla desde otra habitación. Me irritó muchísimo. La activación del sistema nervioso simpático es como ir a toda velocidad por la autovía. La velocidad te permite recorrer más distancia, pero cualquier cosa, por pequeña que sea, puede provocarte un accidente. Las emociones positivas te ayudan a permanecer por dentro de los guardarraíles.

Encuentra el punto ideal

Hay un punto ideal en el que lo que haces supone un desafío suficiente para mantenerte enganchado pero no tan grande como para que te sientas abrumado. Para encontrarlo y permanecer en él, prueba estas técnicas.

Siéntete cómodo cuando tu cuerpo se acelere

Si tienes un desafío ante ti y empiezas a sentirte tenso o nervioso, di para tus adentros que no pasa nada por acelerarse, respirar más rápido y sentir una oleada de adrenalina. Cuando interpretas así las cosas —como una forma sana que tiene tu cuerpo de afrontar las situaciones—, pueden parecer menos estresantes. Recuerda que ya has manejado otros desafíos similares en el pasado y analiza la forma de abordar la situación actual con eficacia. Esto te ayudará a tener más confianza y a sentirte menos estresado.

Prepárate con emoción positiva

Antes de ponerte en una situación que podría resultar emocionante, intensa o, incluso, un poco estresante, establece una base de emoción positiva. Trae a tu mente sentimientos y actitudes buenas que se *emparejen* con la necesidad básica que esté en juego. Es una aplicación de los métodos que se explican en la sección «Cultiva las fuerzas que más necesitas» del capítulo 3. Por ejemplo, si vas a dirigir una reunión, evoca experiencias en las que tu liderazgo fuese eficaz o en las que se apreciase tu experiencia. De este modo, te prepararás para responder a cualquier desafío con elegancia y buen humor y no con tensión e irritabilidad.

Cuando te aceleres, presta atención a las emociones negativas

Cuando te aceleres, te excites o te sientas lleno de intensidad, vigila atentamente la aparición de emociones negativas como la frustración o la ira. Es como conducir un coche de carreras cuando han mostrado bandera amarilla: sigue corriendo, pero ten cuidado.

Si surgen sentimientos negativos, ponles nombre: «irritación», «preocupación», «resentimiento». De esta forma, aumentarás la regulación de la corteza prefrontal y calmarás la amígdala. Intenta frenar un poco; haz una pausa un poco mayor de lo habitual antes de hablar. Apártate de la situación mentalmente y, quizá, también de forma física, hasta que la aguja de tu «estresómetro» baje de rojo a naranja, luego a amarillo… y, de nuevo, al verde.

Disfruta del viaje

Cuando vayas en pos de un objetivo, busca señales de progreso. Marca las pequeñas victorias y date cuenta de los logros menores. Este goteo de experiencias de éxito leves recompensará a tu cerebro y te ayudará a mantenerte en el punto ideal de la pasión saludable. Por ejemplo, si en la bandeja de entrada del correo electrónico tengo cincuenta mensajes nuevos, intento percibir un sentimiento de finalización cada vez que termino con uno. De esta manera, la bandeja de entrada no me resulta tan intimidante.

Inclina la mente

La mayoría de nosotros tenemos, al menos, unas cuantas cosas que sabemos que estaría bien hacer pero que nos cuesta abordar. Del mismo modo, hay algunas que estaría bien dejar de hacer aunque seguimos haciéndolas. Por ejemplo, sé que debería hacer más ejercicio y tomar menos hidratos de carbono.

Incluso cuando estamos dirigiéndonos hacia objetivos correctos, a veces, podemos hacerlo de forma equivocada. Nuestros propósitos más profundos son siempre positivos, porque se basan en nuestras necesidades básicas de seguridad, satisfacción y conexión. Por ejemplo, debajo del deseo de comer una bolsa de galletas está el objetivo profundo de consuelo y satisfacción; debajo del de impresionar a los demás subyace el propósito profundo de autoestima y conexión. La mayor parte de las veces que actuamos mal no lo hacemos por nuestros objetivos profundos, sino por *cómo* intentamos alcanzarlos. Piensa en un deseo que te haya estado dando guerra (por determinados alimentos o experiencias, por ejemplo) y pregúntate: «¿Qué objetivo profundo es el que se encuentra en el fondo?». Cuando recibas la respuesta, pregúntate: «¿Cómo podría intentar alcanzarlo de una forma mejor?».

Cuando intentas motivarte hacia un propósito concreto o para alcanzarlo de una forma más apropiada, es importante que hagas cosas prácticas para encaminarte a conseguirlo. Puedes, por ejemplo, quedar con algún amigo para salir a caminar todas las mañanas y así hacer más ejercicio, o retirar todas las golosinas de la despensa si quieres tomar menos dulces. Este tipo de medidas resultan muy útiles. Sin embargo, la mayoría de nosotros ya sabemos cuáles son las cosas que nos pondrían en el buen camino…, pero seguimos sin transitar por él. Por tanto, ¿cómo podemos encaminarnos en la buena dirección y apartarnos de la mala?

EL CIRCUITO MOTIVACIONAL

Aquí es donde un pequeño conocimiento de un circuito motivacional clave de tu cerebro puede resultar muy útil. Cuando aumenta la sensación de recompensa en una experiencia, las neuronas del área *tegmental ventral* situada en la parte superior del bulbo raquídeo segregan más dopamina en otras dos regiones del cerebro: el núcleo accumbens de la subcorteza y la corteza prefrontal, que se encuentra detrás de la frente. En el núcleo accumbens, el pico de dopamina envía señales a través del *globo pálido* y el *tálamo* que te hacen actuar en busca de las recompensas. En la corteza prefrontal, el aumento de la dopamina centra la atención en aquello que resulta gratificante. Además, estimula las *funciones ejecutivas* prefrontales para que averigüen cómo mantener la llegada de cada vez más recompensas. El área tegmental ventral, el núcleo accumbens y la corteza prefrontal forman una especie de circuito que actúa también cuando vemos oportunidades y *posibles* recompensas.

Para poner en marcha este circuito, es muy conveniente reforzar en tu cerebro la asociación entre las acciones que te gustaría estimular y las recompensas que vendrán de ellas. Te mostraré cómo hacerlo en este mismo capítulo. También puedes usar este método para desarrollar formas nuevas de actuar que sustituyan a las antiguas que te gustaría dejar. Por ejemplo, para no calentarte con un familiar o un colega que te están provocando, sigue centrando tu atención en las sensaciones gratificantes que te produce permanecer tranquilo y centrado. De ese modo, estarás *extinguiendo* un hábito pernicioso y, al mismo tiempo, *reforzando* otro bueno.

Diferencias temperamentales

Cuando refuerces la asociación entre determinadas conductas y sus gratificaciones, ten en cuenta tu temperamento. Cada persona tiene una cantidad distinta de *receptores de dopamina* en su circuito motivacional. Las neuronas se conectan entre sí a través de unos espacios diminutos denominados *sinapsis*. Cuando una de ellas se dispara, segrega neurotransmisores que cruzan este hueco hacia los receptores de otras neuronas. Los receptores son como muelles, y las moléculas neurotransmisoras, como barquitos. Atracan muy rápido porque el espacio entre las neuronas es tan pequeño que, en el grosor de un cabello, cabrían varios miles de sinapsis.

La unión de los neurotransmisores con los receptores determina si la neurona receptora se disparará o no. Aquellas que tienen menos receptores de dopamina necesitan un aporte mayor de esta para desencadenar la actividad relacionada con ella. Por simplificar, diremos que *cuantos menos receptores de dopamina tiene una persona, más gratificaciones necesitará para seguir estando motivada*. A algunas les resulta fácil no distraerse y seguir trabajando, aunque no les resulte demasiado gratificante; este tipo de personas tienden a tener más receptores de dopamina. Otras pierden el interés muy rápido si algo no les resulta estimulante o gratificante en algún sentido; son las que tienen menos receptores. Son variantes normales, un aspecto de la diversidad natural de temperamentos. Lo que yo deduzco es que, durante la evolución de nuestros antepasados, resultaba útil que hubiera distintos temperamentos en sus pequeñas tribus. Los individuos con menos receptores de dopamina, por ejemplo, podían contribuir a que la tribu buscara nuevas oportunidades, ideas y formas de hacer las cosas.

Tener pocos receptores de dopamina no es un fallo del carácter. Significa solo que a esta persona le viene bien incrementar tres cosas: el *volumen* de la gratificación, la *atención* que le presta y su *sensibilidad* ante ella. De hecho, aumentar estas tres cosas ayuda a cualquiera a seguir inclinando el cerebro y, con ello, la mente hacia una dirección positiva.

Hay varias formas de aumentar el volumen de la gratificación:

Elige actividades que te resulten más estimulantes y agradables —por ejemplo, practicar algún deporte para hacer ejercicio en lugar de correr sobre una cinta—.

Incorpora recompensas nuevas, como hacer una actividad con otras personas.

Varía los detalles de lo que haces. Por ejemplo, si estás cambiando tu alimentación para que sea más saludable, sigue probando recetas nuevas.

Haz muchas pausas breves y vuelve luego a la tarea.

Pide comentarios frecuentes sobre tu actividad, sobre todo, positivos.

Realza las recompensas

Además de crear recompensas nuevas, puedes realzar las que ya están presentes prestándoles más atención y haciéndote más sensible a ellas. Esto es algo que merece la pena por sí mismo y, además, hay ocasiones en las que es imposible crear otras nuevas.

Antes de hacerlo

Escoge algo para lo que estés intentando motivarte. Contémplate haciéndolo y, al mismo tiempo, imagina qué aspectos de ello te resultan agradables e importantes. Yo, por ejemplo, para decidirme a usar la cinta y correr cuesta arriba durante media hora, me imagino lo agradable que me resultará hacer un descanso para escuchar música y leer algo mientras corro. También puedes imaginar las gratificaciones que te aportará en el futuro, después de haber hecho esa actividad.

Cuando anticipes así las recompensas, apártate de la idea de la gratificación hacia una sensación más emocional y personificada de ella, porque, de ese modo, conseguirás segregar más dopamina. Siguiendo con el ejemplo de mi cinta de correr, yo intento recordar la *sensación* tan agradablemente relajada que noto cuando escucho mis canciones favoritas. Esto motiva mucho más que el hecho de saber intelectualmente que voy a poner música. Si has usado anteriormente los pasos de SANA para instalar la sensación de una experiencia beneficiosa, como escuchar música, te resultará más fácil evocarla en el presente; es algo así como guardar experiencias buenas en una especie de banco del que puedes sacarlas más tarde.

Mientras lo haces

Cuando estés haciendo aquello para lo que quieres motivarte, céntrate de forma repetida en los aspectos que te resultan agradables. Una vez, y otra, y otra más: así es como generas oleadas de dopamina que entrenarán el circuito motivacional.

Sigue buscando cosas que podrían resultarte nuevas o sorprendentes en lo que estás haciendo. La dopamina alcanza el pico cuando el cerebro encuentra una novedad. Además, ayúdate a estar todo lo excitado o intenso que sea apropiado. De esta manera, incrementarás la adrenalina y reforzarás con ello la asociación entre la actividad y sus recompensas.

Después de hacerlo

Cuando hayas terminado, dedica un ratito a saborear los resultados. Cuando me bajo de la cinta, me centro en la sensación de vitalidad y satisfacción que me produce haber hecho algo bueno para mi salud. No pases a la actividad siguiente sin registrar las recompensas por lo que acabas de hacer. Has trabajado para recibirlas y te las mereces.

Estimúlate

Yo he hecho escalada con guías y la mayor parte de ellos se preocupaban por darme mucho estímulo. Me decían cuándo me había equivocado, pero, sobre todo, hacían hincapié en los avances que iba haciendo. Sacaban lo mejor de mí como escalador y conseguían que quisiera seguir escalando. Hubo uno, sin embargo, muy diferente. Iba escalando por delante y daba tirones a la cuerda cada vez que yo frenaba un poco en las secciones más difíciles. Me señalaba todos mis errores de técnica, pero se limitaba a observar impasible cuando conseguía salvar bien un cruce complicado. Su impaciencia y su exasperación bajaban por la cuerda como si fuesen una regañina. En lugar de hacerme mejorar, me cohibió, me preocupó y me estresó. Consiguió que escalara peor. Era un escalador excelente, pero un mal guía.

Algo muy parecido sucede dentro de la mente de las personas. Existen, básicamente, dos formas de subir las montañas de la vida: mediante la orientación o mediante la crítica, acudiendo al apoyo interior o al crítico. Reflexiona sobre las diferencias entre estos dos enfoques:

ORIENTACIÓN	CRÍTICA
Lo que sí es el objetivo	Lo que no es el objetivo
Lo que está bien	Lo que está mal
Tono amable	Tono áspero
Compasivo	Despreciativo
Construye	Destruye

Cuando vayas en busca de tus objetivos, observa lo que sientes cuando te guías a ti mismo y cuando te criticas. Enfatiza deliberadamente la actitud y el sentimiento de orientación. Evoca a personas que te apoyen y te estimulen e imagina cómo te hablarían cuando has cometido un error. Anímate. Usa repetidamente los pasos de SANA para asimilar experiencias de orientación propia, de manera que cada vez te resulten más naturales.

A muchas personas les asusta la idea de que, si no se muestran duras consigo mismas, van a gandulear, pero eso no es verdad. Intenta reconocer una y otra vez que puedes seguir en el buen camino mediante la orientación y no con las críticas. Reconoce también que mostrarte crítico contigo mismo acaba *disminuyendo* tu rendimiento. Por ejemplo, el estrés que produce machacarte por lo que has hecho mal segrega cortisol, que, poco a poco, va debilitando tu hipocampo y, en consecuencia, la capacidad de tu cerebro para aprender de lo que has hecho bien.

Si sabes que estás haciendo lo correcto, aunque las gratificaciones por ello no sean inmediatas, persevera. Esta es la esencia de la motivación: ser capaz de continuar con la acción basándote en el conocimiento de que debes hacer algo que albergas en el núcleo de tu ser. En cierta ocasión, asistí a una clase de meditación de Joseph Goldstein, un maestro preciso y muy práctico. En un descanso, le conté lo que estaba experimentando y le pregunté si estaba en el buen camino. Él asintió, sonrió y me dijo dos palabras que no he olvidado: «continúa así».

PUNTOS CLAVE

La resiliencia es algo más que recuperarse de la adversidad. Las personas resilientes siguen intentando alcanzar sus objetivos cuando se enfrentan a un desafío. En consecuencia, aprender a regular la maquinaria motivacional del cerebro es un aspecto clave.

El que algo te guste es distinto de quererlo. El querer proviene de una sensación de insistencia, urgencia u obsesión que resulta estresante y puede conducir a conductas perjudiciales. Investiga la experiencia de que algo te guste sin quererlo. Asimila repetidamente experiencias de sentirte satisfecho para fabricar un núcleo de contento. De ese modo, podrás disfrutar de los placeres y ser ambicioso sin el estrés de querer.

El sistema nervioso simpático aporta energía y pasión. Sin embargo, cuando no contamos con emociones positivas como la felicidad y el amor, su activación nos arrastra a la zona roja del estrés. Cuando te aceleres, vigila la aparición de emociones negativas y no dejes de buscar formas de experimentar otras positivas.

El cerebro posee un circuito motivacional fundamental basado en la actividad de la dopamina. Existen variaciones naturales en la cantidad de receptores que tiene cada persona. Las que poseen menos tienden a necesitar más gratificaciones para seguir estando motivadas.

Entrena este circuito aumentando la asociación entre las recompensas y aquello hacia lo que quieres motivarte. Incrementa la cantidad de gratificaciones, la atención que les prestas y tu sensibilidad hacia ellas.

Mucha gente cree que tiene que ser dura consigo misma para mantenerse motivada, cuando, por lo general, es más bien todo lo contrario. Usa la orientación en lugar de la crítica para mantenerte en el buen camino.

CAPÍTULO 9

INTIMIDAD

Prefiero caminar con un amigo en la oscuridad que sola a plena luz del día.

HELEN KELLER

CUANDO ERA NIÑO, estaba aislado, mostraba una actitud muy retraída y, en muchas ocasiones, tenía la sensación de estar observando a la gente desde muy lejos, como si estuviera por fuera de la ventana de un restaurante mirando hacia adentro, contemplando a los comensales mientras charlaban y reían. Podía ver, pero no tocar, oír, pero no hablar. Tardé mucho tiempo en reunir el valor necesario para entrar. Poco a poco, fui abriéndome, conociendo a los demás y dándome a conocer de una forma lenta pero segura, conectándome cada vez más con ellos. A grandes rasgos, esto es *intimidad*, cuya raíz significa «hacer que algo resulte familiar o conocido».

En todas nuestras relaciones, hay distintos grados de intimidad, desde el encuentro pasajero con un vendedor ambulante de perritos calientes hasta cincuenta años de matrimonio con la misma persona. La intimidad se apoya en una base de autonomía, personal, empatía, compasión, amabilidad y virtud unilateral en las relaciones. Estos son los temas que vamos a tratar en este capítulo en el que haré hincapié en las formas de trabajar con la mente. En el próximo, nos centraremos en los modos de interactuar con los demás.

NOSOTROS Y YO

Cuanto mayor sea el grado de intimidad, mayores serán las gratificaciones… y también los riesgos. Cuando te abres e inviertes en las relaciones, inevitablemente, te quedas más expuesto y vulnerable. En esas circunstancias, los demás pueden decepcionarte o hacerte daño con más facilidad. ¿Cómo podemos obtener los beneficios de la intimidad y, al mismo tiempo, gestionar los desafíos que lleva aparejados?

Paradójicamente, para sacar el máximo provecho al «nosotros», debes permanecer centrado en el «yo». Como dice el refrán, cada uno en su casa y Dios en la de todos. Un sentido de autonomía fuerte —tú eres el dueño de tu persona y tomas tus propias decisiones— fomenta una intimidad profunda. Por ejemplo, cuando te sientes enraizado en tu cuerpo, te resulta más fácil estar abierto a los sentimientos de otras personas. Cuando atiendes tus necesidades, tienes una receptividad natural a las de los demás. Saber que puedes echarte atrás te ayuda a dar un paso hacia adelante.

Así como la autonomía permite la intimidad, la intimidad sostiene la autonomía. Las relaciones estrechas y de cooperación ayudan a las personas a sentirse seguras y valiosas en el plano individual, lo que favorece una independencia confiada. En un ciclo positivo, la autonomía y la intimidad se alimentan la una a la otra. Juntas hacen que seas más resiliente.

El efecto de la historia personal

Cuando hay menos autonomía —cuando una persona se siente saturada, mangoneada o enredada con otras personas—, habrá menos intimidad, sobre todo, al cabo de un tiempo. Sin embargo, permanecer en el «yo» cuando estamos gestionando el «nosotros» puede resultar difícil. Pregúntate si eres capaz de mantener una sensación cómoda de autonomía cuando los demás hacen cualquiera de estas cosas:

- Quieren cosas de ti.
- Están molestos contigo.
- Intentan convencerte o influir sobre ti.
- No respetan tus límites.
- Intentan dominarte o controlarte.

La forma en la que una persona reacciona ante los desafíos en su autonomía depende, en parte, de su temperamento. Existe una variación normal en la prioridad que cada uno da a la autonomía y a la intimidad. Estas diferencias naturales en la sociabilidad y en la extroversión o introversión pueden apreciarse ya en la infancia y persisten en la edad adulta. Algunos padres bromean diciendo que, cuando tienen su primer hijo, todo parece estar relacionado con su cuidado mientras que, después del segundo, uno se da cuenta de hasta qué punto depende todo de la naturaleza.

De todas formas, el «cuidado», es decir, lo que te sucede y lo que haces con ello desde tu primer aliento hasta el último es decisivo. Al nacer, empezaste a explorar la independencia y la individualidad: elegías dónde mirar y lo que debías tragar o escupir, descubriste que el calor que sentías junto a tu mejilla procedía de otro cuerpo, aprendiste que los demás podían tener pensamientos y sentimientos diferentes de los tuyos. En todo ese tiempo, te metiste en líos y te equivocaste y, a veces, sacaste de quicio a otras personas.

Y luego, el mundo respondió. Algunos padres, familiares, profesores y culturas valoran y apoyan la independencia del niño y su individualidad mientras que otros, no. Y, entre medias de estos dos extremos, existe una amplia gama de respuestas. Miles de pequeños episodios en los que la autoexpresión y la asertividad del niño son aceptados y gestionados con habilidad —o no—; se van acumulando para conformar a la persona de una forma o de otra.

Piensa en tu propia historia y dedica un tiempo a responder a estas preguntas que se centran en tus experiencias relacionadas con la autonomía. Durante tu infancia, ¿qué observaste *a tu alrededor?*, ¿Cómo se trataba a tus hermanos o a otros niños cuando se ponían tercos, cuando se enfadaban o cuando se mostraban cabezotas? ¿Qué te sucedía *a ti* cuando actuabas de esta forma? ¿Cómo te afectó todo esto cuando eras pequeño? Piensa también en tu vida de adulto hasta hoy y en cómo te han tratado los demás. ¿Te has sentido seguro para expresar tus opiniones en voz alta? ¿Has tenido que sofocar tus necesidades para mantener la paz? Cuando te has mostrado fuerte y asertivo, ¿han sido los demás razonablemente receptivos o no?

Cultivar la autonomía

Da un paso atrás y pregúntate en qué aspectos puede estar influyendo sobre ti esta historia en la actualidad. Es normal interiorizar la forma en la que los demás te han tratado —por ejemplo, limitando, reprimiendo o ridiculizando tu individualidad y tu independencia— y luego hacerte tú lo mismo. En las relaciones importantes, reflexiona sobre lo cómodo que te sientes cuando:

- Expresas plenamente tus pensamientos y sentimientos.
- Pides lo que quieres.
- Confías en tu capacidad de juicio aunque los demás no estén de acuerdo contigo.
- Defiendes a otros.

Sea cual fuere el punto de partida, existen muchas formas eficaces de fortalecer un sentido saludable del «yo» en medio del «nosotros».

Céntrate en tu propia experiencia

Observa si tu atención se ve «arrastrada» hacia los demás y alejada de ti. Cuando eso suceda, regresa a tu propia experiencia enraizada en tu cuerpo. Lo que estás experimentando no es ni bueno ni malo, ni justificado ni injustificado. Es, sencillamente, lo que es y puedes mantenerte centrado en una consciencia continuada de ello.

Imagina límites entre los demás y tú

Percibe a los demás *allí* y a ti como ser independiente y *aquí*. Puedes imaginar una línea en el suelo que te separa de ellos, o una valla de madera, o incluso una pared de vidrio irrompible si fuese necesario. Por muy ridículo que pueda parecer, yo escucho en mi cabeza la voz del capitán Kirk, de *Star Trek*, diciendo: «¡escudos arriba, Scotty!».

Reivindica tu autonomía dentro de ti

Recuerda ocasiones en las que te hayas sentido decidido y fuerte. Céntrate en sentirlo en tu cuerpo. Afirma deliberadamente para tus adentros cosas como: «decido lo que está bien para mí», «no tengo por qué estar de acuerdo contigo», «tú y yo somos diferentes y no pasa nada», «no tengo por qué darte lo que quieres». Por razones prácticas, quizá tengas que aguantar algunas cosas: es posible que no te quede más remedio que escuchar a tu jefe cuando se va por las ramas para conservar tu puesto de trabajo o sonreír con educación a un familiar cargante durante una cena en familia para conservar la paz. Sin embargo, debes saber que eres tú quien toma la decisión de hacerlo y haz las cosas lo mejor que puedas según *tus propios* valores.

Invoca a tus aliados interiores

La intimidad sostiene la autonomía. Conéctate interiormente con otras personas que estén de tu lado porque eso te ayudará a no dejarte pisotear. Piensa en personas que sean como tú y que respeten tu independencia. Imagina lo que dirían si otras personas se mostrasen agresivas, avasalladoras o manipuladoras contigo. Trae a tu mente el sentimiento de «comité de cariño» que vimos en el capítulo 6. Sube el volumen, de manera figurada, de las personas que te apoyan y baja el de aquellas que ponen en aprietos tu autonomía.

EMPATÍA

La empatía supone conectarse con otras personas y comprenderlas. Cuando te sientes enraizado como «yo», puedes ser empático sin sentirte ahogado ni sobrepasado.

La empatía es necesaria para la intimidad. Nos ayuda a comprender el tono y el matiz, a leer correctamente las intenciones, a reconocer el dolor debajo del enfado y a ver el ser que existe por detrás de los ojos de la otra persona. De ese modo, podemos comunicarnos e interactuar con más habilidad. Tanto en el trabajo como en cualquier otro lugar, salva las diferencias en un mundo multicultural. Nos ayuda a «sentirnos sentidos», según la expresión de Dan Siegel. Vivimos en y como cuerpos individuales, cada uno mortal y, a menudo, sufridor. La empatía es la base de la sensación de que «no estoy solo, otros están conmigo, estamos juntos en esto, compartimos una humanidad común».

Ser empático no significa aprobar ni estar de acuerdo. Puedes empatizar con alguien sin renunciar a tus derechos y necesidades. De hecho, resulta muy útil en los conflictos o, en general, con las personas que no nos gustan especialmente. Comprenderlas mejor nos ayuda a ser más eficaces con ellas. Y, si ellas perciben tu empatía, pueden sentirse más escuchadas y más dispuestas a escucharte a ti.

Tu cerebro en relación con la empatía

Cuando los homínidos y los humanos evolucionaron, se volvieron más empáticos. Hoy en día, en nuestro cerebro tan sumamente social, existen tres sistemas neuronales que permiten la empatía conectándose con los pensamientos, las emociones y las acciones de los demás:

Pensamientos. Por detrás de tu frente, está la *corteza prefrontal*, que te permite comprender las creencias, valores y planes de otra persona.

Emociones. En el interior de los lóbulos temporales, a los lados de la cabeza, la *ínsula* se activa cuando percibes los sentimientos de otras personas.

Acciones. En distintas partes de tu cerebro, se activan unas *redes de neuronas espejo* cuando haces algo —como alargar la mano para coger una taza— y también cuando ves a otra persona haciéndolo.

De un modo muy eficiente, estas regiones cerebrales hacen una tarea doble: regulan tus propios pensamientos, emociones y acciones y, al mismo tiempo, te ayudan a comprender, de dentro afuera, los de los demás.

Cultivar la empatía en tu interior

La gente tiende a pensar que la empatía es algo que está ahí, que puedes tener o no tener. Sin embargo, también se puede desarrollar, como cualquier otro recurso psicológico. Empecemos investigando algunas buenas maneras de hacerlo y luego veremos cómo utilizarla cuando interactúes con otras personas.

Profundiza en tu interior

Aumentar la consciencia de uno mismo —sobre todo, en las capas más profundas de la experiencia— mejora la consciencia de los demás. Por tanto, conéctate con los matices de tus sensaciones, emociones, pensamientos y deseos internos. En concreto, profundiza hasta el material más tierno y, a menudo, más joven que se oculta bajo la superficie de tu corriente de consciencia. Es como ver una hoja flotando en un río: si la coges, descubrirás que está conectada con una ramita; luego, con otra rama mayor, y, a continuación, con un tronco muy interesante. Intenta también seguir el rastro de los cambios rápidos que se producen en el flujo de tu experiencia. En el cerebro, las neuronas se disparan rutinariamente entre cinco y cincuenta veces por segundo, así que en el transcurso de una sola respiración pueden suceder muchas cosas. Con la práctica, conseguirás aumentar tu detalle de mindfulness.

Apártate de tu propia perspectiva

Para conseguir ser más empáticos, resulta útil poder soltar sin sentirnos incómodos los anclajes familiares de nuestras creencias y juicios para penetrar en el mundo interior de otra persona. Explora lo que sientes cuando no te aferras a tus puntos de vista y a tus valores y aprecias que las cosas que pueden parecerte evidentes e importantes, a menudo, no lo son para otras personas. Reconoce el impacto tan potente que han tenido en otras personas sus experiencias vitales, incluidos los efectos que les han producido sus padres, su cultura, sus heridas y sus tensiones. Así como te resulta lógico haberte convertido en lo que eres como consecuencia de tus antecedentes, también lo es que los demás sean lo que son por sus propios antecedentes. Escoge un tema que resulte conflictivo en una relación importante —como compartir las tareas domésticas— e imagina cómo lo abordarías si tuvieras las creencias, los valores y los antecedentes de la otra persona.

Incrementa tu «competencia cultural»

Esto significa conocer mejor a las personas pertenecientes a grupos diferentes al tuyo y tratarlas con más habilidad. En mi caso, como hombre blanco, cisgénero, heterosexual, estadounidense, de clase media, sin discapacidades y profesional liberal, me resulta extremadamente útil (y, en mi opinión, moral) aprender más cosas acerca de las personas que no son como yo. Me ha hecho ser más consciente de mis asunciones y prejuicios inconscientes y más respetuoso con las prioridades y formas de actuar de los demás. La competencia cultural nos permite conocer cómo interpretamos lo que otros dicen o hacen y cómo ellos deberían interpretar nuestras palabras y actos. Un mayor

entendimiento de los distintos tipos de personas nos ayuda a
tener más empatía con los efectos que producimos sobre ellas.

Utilizar la empatía en nuestras interacciones

En situaciones rutinarias o con personas conocidas, resulta fácil poner el piloto automático y dejar que la empatía se difumine.
Y cuando otras personas se muestran críticas o nos echan la culpa
de algo, la empatía tiende a salir volando por la ventana. Cuando
la necesitamos es cuando parece estar más lejos de nuestro alcance. Por eso, es muy conveniente desarrollar un hábito deliberado
de entendimiento empático cuando estés con otras personas.

Presta atención

Mantener la atención suele requerir un esfuerzo consciente,
sobre todo, cuando la otra persona tiene ideas, sentimientos o
deseos diferentes o contrarios a los nuestros. Considera lo raro
que es que el otro esté presente y atento a ti durante varios minutos seguidos... y el gusto que da cuando lo hace. Imagina que
tienes un pequeño monitor dentro de tu mente que presta atención a lo bien que estás prestando atención. En el cerebro, esto
es lo que realiza una región llamada *córtex del cíngulo anterior*. Si
tu mente divaga un poco, es natural; sencillamente, vuelve a
traerla al presente.

Permanece abierto

Relaja el cuerpo, sobre todo, en la zona del pecho y del corazón. Sé consciente de cualquier tensión, preparación o protec-

ción y, si existe, intenta dejarla ir. Si empiezas a notarte incómodo o inundado cuando te abres a la otra persona, restablece un
fuerte sentido del «yo». Puedes imaginar que estás profundamente enraizado, como si fueses un árbol robusto, y que los pensamientos y sentimientos de los demás pasan por ti como el
viento entre las hojas. Acuérdate de que no tienes que estar de
acuerdo ni aprobar nada si no quieres hacerlo; eso te ayudará a
estar más receptivo con las demás personas.

Registra microexpresiones y microtonos

Mira al otro a los ojos cuanto resulte apropiado. Observa
cualquier molestia que pueda producirte el contacto ocular. No
te muestres invasivo, pero sí dispuesto a extender el contacto
durante un segundo o una respiración más de lo que harías normalmente. Es una forma profunda de recibir a la otra persona.

Investigaciones realizadas por Paul Ekman y otros han demostrado que las emociones y actitudes subyacentes se revelan, a
habitualmente, en expresiones faciales fugaces, sobre todo, alrededor de los ojos y la boca. Obsérvalas y sé consciente también
de la postura del otro y de la velocidad e intensidad de sus movimientos. Imagina lo que estarías sintiendo y deseando si mos-
traras esas expresiones faciales y ese lenguaje corporal. Con ello,
estarás favoreciendo la activación de las neuronas espejo de tu
cerebro, que sintonizan con las acciones de los demás.

Uno de los desarrollos recientes de la evolución humana es
la capacidad de producir y escuchar cambios rápidos y sutiles en
el tono de voz. La rama más reciente del *nervio vago* llega hasta el
oído medio y el rostro y es un elemento clave del *sistema de
compromiso social* del cerebro y el cuerpo. Centrar la atención en
los tonos de voz de otras personas activa el nervio vago y profundiza tu empatía hacia ellas.

Percibe lo que está debajo de la superficie

Intenta percibir las necesidades y dolores más profundos de la otra persona. La agresividad podría, por ejemplo, esconder miedo, y el rechazo, un deseo de cercanía. Imagina lo que la otra persona siente en su cuerpo; podía estar sufriendo fatiga, enfermedad o dolor. Intenta percibir intuitivamente lo que podría estar sucediendo en lo más profundo de *ti* si estuvieras actuando como ella. De este modo, activarás la ínsula de tu cerebro y aumentarás tu empatía por la vida emocional de otras personas.

Perfecciona tu entendimiento

Las pruebas de hipótesis reflexiva son un elemento clave de la empatía y se realizan a través de la corteza prefrontal. Desarrolla ideas concretas pero de tanteo acerca de lo que le está sucediendo a la otra persona. A continuación, comprueba tus ideas buscando evidencias que las confirmen o las rebatan. Puedes, por ejemplo, considerar lo que sabes acerca del carácter y la historia de la otra persona; quizá, lo que consideraste un esfuerzo deliberado de hacerte daño a ti en concreto fue simplemente una reacción automática ante la gente en general adquirida en la infancia. Luego, perfecciona tus ideas para tener un entendimiento empático más exacto.

CALENTAR EL CORAZÓN

La empatía nos permite tener una percepción real de las penas y alegrías de los demás. Sin embargo, no es en sí misma compasión ni amabilidad y, por eso, debemos añadirle estas cualidades para que estén presentes en el momento. Con el tiempo,

desarrollaremos más compasión y amabilidad como características personales. En realidad, cualquiera de nosotros puede convertirse en una persona más cariñosa.

Además de ser bueno para otras personas, fortalecer el (metafóricamente hablando) músculo del corazón calma el cuerpo,
protege el sistema inmunitario, levanta el ánimo y consigue que
los demás se preocupen por nosotros. La compasión presupone
la existencia de sufrimiento, y la amabilidad, no; en la práctica,
ambas suelen venir mezcladas y, por eso, las vamos a tratar juntas
en esta sección. En el primer capítulo, vimos cómo aplicárnoslas
a nosotros mismos. Ahora vamos a ver cómo puedes cultivar un
corazón más cálido hacia los demás.

Saborea el buen corazón

Cuando te sientas compasivo o amable, permanece en esta
experiencia, márcala como algo importante, ábrete a ella en tu
cuerpo y percibe cómo cala en ti y se convierte en parte de tu ser.
Intenta hacerlo, al menos, unas cuantas veces al día durante unos
momentos. Adicionalmente, reserva algo de tiempo para hacer
una práctica sostenida de compasión y amabilidad como la del
recuadro.

COMPASIÓN Y AMABILIDAD

Ponte cómodo y relájate. Evoca a alguien que te haya ayudado, como uno de tus padres o un profesor. Sé consciente de
sus problemas, su estrés y su dolor. Encuentra una preocupación cariñosa, quizá con pensamientos suaves como «quisiera
que no sufrieras, quisiera que pasara este dolor, quisiera que

mejorara tu salud». Personifica e intensifica la experiencia poniéndote la mano en el corazón. A continuación, pasa de la compasión a la amabilidad para desear a la persona que sea feliz. Encuentra en tu interior una sensación de amistad o, incluso, de cariño. Puedes pensar: «quiero que tengas éxito, quiero que estés en paz, quiero que sepas que se te quiere».

Piensa en tu pareja o en un amigo. Sé consciente de sus cargas, sus desengaños y su sufrimiento. Ábrete a la compasión con el corazón cálido y pensamientos de apoyo como «quisiera que tu trabajo fuera menos estresante, quisiera que tu tratamiento médico fuera bien». Encuentra también una sensación de amabilidad y afecto. Sé consciente de las sensaciones que la compasión y la amabilidad producen en tu cuerpo y deja que se establezcan en tu interior, que calen y se conviertan en parte de ti.

A continuación, piensa en alguien que te resulte indiferente. Imagina sus pérdidas, su soledad y su dolor y encuentra la compasión, además de amabilidad y buenos deseos. Puedes pensar: «quisiera que estuvieras sano, quisiera que estuvieras seguro, quisiera que vivieras sin problemas, quisiera que fueras realmente feliz».

Ahora descansa en una sensación general de compasión y amabilidad sin centrarlas en una persona concreta. Imagina que salen de ti ondas de dulce preocupación, calidez, amistad y amor. Nota cómo al inspirar te llenas de un sentimiento de cariño. Sé consciente de todo lo que esta experiencia tenga de agradable, bello o valioso. Entrégate a la compasión y a la amabilidad y deja que ellas te guíen.

Reconoce el sufrimiento

Camina por cualquier calle y podrás observar cansancio, tensión y tristeza en los rostros de la gente. La vida contiene muchas cosas además del sufrimiento, pero todo el mundo sufre, al menos, una parte del tiempo. Sin embargo, resulta fácil desconectarse de esto en nuestra rutina y ajetreo y pasar de largo. En cierta ocasión, le pregunté a un profesor, Gil Fronsdal, en qué se centraba él. Se quedó callado durante unos momentos y luego respondió: «me paro ante el sufrimiento».

Cuando interactúes con otras personas en casa o en el trabajo, ábrete al sufrimiento que pueda haber —por ejemplo, como desengaño silencioso y desaliento—. Unas cuantas veces al día, mira a un extraño o a alguien a quien no conozcas mucho y percibe las cargas que lleva sobre sus hombros. Esto te abre y ablanda el corazón.

Observa nuestra humanidad común

Por lo general, nos sentimos más inclinados a ser compasivos y amables con aquellas personas que consideramos iguales a nosotros en algún aspecto. Intenta buscar los puntos que tienes en común con otras personas, en especial con aquellas que te parecen muy diferentes a ti. Puedes, por ejemplo, recordar a alguien y pensar: «exactamente igual que yo, sientes dolor, te duele y te enfada cuando la gente te trata mal, te preocupas por tus hijos, exactamente igual que yo, quieres ser feliz». Intenta percibir a la persona como el niño que fue, igual que tú. En el fondo de las creencias o las formas de vida que te resulten muy diferentes de las tuyas, intenta encontrar anhelos y sentimientos como los tuyos.

Diferencia la aprobación de la compasión

El juicio moral es distinto de la compasión. Podemos sentir compasión por el sufrimiento mismo incluso cuando le ocurre a personas que son la fuente de su propio sufrimiento o que han hecho daño a otros. Si solo sintiéramos compasión por las personas que nos gustan, el mundo sería un lugar mucho más frío y cruel.

Piensa en alguien por quien te resulte difícil sentir compasión. Sé consciente de tus críticas, tu frustración o tu enfado con él. Imagina todo eso a un lado de una línea. A continuación, en el otro lado, ¿puedes encontrar el deseo de que *ningún* ser sufra incluidas las personas que te han perjudicado o que han contribuido a sus propios problemas? Diferencia tus análisis y juicios de la compasión simple por el sufrimiento, sea del tipo que sea. Reconoce lo que es real acerca de la otra persona y encuentra la compasión. Además del valor moral que tiene esta actitud, te ayudará a sentirte más libre y más en paz con esa persona.

COMPASIÓN HACIA UNA PERSONA DIFÍCIL

Relájate y céntrate. Piensa en la sensación de ser apreciado. Percibe que otras personas están de tu parte. Siente un núcleo de fuerza y determinación dentro de ti.

Piensa en alguien que te resulte difícil. Reconoce lo que te molesta y cómo te afecta y también lo que pretendes hacer con ello. Céntrate, a continuación, en el sufrimiento de esta persona. Quizá tengas que buscar una presión oculta, tensión o infelicidad que posiblemente se remonte a su infancia. Todo el mundo siente algún dolor y puedes sentir compasión por ello. Si te ayuda, imagina cómo actuaría esta persona si tuviera menos sufrimiento en su interior.

Es comprensible que quieras que esta persona os trate de otra forma a ti o a los demás. Quizá desees una disculpa, una compensación o justicia. Junto a todo ello, puedes también desear que esta persona no sufra un dolor innecesario, que no esté abatida y que la mala suerte no caiga sobre las personas a las que quiere.

Percibe tu decencia básica y tu deseo de aliviar el sufrimiento de otros. Mira a ver si puedes pensar de verdad esto de la otra persona: «quisiera que no sufrieras». Intenta encontrar también otras palabras como: «no quiero aumentar tu dolor. Espero que, en lo más profundo de ti, estés en paz».

Cuando encuentres compasión hacia esta persona, quizá te sientas menos alterado o atacado. Sé consciente de que, sea lo que fuere lo que esta persona haya hecho, eso no puede alterar la bondad fundamental que albergas en lo más profundo de tu corazón.

VIRTUD UNILATERAL

Como llevo mucho tiempo trabajando como terapeuta de parejas, he observado muchas veces en mi despacho el desarrollo de una especie de película. Los detalles cambian con los actores, pero el guion básico es siempre el mismo:

Persona A: Estoy dolido y enfadado y quisiera que me trataras mejor.

Persona B: Yo también estoy dolida y enfadada y quisiera que me trataras mejor *a mí*.

Persona A: Bueno, te trataré mejor si *tú* me tratas mejor a mí.

Persona B: De acuerdo, lo haré..., ¡pero empieza tú!

Tanto en casa como en el trabajo, resulta fácil pasar más tiempo dándole vueltas a los fallos de los demás que reflexionando sobre las cosas que podríamos mejorar en nosotros mismos. Sin embargo, esperar que sean los otros los que cambien primero genera puntos muertos, círculos viciosos y una sensación de impotencia. Y, mientras tanto, las personas se van impregnando de dolor, resentimiento y rencor, que adquieren prioridad a la hora de almacenarse en el cerebro como consecuencia de la tendencia a la negatividad de este.

La alternativa es la *virtud unilateral*, para la cual recurres a la autonomía, la empatía, la compasión y la amabilidad para ser honorable y responsable, incluso cuando los demás no lo son. Este enfoque simplifica las cosas en las relaciones. En lugar de perderte en lo que otros deberían estar haciendo, te centras en tus propias acciones. Esto apoya también el sentido de agencia porque hace hincapié en aquello en lo que *sí* tienes capacidad de influencia, que es fundamentalmente tú mismo, no los demás. La virtud unilateral resulta agradable por sí misma, distrae la atención de las preocupaciones negativas acerca de otras personas y te ayuda a sentir la «dicha de la inocencia», porque sabes que has hecho todo lo que estaba en tu mano.

La virtud unilateral no es consentir todo ni dejar que te pisoteen. Sigues sintiendo compasión hacia ti, expresas tus necesidades y observas lo que hace la otra persona. Es la estrategia que te ofrece más oportunidades para animar a los demás a tratarte bien. Cuando atiendes lo que los otros desean y te apartas de las discusiones continuas, la gente suele mostrarse más receptiva y razonable. Además, como has atendido la parte que te corresponde, estás en una posición más fuerte para pedirles que atiendan la que les corresponde a ellos.

Conoce tu propio código

La virtud unilateral empieza conociendo cómo quieres realmente hablar y actuar. Este es tu «código de conducta» personal. Aunque puede estar influido por otras personas, depende fundamentalmente de ti decidir lo que lo conforma.

Piensa en una relación difícil y complicada. Toma notas, mentalmente o en un papel, de las cosas que te gustaría hacer y las que no. Pueden ser normas morales, enfoques habilidosos y acuerdos que hayas hecho. Yo, por ejemplo, he tenido estas en algunas de mis relaciones difíciles:

HACER	NO HACER
Recordar que han tenido un día duro	Interrumpir
Empezar diciendo aquello con lo que estoy de acuerdo	Perder los estribos
Llamar si voy a llegar tarde	Fastidiar a la gente
Salir pronto para llegar puntual	Verme pillado a la hora de demostrar mi punto de vista
Admitir mi parte en el problema	Discutir sobre el pasado
Intentar anticipar sus necesidades	Ser excesivamente crítico

Dedica unos minutos a imaginar cómo podrían ir las cosas si actuaras según este código, principalmente, durante los conflictos. No garantiza un resultado mejor, pero sí aumenta su probabilidad. Y, con independencia de lo que la otra persona haga, en tu interior, sabrás que tú hiciste lo que pudiste. Tener un código claro puede parecer tan evidente que resulta fácil pasarlo por alto, pero saber lo que contiene —viene muy bien escribirlo— es muy conveniente, en especial, en las relaciones complicadas.

Vive de forma unilateral

Si, en algunas ocasiones, no consigues cumplir este código, no te preocupes, es normal. A mí también me pasa. No obstante, no por eso debes renunciar a seguir intentándolo. De vez en cuando es conveniente comprobar que tu código es realista y que lo que contiene es lo que de verdad te parece importante. En caso necesario, modifícalo y comprométete con la nueva versión. Sin embargo, lo más habitual es que te haga darte cuenta de que tienes que volver al buen camino. Aquí tienes unas cuantas sugerencias para seguir en él, especialmente, con las personas que te resultan más complicadas.

Llena tu copa

Cuando has atendido tus necesidades, de forma natural, te vuelves más paciente y generoso con los demás. Por muy buenas que sean tus intenciones, no puedes servir leche de un cartón vacío. Reflexiona sobre lo que hemos visto hasta ahora acerca de estar de tu parte, disfrutar de la vida y cuidar de tu cuerpo. Cuando estás descansado, bien alimentado y feliz, te resulta mucho más fácil mantenerte fuera de la zona roja.

Elimina todo aquello que enturbie tus reacciones

Piensa en esos momentos en los que te ha resultado difícil actuar con virtud unilateral y pregúntate qué factores fueron los que lo favorecieron: falta de comida o de sueño, exceso de alcohol o, quizá, la irritación provocada por un día estresante en el trabajo, por ejemplo. Es posible que tus quejas hacia la otra persona pusieran el turbo a tus reacciones. Reflexiona sobre los efectos que han podido tener sobre ti tus experiencias de vida anteriores, sobre todo, las de la niñez. Sean cuales fueren estos factores, sé consciente de ellos y, si están presentes —como discutir un tema conflictivo con tu pareja después de haber tomado un vaso de vino—, ten mucho cuidado.

Permanece centrado

En casa o en el trabajo, cuando has cumplido tu parte del trabajo y has tenido cuidado con tus palabras y tu tono de voz, puede resultar de lo más tentador hacer comentarios críticos hacia los que no lo han hecho. Quizá, te limites a hacer gestos no verbales como levantar los ojos al cielo o resoplar con exasperación, pero no por eso dejas de mostrar esta actitud. Si de verdad necesitas tratar de algo con alguna persona, en el próximo capítulo, veremos cómo debes hacerlo. Lo más habitual, sin embargo, es que este tipo de comentarios no sean más que escapes de lo peor de ambos mundos: no son lo suficientemente claros y serios para cubrir tus necesidades pero sí lo bastante provocativos e inflamatorios como para desencadenar una discusión. Es preferible que te centres en tus propias responsabilidades e intentes cumplir tu código.

Atiende sus peticiones y quejas

En algunas familias y culturas está prácticamente prohibido pedir algo o expresar lo que te molesta. Sin embargo, como dependemos los unos de los otros, tenemos que pedirnos cosas. Y, cuando las personas se sienten decepcionadas o maltratadas, tienen que poder expresarlo, «quejarse» en el sentido más simple de la palabra.

Recuerda algún momento en que alguien respondió a una de tus peticiones o quejas. ¿Cómo te sentiste? ¿En qué ayudó a la relación? Cuando tú haces esto mismo, aportas unos beneficios similares a la otra persona y a la relación en su conjunto.

La mayor parte de las veces, las peticiones y las quejas de los demás se reducen a pensamientos, palabras o acciones relativamente sencillas y factibles: «¿te acuerdas de nuestro aniversario?», «me molesta muchísimo cuando me gritas», «¿puedes tapar el tubo de pasta de dientes?», «necesito que me prestes toda tu atención cuando te hablo». Conceder esto a la otra persona puede costarte tiempo y atención, pero, por lo general, este precio es mucho menor que el de la tensión y el conflicto. Además, obtienes el beneficio de que el otro estará mucho más dispuesto a corresponderte.

Las personas no suelen ser unos comunicadores perfectos y sus peticiones y quejas suelen venir envueltas en eufemismos, palabrería confusa y embrollada, exageraciones, asuntos colaterales, falsedades, exigencias y amenazas. Recuerda que no tienes que estar de acuerdo con la paja que rodea la aguja que quieres abordar ni debes dejarte distraer por ella. Esfuérzate en lo posible por encontrar la aguja, decide lo que, razonablemente, puedes hacer y hazlo.

Piensa en cómo te sientes con las personas que te tratan así *a ti*. Cuando actúas con virtud unilateral —y autonomía, empatía, compasión y amabilidad—, estableces las bases de unas relaciones sanas, cooperativas y satisfactorias.

PUNTOS CLAVE

En todas las relaciones, existen distintos grados de intimidad, no solo en las amorosas.

Un «yo» fuerte en medio del «nosotros» fomenta la intimi-

dad. Este sentido de autonomía personal se basa en el estableci-
miento de buenos límites y en aseverar tu individualidad en tu
mente.

La empatía es necesaria para la intimidad. En el cerebro,
existen unas redes neuronales que nos ayudan a conectar con los
pensamientos, las emociones y las acciones de los demás. Tenemos la capacidad de desarrollar más empatía y de utilizarla
cuando interactuamos con otras personas.

Puedes reforzar la compasión y la amabilidad en tu interior
exactamente igual que cualquier otro recurso psicológico. Reconoce el sufrimiento, observa nuestra humanidad común, distin-
gue la aprobación de la compasión e internaliza deliberadamente la atención cariñosa hacia los demás.

Centrarse en las faltas de los otros genera puntos muertos y
resentimiento. Es preferible practicar la virtud unilateral: céntrate en tus propias responsabilidades y tu código personal de conducta con independencia de lo que hagan los demás. Esto te
aporta la «dicha de la inocencia», reduce los conflictos e incrementa las probabilidades de que los demás te traten bien.

CUARTA PARTE

RELACIONARSE

CAPÍTULO 10

CORAJE

Es sabio aquel que es apacible, amistoso y valiente.

EL DHAMMAPADA

E N LO ALTO DE LAS MONTAÑAS he vivido algunos momentos muy escalofriantes. Sin embargo, la mayor parte de las veces que me he sentido angustiado ha sido por otras personas, y creo que eso es lo que nos sucede a la mayoría. Necesitamos mostrar coraje en nuestras relaciones.

En este capítulo, veremos cómo protegernos y defendernos para estar seguros y *sentirnos* así con otras personas. Empezaremos viendo cómo se habla desde el corazón con respeto hacia uno mismo y con habilidad. Luego, exploraremos formas eficaces de reafirmarnos y terminaremos viendo cómo se repara una relación.

HABLAR DESDE EL CORAZÓN

Piensa en una relación que sea importante para ti. Puede ser con tu pareja, con un hijo, un hermano, un padre, un amigo o un compañero de trabajo. Si te has sentido decepcionado, irritado o dolido con esta persona, ¿has podido hablar de ello? Si la aprecias o la quieres ¿lo has expresado? Si en algún momento has cometido un fallo, ¿lo has admitido?

Cuando no dices las cosas importantes, te invade el resentimiento y la soledad y pierdes oportunidades de desvelar tu verdad expresándola en voz alta. Con frecuencia, las personas que mantienen una relación no dicen todo lo que podrían acerca de lo que les gusta y lo que no y lo que de verdad desearían que fuera distinto. Son como dos barcos que flotan cerca el uno del otro y cada comunicación no transmitida cae como una piedra pesada entre ellos provocando ondas que los apartan aún más.

Dedica unos momentos a reflexionar sobre el peso de todo lo que no se ha dicho en tus relaciones. ¿Qué efectos ha producido en ti y en las demás personas?

Hay ocasiones en las que no es posible, apropiado o seguro hablar de algo con otra persona. En ese caso, recurre a tus recursos interiores, como la autocompasión. También hay casos en los que sí es posible, pero nos asusta abrirnos totalmente. También se necesita habilidad para hablar de cosas duras sin empeorarlas todavía más. En esos momentos, necesitamos *coraje interpersonal* para mantenernos seguros y hablar sabiamente con el corazón abierto.

La seguridad, lo primero

La comunicación puede conllevar riesgos auténticos, como la vulnerabilidad emocional y la puesta en común de temas que podrían desestabilizar una relación. Aquí tienes unas cuantas formas de conseguir que sea lo más segura posible.

Reconoce el peligro

La violencia o la amenaza de las sombras de las relaciones enturbian muchas de ellas, y esto es una triste realidad. Si existe riesgo de ello, háblalo con alguien que te pueda ayudar, como un médico, un sacerdote o un terapeuta. También existen muchas líneas telefónicas de ayuda, refugios y recursos relacionados con este tema. Nade debería tener que preocuparse por la posibilidad de una agresión física en una relación. Por muy difícil que pueda resultar, es importante abordar primero este tema antes de sacar a colación cualquier otro.

Existe otro tipo de peligro diferente, las palabras que se empleen contra ti. Por ejemplo, después de un divorcio, la custodia de los hijos puede tener consecuencias duraderas. Ten cuidado con la presencia de una actitud de inocencia o esperanza por tu parte que, por muy dulce que pueda resultar, podría llevarte a confiar en otra persona más de lo conveniente. Después de reflexionar, quizá, decidas que sigues queriendo decir algo, pero sé consciente de dónde podrías meterte.

Considera también el peligro de trastornar a una persona frágil sin obtener ningún buen resultado. Por ejemplo, cuando mis padres estaban llegando al final de sus vidas, había cosas que yo no les había dicho, pero, si lo hubiera hecho entonces, no habría conseguido más que preocuparlos.

Conoce tu verdad

Intenta expresar muy claramente lo que ves, sientes y quieres en una relación concreta. Dedica un tiempo a pensarlo bien. Imagina que se lo dices a un amigo o, quizá, a un ser espiritual. Puedes escribir una carta que no mandes. Si te parece apropiado, habla de la relación con otra persona para sacar lo que ha sucedido y considerar lo que puedes hacer.

Habla de hablar

Las buenas conversaciones sobre asuntos importantes suelen ser zigzagueantes, se calientan, se enfrían y acaban realizando un aterrizaje suave. No pasa nada si se embarullan y no siguen un guion perfecto. Sin embargo, si te parece peligroso poner determinados temas sobre el tapete, o si la situación descarrila o no resulta productiva, puede venir bien hablar sobre la forma de hacerlo. Cualquier relación importante se enfrenta a un problema grave cuando la otra persona no está dispuesta a discutir vuestra forma de interactuar. Las relaciones buenas se basan en buenas interacciones y, cuando estas no mejoran, es difícil que lo haga la relación.

Cuando te prepares para hablar de hablar, piensa en lo que ayuda a que las interacciones con la otra persona vayan bien y qué hace que vayan mal. Luego, cuando habléis, intenta centrarte en las cosas que deberíais y no deberíais hacer *los dos* y *de aquí en adelante*. De esta forma, es menos probable que os desviéis echándoos las culpas el uno al otro y discutiendo del pasado. Podrías, por ejemplo, acordar que vais a intentar:

Daros ambos el mismo tiempo, más o menos, para hablar.
No sacar temas importantes justo antes de acostaros.
No gritar ni amenazar.
No discutir delante de los niños.

Comprueba que las palabras que estáis usando resultan claras para ambos: qué significa exactamente gritar o discutir. Podéis añadir una norma de pausas para que cualquiera de los dos pueda decir que necesita un descanso de un minuto o, incluso, del resto de la noche, siempre y cuando esté dispuesto a reanudar la conversación al día siguiente.

Ten cuidado de no romper tú mismo las normas básicas. Si el otro se desvía de ellas, intenta discutirlo y volver al buen camino.

En último término, desentiéndete si lo necesitas. Yo me he visto en situaciones en las que tuve que decir: «No quiero hablar contigo, pero, si tú sigues hablando conmigo de esta forma, me voy a tener que ir».

No puedes hacer que otras personas te traten de una forma determinada, pero *sí* decir lo que quieres. Después de eso, a ver qué hacen ellas. Luego, puedes decidir lo que eso significa y lo que quieres hacer con la relación. Puedes, por ejemplo, decidir no plantear determinados temas que no sirven más que para provocar una discusión o salirte totalmente de una relación.

Compartir experiencias y resolver problemas

Gran parte de la comunicación es sencillamente una forma de compartir experiencias: «Me gustó tu presentación en la reunión», «tengo hambre», «me saca de mis casillas cuando la gente da por supuesto que soy yo el que va a fregar los cacharros», «¿has visto qué puesta de sol más maravillosa?», «estoy preocupado por nuestro hijo». Hay otro tipo de comunicación que es para resolver problemas; en ella, se dicen cosas como: «Este es mi plan para el nuevo producto», «por favor, llama al pediatra», «me gustaría que me respaldaras en las reuniones del personal», «no, no has llegado a tiempo a casa para la cena en familia», «si dejas de interrumpirme, me resultará más fácil escucharte».

Ambas formas de hablar son importantes y, en muchas interacciones, se entremezclan entre sí. De todas formas, son bastante distintas, como puedes ver en esta tabla:

COMPARTIR EXPERIENCIAS	RESOLVER PROBLEMAS
Cómo me ha llegado esto	Qué deberíamos hacer sobre esto
«me siento»	«hay»

COMPARTIR EXPERIENCIAS	RESOLVER PROBLEMAS
«soy»	«eres»
Personal, subjetiva	Impersonal, objetiva
Se centra en el proceso, en la relación	Se centra en resultados, en soluciones
Juntos	Separados
Tú eres el experto	Otros pueden no estar de acuerdo con datos o planes
Tu verdad por sí misma	Persuasión, influencia, insistencia

Claro que tenemos que solucionar los problemas, y nos centraremos en ello en la siguiente sección. Sin embargo, las «charlas sobre problemas» pueden fácilmente convertirse en discusiones, en especial, si el tema es complicado o si existe una acumulación de comunicaciones no transmitidas. Por el contrario, las «charlas sobre experiencias» se apoyan en un terreno más seguro. Si dices: «*Es* malo que pase X», otra persona puede discutírtelo, pero si dices en cambio: «*Me siento* mal cuando pasa X», es más difícil que alguien pueda decir: «¡No, no es verdad!». Tu experiencia no es *en sí misma* una petición a otras personas; por eso, cuando solo compartimos hay menos probabilidad de provocar una respuesta contraria. Cuando hablas desde tu experiencia, te resulta más fácil pedir a los demás que hagan lo mismo.

Compartir tu experiencia suele merecer la pena ya de por sí. Además, si la resolución de problemas se convierte en una situación tensa o problemática, resulta útil pasar a hablar de experiencias… quizá, acerca de lo que estás experimentando en la interacción. Si la conversación va de un tipo de comunicación al otro, a veces, resulta útil expresar claramente cuándo se produce la transición. Por ejemplo, si crees que estás compartiendo tus sentimientos y la otra persona empieza a intentar «arreglarte», la situación resulta desagradable, aunque sea bienintencionada. Además, puede transmitir un mensaje implícito como: «Yo sé más que tú», «yo soy el profesor y tú, el alumno», «yo estoy sano y tú, no». Por el contrario, cuando crees que estás intentando solucionar un problema práctico y la otra persona no hace más que hablar de sentimientos, la conversación puede resultar muy frustrante. Es como si una persona estuviera bailando ballet y la otra, un tango. Intenta acordar (de forma tácita o explícita) el tipo de conversación que estáis manteniendo para que los dos podáis bailar la misma música.

Con frecuencia, es preferible empezar hablando de experiencias y pasar luego a los problemas. Cuando nuestros hijos eran pequeños, encontré un pequeño lema —«empieza uniendo»— que me hizo mejor padre y marido. Entrar en una interacción con empatía, compasión y amabilidad es una forma de unir. Compartir experiencias en lugar de ofrecer análisis o consejos también favorece la unión. Cuando nos sentimos conectados con otras personas, resulta más fácil resolver los problemas juntos.

Hablar de manera sabia

Las relaciones se basan en las interacciones y estas, a su vez, en las comunicaciones que van de un lado a otro como una volea en el tenis. Cuando es tu turno de «golpear la pelota», dispones de una serie de opciones, dependiendo de lo que acabe de decir la otra persona. Algunas de ellas son más sabias que otras.

Sabiduría es una palabra sofisticada, pero, en realidad, significa simplemente una combinación de habilidad y bondad. Cuando hablas, lo único que puedes hacer es intentar llegar al extremo superior de tu abanico de opciones. Entonces, la otra persona responderá algo, volverá a enviar la pelota de la conversación hacia ti y tú tendrás otra oportunidad de devolverla lo más sabiamente posible. Esta forma de analizar las interacciones es un aspecto de la virtud unilateral: hace hincapié en tu propia responsabilidad sobre lo que dices y aporta la paz mental que proviene de saber que has hecho las cosas lo mejor que has podido. También a ti te viene muy bien reducir los temas colaterales —como el tono de voz o una palabra mal elegida— porque evitas que los demás se centren en ellos y dejen de hablar de aquello que tú estás intentando tratar.

¿Qué significa concretamente hablar de manera sabia? Piensa en una relación o una interacción reciente que te haya resultado complicada —es posible que las conversaciones se transformaran en peleas o silencios helados y llenos de tensión— y mira a ver en qué podrían ayudarte las siguientes sugerencias.

Haz una lista mental de factores que hacen
que un discurso sea sabio

En mi caso, me ha resultado muy útil tener en mente esta definición de lo que es un discurso sabio, procedente de la tradición budista:

Bien intencionado: su objetivo es ayudar, no hacer daño; no se basa en la mala voluntad.

Cierto: no es necesario decirlo todo, pero aquello que *sí* se diga tiene que ser exacto y honesto.

Beneficioso: resulta agradable o útil para los demás, para uno mismo o para ambos.

Oportuno: llega en el momento apropiado.

No es duro: lo que se dice puede ser firme, apasionado o acalorado, pero el tono y las palabras no son mezquinos, denigrantes ni abusivos.

Existe una sexta norma que debe seguirse en el discurso siempre que sea posible:

Deseado: ten cuidado de no importunar a otros; aun así, habla como mejor consideres.

Si una interacción va bien, continúa con ella. Sin embargo, si se acalora o se enrancia, asegúrate de que tu propio discurso sigue siendo sabio. Comprueba, especialmente, que no es duro. Lo que muchas veces resulta más hiriente o provocador no es *lo que* decimos, sino cómo lo decimos. Cuando hables con sabiduría, percibe las sensaciones que produce en tu cuerpo esa forma de comunicación: en tu expresión facial, tu tono de voz, tus gestos y tu postura. Capta repetidamente esta percepción aplicándola y notándola para que el discurso sabio esté cada vez más integrado en ti y te resulte más automático.

Habla por ti

Un consejo muy clásico es enfatizar las «afirmaciones en yo» en lugar de las «afirmaciones en tú». Si te muestras abierto y auténtico, animas a la otra persona a hacer lo mismo. Mucho cuidado con decir a los demás lo que piensan, sienten o pretenden: «Lo has hecho a propósito», «quieres quitarme la autoridad en este equipo», «no te importa», «estás proyectando a tu madre en mí», «solo piensas en ti mismo». Es preferible centrarse en afirmaciones como: «cuando hiciste eso, me hiciste daño», «me he sentido desautorizado por ti», «siento que no me respetas».

Prueba la comunicación no violenta

La comunicación no violenta es una forma estructurada de hablar desarrollada por Marshal Rosenberg. Tiene una serie de complejidades que merece la pena estudiar, pero su esencia es muy sencilla: «cuando sucede X, yo me siento Y porque necesito Z».

La primera parte, X, se describe lo más objetivamente posible, como haría un observador neutral. Podrías, por ejemplo, decir: «*Cuando tu informe está incompleto…*», «*Cuando llegas a casa media hora más tarde de lo que habíamos acordado para cenar…*», «*cuando te hablo y no me miras…*», «*cuando casi nunca empiezas las relaciones sexuales…*», «*cuando no me respaldas si tu padre me dice cómo ser mejor padre…*». Y no dirías: «*cuando no cumples tu parte del trabajo…*», «*cuando no te preocupas de esta familia…*», «*cuando tu mente está constantemente divagando…*», «*cuando no te gusto…*», «*cuando me desautorizas para tener contento a tu padre…*».

La segunda parte, Y, trata de tu experiencia, sobre todo, de tus emociones, sensaciones y deseos, y no de tus opiniones, juicios o soluciones a los problemas. Si ampliamos los ejemplos de X, podrías decir: «*Me preocupa este proyecto…*», «*estoy enfadado e inseguro porque no sé si vas a cumplir tus promesas…*», «*me siento solo por dentro…*», «*echo de menos tu cariño…*», «*todo mi cuerpo se tensa y tengo miedo por nuestro matrimonio…*». Pero no dirías: «*Me parece que eres vago y poco de fiar*», «*sé que preferirías estar en el trabajo…*», «*no sabes escuchar…*», «*no me quieres…*», «*crees que soy un mal padre…*».

La tercera parte, Z, nombra uno o más deseos humanos universales y comprensibles que subyacen en lo que sientes. Por seguir con los ejemplos de X e Y, podrías decir: «*Necesito confiar en las personas del trabajo*», «*nuestros hijos necesitan saber que son una de tus prioridades*», «*necesito sentir que los demás saben que existo»*, *«necesito sentirme deseado como amante, no solo apreciado como padre de nuestros hijos»*, *«necesito sentir que mi pareja es leal a mí».* Y no dirías: *«Necesito que espabiles y te tomes en serio este trabajo»*, *«nuestros hijos no necesitan un padre ausente»*, *«necesito que estés de acuerdo conmigo»*, *«tenemos que mantener relaciones sexuales dos veces por semana»*, *«tienes que dejar de hablar con tu padre».*

Hay montones de conversaciones buenas que no siguen las formas exactas de la comunicación no violenta, pero, si estoy hablando con alguien y la situación se está acalorando o saliéndose de madre, empiezo a utilizar esta estructura. Cuando lo hago, la situación suele mejorar.

Mantén a los otros en tu corazón

En el calor del momento, es muy fácil que nos veamos atrapados en nuestro propio punto de vista y en nuestra montaña rusa emocional y perdamos de vista lo que sucede en el interior de las otras personas. Es posible que estén preocupados por sus hijos, frustrados con los compañeros de trabajo o estresados por el dinero. Sus actos pueden estar influidos por muchos factores —un dolor de cabeza lacerante, el retraso de un autobús, los residuos de la niñez— que no tienen nada que ver contigo. Tienes que abordar los efectos que producen los demás sobre ti, pero es posible que no tengas que tomarlos de forma tan personal.

Resulta útil tener en cuenta las prioridades y las cosas que hacen saltar a otras personas. Por ejemplo, si tienden a angustiarse, ¿para qué desatar alarmas innecesarias? Si reaccionan ante unas palabras concretas, puedes intentar expresar tus ideas de otra forma. Si un amigo fue abandonado o descuidado en su infancia, entiende por qué cosas aparentemente nimias como llegar tarde a una comida pueden afectarlo mucho. Algunos individuos dan mucha importancia a la autonomía y otros se preocupan más por la intimidad. Si haces hincapié en una y el otro enfatiza la otra, piensa en formas de anticiparte y tratar la prioridad de esta persona sin dejar, por ello, de ser fiel a ti mismo.

En cierto sentido, todos tenemos preguntas que salen de nuestra cabeza como los bocadillos de las viñetas: «¿Me respetas?», «¿me vas a mangonear?», «¿ves mi dolor?», «¿estás de mi lado o contra mí?», «¿me quieres?». Las relaciones van mejor cuando nos dirigimos con respuestas auténticas y reconfortantes a las preguntas que los otros tienen en mente. A menudo, basta con una simple palabra, una mirada o un toque.

Es posible que necesites sacar a alguien de tus negocios, de tu círculo de amigos o, incluso, de tu cama. Puede que hasta necesites echarlo totalmente de tu vida. Sin embargo, ¿necesitas expulsarlo también de tu corazón?

REAFÍRMATE

Hasta en las relaciones más solidarias y positivas seguimos teniendo necesidad de reafirmarnos, aunque solo sea de forma sutil y leve. Podemos, por ejemplo, poner un ejemplo convincente de un plan para el trabajo o pedir explícitamente más ayuda en casa cuando las insinuaciones no se han captado. Podría parecer que ser asertivo resulta maleducado o prepotente, pero, puesto que para los demás resulta natural expresarse e intentar conseguir lo que desean, también lo es para nosotros —a partir de ahora usaré la palabra «querer» con el sentido general de desear, pretender, aspirar o necesitar algo que resulta perfectamente apropiado y no en el más escueto y problemático de anhelar que se emplea en el capítulo 8—.

Las relaciones van sobre ruedas cuando todo el mundo quiere lo mismo. Sin embargo, eso no es demasiado habitual.

Mis padres, por ejemplo, querían ver distintos programas de televisión y estuvieron discutiendo por ello hasta que acordaron que mi madre elegiría los días impares y mi padre, los pares —por su formación científica, mi padre bromeaba diciendo que eso le daba a ella siete días extra al año—. Las relaciones también funcionan bien cuando todo el mundo hace la parte de trabajo que le corresponde. Pero esto tampoco es muy corriente. Si con pequeños comentarios y ajustes se consigue resolver este tipo de problemas, estupendo. En caso contrario, aquí tienes unas cuantas formas inteligentes de abordar asuntos interpersonales.

Establece los hechos

Con frecuencia, los hechos de una situación no son evidentes o cada persona los considera de un modo distinto. Ante cualquier problema, intenta alcanzar un acuerdo acerca de cuáles son los hechos relevantes. De ese modo, se suele concretar el tema y basarlo en una realidad objetiva. Por ejemplo, ¿cuántas veces llega alguien tarde al trabajo? ¿Qué palabra capciosa se dijo en una pelea? ¿Cuánto tiempo dedica un adolescente a los deberes? La gente puede no estar de acuerdo en lo que *significan* unos hechos, pero estos, en sí mismos, no son más que la verdad.

Tú solo o con la otra persona puedes dedicar un día o una semana a observar lo que realmente está sucediendo. Quizá descubras que aquello que te preocupaba o irritaba es, en realidad, algo raro o menor. O puede que encuentres una evidencia aún más palpable que te ayude a reafirmarte de un modo más eficaz.

Aclara los valores

Cuando los hechos están claros, hay que relacionarlos con *valores*, entre los que se incluyen las prioridades, los principios y las preferencias. Por ejemplo, unos padres pueden estar de acuerdo en que rara vez cenan todos juntos en familia, pero no en la importancia que eso tiene. A menudo, se cree que los valores relevantes son evidentes y compartidos por todo el mundo —«claro que deberíamos comer todos juntos» frente a «claro que no debemos obligar a nuestros hijos adolescentes a comer con nosotros»— cuando lo cierto es que no lo son.

Reflexiona sobre lo que tiene mayor importancia para ti en un asunto y *por qué*. Si puedes, descubre cuáles son los valores de la otra persona. Intenta llegar hasta las capas más profundas de su temperamento, su crianza, sus creencias religiosas y la historia personal, que son los que conforman nuestros valores. Comprueba en qué aspectos opináis de forma parecida y en cuáles no.

Luego tienes unas cuantas opciones. Puedes:

Explicar cómo te sientes o lo que quieres según los valores de la otra persona.

Defender tus propios valores.

Crear esferas de influencia en las que tus valores rigen lo que sucede en un aspecto —por ejemplo, cómo se formatean los informes en el trabajo o cuánto tiempo pueden ver la televisión los niños— y los de las otras se aplican en otros asuntos —por ejemplo, cómo habla la gente en las reuniones o cuánto deben trabajar los niños en el colegio—.

Relájate. Si a la persona A le importa mucho una cosa y a la persona B no tanto, se puede permitir que A se salga con la suya.

Renuncia a un valor para satisfacer otros. Por ejemplo, podría resultar lógico no preocuparse tanto por tener una casa ordenada y tener así más tiempo para disfrutar con los niños.

Adopta una postura. Si un valor es importante para ti, puedes decidir defenderlo y que sea lo que Dios quiera.

No pierdas de vista el premio

Intenta centrarte en el resultado que realmente te importa y no te dejes arrastrar por otros asuntos. En cierta ocasión, hice terapia familiar con un padre que ansiaba con toda su alma sentirse más conectado con su hijo adolescente, enfadado y retraído. El padre solía empezar las sesiones relajado y tolerante y yo podía percibir que su hijo se empezaba a acercar a él. Entonces, el padre soltaba algún consejo bien intencionado pero implícitamente crítico y el chico se volvía a cerrar. Con el tiempo, el padre aprendió a mantenerse en las buenas sensaciones de conexión que estaban creciendo entre su hijo y él. Eso era lo que más valoraba, muy por encima de aconsejar.

Piensa en las veces en las que, mientras decías algo importante, la otra persona introdujo un asunto colateral o te lanzó un comentario virulento. ¿Qué hiciste? Por muy tentador que resulte, por lo general, es preferible no contestar y regresar a lo que estabas diciendo. Cuando me encuentro en situaciones así, escucho mentalmente una frase de una vieja película de *La guerra de las galaxias*: «¡Mantén el rumbo! ¡Mantén el rumbo!».

Consolida tus ganancias

Imagina que has estado intentando hacer comprender a un amigo por qué te sentiste dolido por algo que sucedió entre vosotros y, al final, has podido dejarlo claro. Puede que sea preferible dejarlo así y no sacar a colación otro problema que haya en vuestra relación. Supón que estás hablando a altas horas de la noche con tu pareja sobre que, poco a poco, está empezando a darse cuenta de que a vuestro hijo le está costando aprender a leer. Puede ser una buena medida esperar a la mañana siguiente para empezar a decidir —y, posiblemente, a no estar de acuerdo— cómo habláis con el colegio.

Es poco probable que consigas resolver un problema importante en una sola conversación y la otra persona puede empezar a sentirse avasallada si sacas un tema tras otro. Por eso, a menudo, es preferible parar cuando vas por delante y proteger lo conseguido, como un entendimiento emocional mutuo más profundo o un acuerdo claro acerca de determinadas acciones en el futuro. Más adelante, cuando sea un buen momento, puedes dar el siguiente paso.

Céntrate en el futuro

Mi madre tenía un corazón enorme. Una de las formas en las que expresaba su amor era dando consejos. Cuando nuestros hijos eran pequeños, nos dio muchos a mi mujer y a mí sobre cómo educarlos y, al cabo de un tiempo, llegó a exasperarnos. Por eso, le pedí a mi madre que, en el futuro, no nos diera ninguno a menos que se lo pidiéramos. Ella respondió: «¡No lo hago!». En ese momento yo podía haber entrado en una de nuestras típicas discusiones sobre el pasado, pero, por una vez, tuve suficiente sentido común y me limité a murmurar: «Estupendo; entonces, supongo que no habrá ningún problema», y lo dejé ahí. Al día siguiente, pude ver cómo mi madre empezaba a decirnos cómo ser mejores padres y cómo enseguida se daba cuenta y no continuaba. Consiguió cambiar de verdad. El mensaje había calado sin que mediara ninguna discusión.

Hay ocasiones en las que es necesario discutir el pasado para explicar los efectos que ha producido en ti o para dar un ejemplo de lo que esperas que sea distinto en el futuro. Sin embargo, con frecuencia, no es más que otra discusión. Resulta fácil estar en desacuerdo con el pasado: las personas recuerdan distintas partes de él, tienen fallos de memoria u ocultan o niegan lo que ocurrió realmente para irse de rositas. Centrarse en el pasado —que no podemos cambiar— te aleja también de aquello sobre lo que sí puedes influir: lo que sucede *de ahora en adelante*, cuatro de las palabras más esperanzadoras que conozco.

Piensa en un asunto fundamental e intenta responderte a estas preguntas: ¿cómo habría sido si la otra persona te hubiera escuchado realmente?, ¿si hubiera respetado tus deseos?, ¿si hubiera actuado adecuadamente?, ¿si te hubiera hablado de otra forma?, ¿si te hubiera dado lo que estabas pidiendo?

A continuación, di qué te gustaría de ahora en adelante. Describe también cualquier cambio de pensamiento, palabra u obra que quieras hacer tú mismo. Intenta decir todo esto de una forma objetiva y concreta sin entrar en el pasado ni mostrarte crítico. Puedes emplear una forma modificada de comunicación no violenta: «En adelante, si ellos hacen X, yo puedo sentirme Y porque necesito Z». O, si consideras apropiado hablar de la otra persona, la esencia podría ser: «En adelante, si podemos hacer X, entonces, creo que tú y yo podríamos sentirnos Y porque ambos necesitamos Z». Si la otra persona adopta una actitud defensiva con respecto al pasado, intenta no verte arrastrado a ella y vuelve a centrarte en el futuro.

Pide, no exijas

Lo que comunicamos tiene tres elementos inherentes: el contenido, el tono emocional y una afirmación implícita acerca de la naturaleza de la relación. Tendemos a prestar más atención a la elaboración del contenido, pero, por lo general, el tono emocional y el mensaje acerca de la relación son los que producen más efecto. Si dices algo en forma de orden —como «contesta el teléfono», «dame eso», «tienes que...» o «tienes que dejar de hacer esto»—, eso implica que puedes dar órdenes en tu relación, lo que irrita a la mayor parte de la gente y dificulta la resolución del problema.

Por el contrario, pedir en lugar de exigir mantiene la atención en el tema que has sacado sin desencadenar otro colateral y minimiza las luchas de poder. Reconoce y acepta lo que suele ser verdad, que no puedes *obligar* a la otra persona a hacer algo. Esto resalta la agencia y la responsabilidad de los demás. Si discutieron contigo, no fue porque estuvieran sometidos a coacción, y no les queda más remedio que aceptarlo.

En ocasiones, resulta útil expresar tu petición con suavidad y modestia para que a la otra persona le sea más fácil aceptarla. En otros momentos, es mejor mostrarse serio y firme. Esto me recuerda el peso moral de personas como Nelson Mandela y la dignidad y solemnidad que aportaban a sus causas. Puedes imaginarte encarnando las características de personas a las que admiras y sentir cómo cambias hacia esa forma de ser. Luego, cuando hables de algún asunto con otra persona, deja que esta forma de ser te dirija con una confianza de respeto hacia ti mismo. En último término, por muy suaves o firmes que sean tus peticiones, tienes derecho a decidir lo que vas a hacer si no se cumplen.

Establece acuerdos claros

Habitualmente, llegamos a entendimientos implícitos con otras personas que funcionan estupendamente. Sin embargo, si no hacen más que surgir malentendidos o si los demás no parecen estar muy decididos a hacer lo que han dicho que harían, los acuerdos explícitos pueden resultar muy útiles.

En primer lugar, debes saber lo que estás acordando. Sé tan específico y concreto como sea necesario. Aclara los significados de palabras confusas como intentar, ayudar, pronto o agradable. Pregúntale a la otra persona cómo sería la situación si se mantiene el acuerdo. Si te parece útil, escribe lo acordado de alguna manera, como en un correo electrónico que resuma el nuevo plan o una lista de reglas domésticas pegada en la nevera.

En segundo lugar, investiga cómo podrías permitir o apoyar a la otra persona para que mantenga el acuerdo. Plantéate en qué podrías ceder para obtener lo que deseas. Si lo consideras apropiado, pregunta cosas como: «¿qué te ayudaría a hacer esto?», «¿necesitas algo de mí?» o «¿qué te permitiría mantener esto?». A veces, la respuesta estará muy relacionada con el tema del acuerdo. Por ejemplo, ayudar a un compañero de trabajo a resolver un problema informático podría permitirle darte el informe que necesitas.

En otras ocasiones, lo que puedes hacer tendrá una relación más indirecta con el acuerdo. La mayor parte de las relaciones implican un toma y daca general. No se trata de algo rígido, sino de la realidad cotidiana de «si tu no atiendes mis deseos, a mí me cuesta atender los tuyos». Sea lo que fuere lo que, en tu opinión, los demás «deberían» querer hacer, en términos prácticos, suele resultar más eficaz establecer una especie de trato en el que tú les das lo que quieren en un aspecto y ellos te dan lo que tú quieres en otro.

REPARAR RELACIONES

Cuando montamos en bicicleta, nos inclinamos hacia un lado o hacia el otro y debemos ir haciendo correcciones para mantenernos en la carretera. Lo mismo sucede con las relaciones, ya sean con un amigo, un compañero del trabajo, un familiar o la pareja. Incluso en el mejor de los casos, necesitan un proceso natural de corrección —vamos a llamarlo *reparación*— para aclarar pequeños malentendidos y aliviar puntos de fricción. Por decirlo más seriamente, tienes que resolver conflictos, restablecer la confianza o cambiar determinados aspectos.

Cuando hace falta hacer una reparación, es como si se agitara una bandera amarilla: hay que abordar algún tema y lo más probable es que todo se arregle. Sin embargo, si la otra persona se resiste a tus esfuerzos para arreglar aquello que está desgastado o roto —si no quiere reparar la falta de reparación—, la bandera que se agita en cualquier relación importante es la roja. Por ejemplo, en su investigación sobre parejas, John y Julie Gottman han identificado la reparación como el factor principal que define lo mutuamente satisfechas que están las dos personas y las probabilidades de que sigan juntas. Para gestionar las banderas amarillas, y las rojas en caso de que aparezcan, prueba los siguientes métodos.

Comprueba que has entendido bien

Cuando nos sentimos dolidos o irritados con otras personas, nos resulta fácil pasar por alto un detalle importante, oír mal una palabra, malinterpretar una mirada o sacar una conclusión equivocada. Yo mismo lo he hecho muchas veces. Nuestras reacciones hacia los demás están conformadas por nuestras *valoraciones* —lo que vemos y la interpretación que le damos— y nuestras *atribuciones*: los pensamientos, sentimientos e intenciones que creemos que operan dentro de su mente. Por ejemplo, si creo que mi amigo ha ignorado mi invitación a comer porque no quiere estar conmigo, puedo sentir que me ha faltado al respeto y enfadarme. Sin embargo, si me entero de que no le llegó mi mensaje y que lo cierto es que sí le gustaría verme, la confusión resulta engorrosa, pero no pasa de ahí.

Puede resultar aleccionador darnos cuenta de cuántas veces tenemos solo una visión parcial de lo que está sucediendo y lo frecuentemente que nos dejamos llevar por una reacción que más tarde lamentamos. Por eso, intenta ir más despacio y descubrir lo que realmente está pasando. ¿Qué ha sucedido? ¿Cuál es el contexto general? Esto puede aportar a la situación una luz más neutral o, incluso, positiva. ¿Había hecho de verdad un acuerdo concreto contigo? Es posible que no haya sido más que un malentendido honesto. Por ejemplo, puede que tu compañero de piso creyera que «fregar los cacharros» significaba solo llenar el lavaplatos, no limpiar la cocina y la encimera. Si los demás intentan explicarte algo, ¿significa necesariamente que te creen estúpido? Quizá, solo intentan ayudarte, aunque puede que de una forma innecesaria.

Cuando todo está claro, puedes decidir pasar por alto alguna cosa. Es posible que no sea algo demasiado importante o que intentar una reparación tenga más costes que los beneficios que aportará lo que se ha reparado. Sé realista a la hora de valorar la capacidad de otras personas para hablar de temas difíciles. También puedes decidir seguir adelante para solventar un problema pequeño o mediano antes de que se haga grande.

Sé consciente de que importas

Cuando tengas claro que hay algo que necesita reparación, ponte de tu parte en lo que se refiera a ello. Si alguien te ha decepcionado, no ha hecho lo que debía, ha actuado como si no existieras, te ha gritado, te ha prometido una cosa y luego ha hecho otra, te ha ignorado, ha sobrepasado los límites que habías establecido claramente, ha hablado mal de ti con otras personas,

te ha amenazado, te ha utilizado, te ha explotado, te ha discrimi-
nado, te ha engañado, te ha mentido o te ha atacado, es normal
que estés enfadado. Mereces que te traten con justicia y honra-
dez, exactamente igual que el resto de la gente.

La historia, el entorno y lo que tú hayas hecho no justifica
lo que otra persona haya o no haya hecho. Si han abusado de
tu confianza —tanto si se trata de algo pequeño como si es algo
importante como el compromiso fundamental de otra persona
de ser digno de confianza—, es importante que abordes el
tema. Por ejemplo, algunas personas se esfuerzan mucho por
mantener su palabra en el trabajo, pero no les preocupa romper una y otra vez sus acuerdos con la familia, los amigos o sus
parejas, aunque lo cierto es que estas son sus relaciones más
importantes. Toda relación necesita estar basada en la confianza, y esta depende de la fiabilidad. Tienes una necesidad legítima de averiguar hasta qué punto puedes fiarte de los demás.

Si pides a alguien cuentas de su conducta, no estás siendo
débil, dependiente, histérico ni quejica. ¡En concreto, no hay
nada malo en sentirse una víctima si alguien abusa de ti! Curio-
samente, esta palabra ha adquirido un matiz desdeñoso cuando
no es más que una descripción de lo sucedido. Si alguien intenta
cruzar por un paso de cebra y le atropella un conductor borra-
cho, es evidente que se trata de una víctima y eso no supone
ninguna vergüenza. Utilizando los métodos que hemos visto en
los capítulos anteriores, intenta reconocer y luego dejar ir cualquier tendencia a minimizar o justificar el maltrato al que te
sometan otras personas.

Di lo que piensas

Cuando hables con alguien, debes estar convencido de que
lo que sientes es importante y que los demás deben mantener su

palabra y tratarte con respeto. Utiliza los pasos de SANA para asimilar esta sensación de convicción.

Sin censurarte, intenta entablar una conversación de reparación con tranquilidad, utilizando un discurso sabio. De este modo, aumentarás las probabilidades de que la otra persona se muestre receptiva a lo que estás diciendo. Reconoce tu parte en el problema si lo consideras apropiado.

Deja que los demás conozcan el efecto que producen sobre ti. Es comprensible que no te hayas atrevido a decirles en qué te han hecho daño porque eso puede hacerte sentir emocionalmente vulnerable. Aun así, puedes mantener la cabeza muy alta y decir algo como: «Esto fue lo que sucedió, me dolió y creo que estuvo mal». Tu respeto hacia ti mismo dará peso a tus esfuerzos para reparar la relación.

Es posible que hagas que la otra persona se sienta incómoda, y debes juzgar por ti mismo si eso está bien o no. En ocasiones preferirás elegir la armonía en lugar de la verdad, pero recuerda que eres importante, que estás dispuesto a sentirte incómodo cuando otros intentan reparar algún problema contigo —por lo que tú puedes pedirles a ellos que hagan lo mismo— y que los asuntos no resueltos se van agrandando con el tiempo. Las personas que siempre prefieren mantener la armonía antes que decir la verdad suelen acabar sin ninguna de las dos cosas.

Adapta la relación a su auténtica base

Las relaciones se construyen sobre una base de confianza, respeto y compromiso. Si una es mayor que su base, es fácil que no resulte segura, como una pirámide boca abajo. En casa o en el trabajo, si eres justo con alguien que no lo es contigo o si te muestras abierto y vulnerable con alguien que usará eso luego contra ti, quizá necesites remodelar la relación.

Imagina que intentas reparar una situación y que los demás no mejoran, o que decides, por un motivo u otro, que no vas a hacer ese esfuerzo. ¿Qué pasa entonces? Piensa en una relación que te gustaría remodelar e imagina que empezó como un círculo de posibilidades —puedes también dibujarlo en un papel—. Considera ahora lo que te gustaría reducir, aquello de lo que te gustaría desentenderte o lo que querrías que tomara una nueva dirección. Es posible que te hayas dado cuenta de que a esta persona es mejor no volver a prestarle nada, que más vale ir a tomar un café con ella en lugar de unas copas o evitar discutir de política. Cuando sepas lo que te gustaría cambiar —pongamos que son varias cosas—, recorta esos aspectos de la relación para sacarlos del círculo y acaba con algo parecido a un goterón del tamaño que mejor te parezca para esa relación. Cuando afrontas lo que la relación tiene que ser, puedes notar una sensación de pérdida, de esperanzas desvanecidas, de frustración o de desencanto. Sé consciente de ella y muestra compasión hacia ti.

Es posible que haya cosas que no puedas cambiar, como tu papel en el cuidado de un padre anciano o los encuentros inevitables con un compañero de trabajo. Sin embargo, aunque no puedas cambiar algo exterior a ti, al menos, en el interior de tu mente siempre puedes replegarte y limitar los efectos que los demás producen sobre ti.

Por lo general, siempre puedes hacer algún cambio en una relación. Podrías decirle a la otra persona lo que estás haciendo y por qué o, sencillamente, empezar a actuar de forma distinta. Después de eso, pueden suceder tres cosas. Primera: tus cambios pueden dar pie a un esfuerzo serio de reparación por parte de la otra persona; si va bien, plantéate la posibilidad de volver a llevar la relación a la situación en la que solía estar. Segunda: la otra persona o las otras partes —la familia, por ejemplo— podrían intentar arrastrarte a la situación anterior. Recuerda que tienes derecho a cambiar la relación y también el porqué. Tercera: la persona puede aceptar tu nuevo enfoque o, sencillamente, no tener nada que decir. Por ejemplo, nadie puede obligarte a devolver llamadas de teléfono o a contestar correos electrónicos si no quieres hacerlo.

A menos que tengas una obligación ineludible con una persona —como un niño o un paciente—, tienes derecho a cambiar la relación si lo deseas. Puede resultar duro, pero también esconde amabilidad. Si en lo más profundo de tu ser no te sientes cómodo o contento con cómo están yendo las cosas, los demás suelen percibirlo aunque no lo expresen. Cuando actúas para hacer que una relación sea mejor para ti, en ocasiones, también mejora para los demás.

PUNTOS CLAVE

Los momentos en los que más coraje necesitamos son, con frecuencia, cuando estamos hablando con otras personas.

La comunicación abierta y auténtica es fundamental en cualquier relación importante. Sin embargo, también presenta riesgos. Para que sea segura para ti, reconoce los peligros reales que conlleva, habla de hablar y diferencia lo que significa resolver problemas de lo que es compartir experiencias.

Hablar sabiamente significa decir cosas bien intencionadas, verdaderas, beneficiosas, oportunas, no duras y, si es posible, deseadas.

Para reafirmarte de forma habilidosa con alguien, establece los hechos y conoce tus valores. Céntrate en los resultados que deseas obtener, consolida tus ganancias y haz hincapié en lo que va a suceder de ahora en adelante. Pide, no exijas, y establece acuerdos claros.

Las relaciones son, por naturaleza, inestables y necesitan reparaciones. Si uno de los miembros de una relación importante no está dispuesto a repararla, eso es una señal de aviso.

Cuando hagas reparaciones, verifica lo que crees que ha sucedido. A continuación, ponte de tu parte y no te avergüences por decirles a los demás que te han decepcionado, herido o maltratado. En caso necesario, reduce la relación a un tamaño y forma que te resulten seguros.

CAPÍTULO 11

ASPIRACIÓN

Dime, ¿qué tienes intención de hacer con tu vida única, libre y preciosa?

MARY OLIVER

VIVIR SIGNIFICA INCLINARSE hacia el futuro. Siempre estamos yendo hacia una cosa u otra: la próxima persona, la próxima tarea, la próxima vista o sonido, la próxima respiración.

Este capítulo se centra en cómo atender tu necesidad de satisfacción esforzándote por alcanzar resultados importantes para ti y consiguiéndolos. Puede ser, por ejemplo, profundizar una relación íntima, conseguir un trabajo mejor o cambiar de forma de ser en casa o en el trabajo. En concreto, vamos a explorar cómo puedes perseguir tus objetivos sin dejar de estar en paz con todo aquello que suceda.

HONRAR TUS SUEÑOS

El camino que una persona recorre en su vida —día tras día, año tras año— depende de muchos factores. Algunos son imposibles de controlar, como la genética o el lugar de nacimiento. Sin embargo, estudios sobre el desarrollo adulto demuestran que seguimos teniendo mucha capacidad de influencia sobre los resultados que obtenemos a través de nuestra forma de trabajar en los ciclos de estabilidad y cambio, de lo que aprovechamos de los maestros y mentores... y de cómo hacemos realidad nuestros sueños, incluidos los que teníamos de niños.

Lo que sabías cuando eras pequeño

Los niños, hasta los más pequeños, saben muchas cosas, aunque no puedan expresarlas con palabras. Por ejemplo, mis primeros recuerdos están teñidos de una consciencia atenta y anhelante de que había mucha infelicidad innecesaria en mi familia, con otros niños y con los adultos en general. Nada terrible, solo mucha tensión innecesaria, preocupaciones y riñas. Echando la vista atrás, observo un anhelo constante de comprender por qué pasaba todo eso y de hacer algo para solucionarlo. Con el tiempo, ese anhelo se convirtió en un propósito que guiaba mi vida. Ha habido momentos en los que lo empujé hacia el fondo de mi mente o me olvidé por completo de él; ahora, me doy cuenta de que, en esos momentos, era cuando más sensación tenía de estar perdido.

¿Y tú? Piensa en tus primeros recuerdos y en las capas más jóvenes de tu psique. ¿Qué veías a tu alrededor y qué deseabas? ¿Qué sabías de niño que no podías expresar con palabras en aquel momento? A medida que te ibas haciendo mayor, durante tu adolescencia y juventud, ¿qué ambiciones tenías, qué ideas locas, qué esperanzas secretas? Piensa en el tipo de personas con las que imaginabas que ibas a estar y el tipo de persona que imaginabas que ibas a ser.

A continuación, piensa en lo que ha sucedido con esos sueños. Todos tenemos algunos que hemos ignorado o pospuesto. Descansan en nuestro interior, como una moneda en el fondo de un pozo. A veces, tenemos buenas razones para dejarlos a un lado, pero, a menudo, descartamos uno importante porque lo consideramos infantil o tonto, o nos limitamos a seguir posponiéndolo para más adelante. Nos resulta muy fácil —tristemente fácil, por desgracia— convencernos a nosotros mismos para que dejemos de buscar cosas que podrían resultarnos sumamente gratificantes y que, además, podrían favorecer también a otras personas. Teniendo esto en mente, vamos a investigar los factores que pueden interponerse en nuestros sueños.

La influencia de otras personas

Las opiniones de los demás nos afectan. Reflexiona sobre cómo tus padres, tus amigos y tus profesores han influido sobre tus sueños. Piensa en quién te ha animado y ayudado y quién se ha mostrado despectivo o dubitativo o ha socavado tus aspiraciones. ¿En qué forma siguen presentes en tu vida los efectos de todo esto? Por ejemplo, ¿te resulta cómodo revelar tus sueños a otras personas?

Piensa en tus actitudes hacia tus sueños. Plantéate la siguiente pregunta: ¿cuáles son realmente mías y cuáles he cogido de otras personas? En lo más profundo de mi ser, ¿qué es lo que quiero? ¿Qué es lo que más me importa *a mí*?

La experiencia temida

Con frecuencia, la gente se aparta de sus sueños para evitar el riesgo de tener experiencias que teme. Por ejemplo, una persona puede no buscar una relación amorosa para prevenir la posibilidad de ser rechazada. Los límites de las experiencias que tememos forman una especie de valla invisible que limita la vida que nos permitimos a nosotros mismos tener.

Dedica un tiempo a pensar en cómo se ha limitado y conformado tu vida por las experiencias que has intentado evitar. Considera las cosas que te han sucedido, las que viste que les sucedían a otros o las que creíste que *podían* suceder. Piensa también en tu temperamento. A algunas personas, por ejemplo, les afectan, sobre todo, que sus vínculos puedan correr peligro y, por eso, para ellas es prioritario evitar aquellas experiencias relacionadas con la vergüenza, como sentir que han hecho algo malo o que son «malas personas». A otras les afectan más las amenazas contra la seguridad y se esfuerzan sobremanera para evitar experiencias relacionadas con la ansiedad, como los viajes de negocios en avión. Piensa en un punto de inflexión que hayas tenido en tu vida cuando evitaste seguir un sueño. En ese momento, ¿qué experiencias estabas intentando evitar? Hoy en día, ¿dices menos de lo que podrías decir y te achicas más de lo necesario para evitar el riesgo de afrontar determinadas experiencias? Considera cómo se ensancharía tu vida si estuvieras dispuesto a correr esos riesgos.

Las experiencias temidas extienden sobre nuestros sueños una sombra muy larga. Sin embargo, nuestros miedos suelen estar enraizados en la infancia y, hoy en día, lo que los provoca suele ser mucho menos probable, menos doloroso y menos abrumador de lo que tememos. Escoge algo que te parezca importante pero que hayas estado soslayando. A continuación, pregúntate: «¿qué es lo que he estado evitando?». No pasa nada por pensar en situaciones o interacciones y luego intentar profundizar para descubrir qué te asusta poder encontrar en *experiencias* incómodas y estresantes. Una vez identificadas las experiencias que no querías correr el riesgo de tener que afrontar, plantéate estas preguntas:

¿Qué posibilidades reales tengo de que las cosas salgan como temo si voy en busca de este sueño?

En el caso de que las cosas salieran mal, ¿cómo de dolorosa me resultaría la experiencia? ¿Cuánto tardaría en empezar a desvanecerse?

¿Cómo afrontaría la experiencia? ¿Qué recursos internos podría utilizar para gestionarla?

¿Qué beneficios obtendríamos los demás y yo si cumpliera este sueño? ¿Qué beneficios me aportaría el simple hecho de intentarlo? Dedica unos momentos a sentir estos beneficios. A continuación, pregúntate sinceramente: ¿merece la pena correr el riesgo de afrontar una experiencia temida para obtenerlos?

La esencia de tu sueño

En este punto, es posible que estés pensando algo parecido a esto: «bueno, de niño quería ser una estrella de cine; ¿me estás diciendo que tengo que serlo o no podré ser feliz jamás?». En absoluto. El sueño no es en sí mismo ser «una estrella de cine». Ser una estrella es un *medio* para alcanzar diversos fines como la fama, el disfrute de actuar y el éxito económico. No es un fin en sí mismo.

Muchas veces, las personas se ven atrapadas en determinados medios para llegar a los auténticos fines de sus sueños, y esto las distrae del fin en sí mismo y, con frecuencia, les impide alcanzarlo. Piensa en algún sueño importante que tengas y pregúntate: ¿cuáles son los elementos emocionales o interpersonales básicos que constituyen la esencia de este sueño? ¿Podría haber otras formas de satisfacer esta esencia, de alcanzar *el fin al que aspira el sueño* aparte de aquellas que has realizado hasta ahora?

¿Cómo sería? Sean cuales fueren los miedos y limitaciones que hayas tenido en el pasado, siente que te entregas a este sueño hoy. Imagina que, en cierto sentido, el sueño te está soñando a ti, viviendo a través de ti y como tú. Permanece en esta experiencia y deja que cale en ti y se estabilice en tu interior. Intenta sentir la esencia de este sueño en lo más profundo de tu ser. Intenta decirle que sí.

Ama, trabaja y juega

Para actuar de forma concreta sobre tus sueños, vamos a considerar tres aspectos claves de la vida:

Amor: amistad, relaciones íntimas, educar a los hijos, compasión, amabilidad.

Trabajo: empleo, profesión, crear un hogar, ayudar a los demás.

Juego: creatividad, imaginación, diversión, aficiones, disfrute, asombro, maravillarse.

Dedica un rato a evaluar cada uno de ellos sabiendo que pueden solaparse entre sí. ¿Cuáles están yendo bien? ¿Cuáles te gustaría que fueran diferentes?

Una forma eficaz de mejorar cada uno de ellos es aumentar el grado en el que se basan tus:

Gustos: actividades, situaciones y temas que te aportan placer.

Talentos: tus habilidades innatas y naturales de *todo* tipo, como escribir, arreglar máquinas, ser divertido, dirigir reuniones, mantener la calma bajo presión, cocinar o componer música.

Valores: las cosas que te parecen importantes, como los niños o el medioambiente.

Imagina que tus gustos, talentos y valores forman, cada uno, un círculo. La intersección de dos es muy buena y lo mejor es cuando se entrecruzan los tres. Por ejemplo, si tu trabajo se entrecruza con lo que te gusta hacer, con aquello que se te da bien y con lo que más te importa, lo más probable es que te satisfaga y que lo hagas bien. Podría haber otros factores importantes, como el mercado de trabajo, pero, cuando la base es la correcta, el resto suele acompañarle.

Piensa en cómo podrías aumentar de forma realista lo que te gusta, aquello en lo que destacas y lo que valoras en cada aspecto de tu vida. En el amor, por ejemplo, si una relación prolongada se ha vuelto menos agradable, podrías hablarlo con tu pareja e investigar lo que podéis hacer para solucionarlo. En el trabajo, podrías encontrar formas nuevas de utilizar tus habilidades en favor de los demás, como apuntarte a la junta directiva de una organización sin ánimo de lucro.

Respetar lo que te gusta, aquello para lo que estás dotado y las cosas con las que te sientes comprometido puede llevarte a seguir tu propio camino y apartarte de otros más convencionales. Por ejemplo, se tiene la idea generalizada de que los niños deberían saber «lo que quieren ser» de mayores. Esto puede que sea así en el caso de un médico, un artista o un astronauta, pero muchos adultos no encuentran una ocupación específica que les atraiga. De hecho, probablemente, sea algo bastante natural porque nuestros antepasados cazadores recolectores eran generalistas, no especialistas con trabajos concretos. Para cuando llegues al final de tu vida y eches la vista atrás, es posible que lo mejor es que hayas sido fiel a ti mismo y hayas aprovechado las oportunidades de respetar tus sueños.

Utiliza el tiempo del que dispongas

Se dice que los días son largos y los años, cortos. Una hora, sobre todo si estás aburrido, puede resultar interminable. Sin embargo, cuando los segundos van pasando, desaparecen para siempre. Y no sabemos lo que el futuro nos tiene reservado;

puede que encontremos a la vuelta de la esquina un accidente o una enfermedad. Como ha señalado Stephen Levine, a cada uno de nosotros nos llegará un día en el que solo nos quedará un año de vida, y no sabremos cuándo hemos cruzado esa línea.

La vida es frágil, fugaz y preciosa. Reconocerlo no es nada morboso, sino, más bien, una forma de celebrar los días que nos quedan y comprometernos a sacarles el máximo partido posible.

En cierta ocasión, hace ya muchos años, estaba quejándome y protestando con mi amigo Tom por lo mucho que me faltaba para terminar el máster y cumplir todos los requisitos para convertirme en psicólogo. Tenía treinta y tantos años y estaba cansado de ser estudiante. Me quejaba de que, quizá, llegase a los cuarenta, que, en aquel momento, me parecía ya la vejez, antes de acabar los estudios. Tom me preguntó:

—¿Tienes intención de llegar a los cuarenta años?

—Hombre, sí, eso espero —le respondí sobresaltado.

—Muy bien —continuó—, ¿y cómo quieres estar entonces?

He reflexionado muchas veces sobre aquellas preguntas de mi amigo. A veces hay algo que resulta sencillamente imposible. Por ejemplo, puede ser demasiado tarde para cambiar de profesión o tener un hijo. Sin embargo, lo más habitual es que la gente dé por supuesto con demasiada facilidad y rapidez que una oportunidad ha pasado irrevocablemente.

Piensa en algo que deseas desde hace mucho tiempo —como emprender un negocio, volver a montar a caballo, volver a tener una relación amorosa o ver el Partenón— y luego elige una edad de dentro de cinco o diez años. Pregúntate: «¿tengo intención de llegar a esta edad? ¿Cómo quiero estar entonces?».

Imagina que estás llegando al final de tu vida y que echas la vista atrás. ¿Qué te gustaría haber hecho con los días que te quedan?

Cuando te lo plantees, quizá descubras que tienes fuego suficiente en tus entrañas para un empujón importante más en tu carrera o un proyecto grande más. También es posible que lo que te llame la atención sea algo más pequeño: ir de voluntario al hospital, meditar con más regularidad, hacer las paces con un familiar, volver a la iglesia, ver el Gran Cañón, aprender a tocar el piano, acercarte más a tus nietos, participar en la política local... O quizá lo que realmente te importa no es algo concreto, sino más bien una forma de ser, como volverte más despreocupado, aceptarte más a ti mismo o ser más cariñoso y bromista.

Sea lo que fuere lo que te atrae, conviértelo en algo importante para ti. Puedes escribirlo, hacer un *collage* sobre ello o pensar en eso cada día. A continuación, planifica los pasos que debes dar para hacerlo realidad e imagina las cosas buenas que vais a conseguir los demás y tú si los das. Utiliza el proceso SANA para asimilar repetidamente esta asociación entre acciones y recompensas y eso te permitirá dar esos pasos. Siente el compromiso y deja que eso cale también en ti. Y, luego, actúa para hacer realidad tu sueño. Intenta valorar cada día como lo que realmente es: una oportunidad que se produce una sola vez en la vida.

ASPIRAR SIN APEGO

Hace muchos años, pasé una semana escalando en Colorado con mi amigo Bob y nuestro guía, Dave. El primer día me pegué una paliza y no conseguí hacer una escalada intermedia (de nivel 5,8) que Bob consiguió sin problemas. Más tarde, Dave nos preguntó cuáles eran nuestros objetivos para la semana. Yo respondí:

—Quiero escalar un 5,11.

Es un nivel muy difícil. Bob, que es un tipo muy decidido, ambicioso y competitivo —el mismo del que hablé en el capítulo sobre el coraje, que casi se congela cuando intentaba abrirnos camino por la nieve blanda—, exclamó:

—¡Estás loco! No vas a conseguirlo y luego te vas a sentir fatal.

Bob estaba de mi parte y quería protegerme de la decepción y la vergüenza que él sentiría si estuviera en mi lugar. Sin embargo, para mí era todo lo *contrario*. Como se trataba de un objetivo tan extravagante, no perdía nada por intentarlo: si no lo conseguía, no me iba a avergonzar por ello, y si lo alcanzaba, me iba a sentir estupendamente.

Escalamos todos los días con Dave y empecé a mejorar. A mitad de semana, mi objetivo ya no parecía *tan* descabellado y Bob empezó a ilusionarse con la posibilidad de conseguirlo. El último día escalé una grieta de nivel 5,11, llegué a la cima sin caerme ni una sola vez y me sentí absolutamente entusiasmado.

Esto ha sido para mí un ejemplo de lo que significa *aspirar sin apego*, soñar cosas grandes e intentarlas sin compromiso y sentirse en paz pase lo que pase. No obstante, es más fácil de decir que de hacer. ¿Cómo conseguimos ir a toda mecha… sin salirnos de la zona verde?

Mantén un esquema mental de crecimiento

El término «esquema mental de crecimiento» procede de las investigaciones de Carol Dweck sobre personas que se centran más en sus esfuerzos por aprender y crecer que en los resultados concretos que han conseguido. Por ejemplo, si una persona está jugando al tenis contra otra mucho mejor, podría dejar de centrarse en los puntos ganadores y hacerlo en mejorar el revés. Las personas con un esquema mental de crecimiento suelen ser más felices y más resilientes y, por lo general, tienen más éxito. Piensa en un objetivo grande y en cómo te sentirías si redefinieras el éxito para transformarlo en desarrollar habilidades nuevas, comprender mejor a los otros o adquirir conocimientos. De ese modo, pase lo que pase, lo habrás alcanzado.

Esta actitud hace que resulte más fácil apuntar alto. Con frecuencia, un pequeño esfuerzo más nos permite conseguir algo mucho más significativo. Los objetivos grandes centran la mente, nos inspiran y motivan el esfuerzo sostenido. Puede parecer contradictorio, pero, cuanto mayor sea el objetivo, más probabilidades, tenemos de alcanzarlo.

Sé consciente de que no pasa nada por fallar

Fallamos. No todo nos sale bien. Cuentan una historia de un maestro zen que había ayudado a muchas personas y conseguido grandes cosas. Al final de su vida, le preguntaron cómo se sentía con todo lo que había hecho. Él sonrió como disculpándose y respondió:

—Un fracaso tras otro.

Nadie obtiene grandes éxitos sin tener grandes fracasos. Si fallas, es que la cosa va bien.

¿Cómo te sentirías si hubieras apuntado alto y no hubieras logrado lo que te proponías? Quizá decepcionado, con la sensación de haber malgastado tus esfuerzos y con miedo de que los demás no te aprecien. Y en ese caso, ¿seguirías estando bien? ¿Tu vida continuaría, tus amigos seguirían apreciándote y volverías a tener más oportunidades? Por su tendencia a la negatividad, el cerebro se fija en el puñado de losetas del mosaico de la realidad que se ponen en rojo cuando fallas y no tiene en cuenta todas las demás, que siguen estando en verde, como el amor de otras personas, la comodidad de tu cama y la dignidad y el respeto hacia ti mismo que sientes al saber que has hecho un gran esfuerzo y has conservado la fe en ti mismo. Comprueba si eres capaz de aceptar en lo más profundo de tu ser todo aquello que suceda. Puede que no te guste, pero eso puede no impedirte estar bien.

A veces, nos preocupa la idea de que, si aceptamos el fracaso, nos conformaremos y nos rendiremos, cuando lo cierto es que, cuanto más dispuestos estemos a fracasar, más probabilidades tendremos de alcanzar el éxito. El miedo al fracaso es una carga, como un ladrillo en la mochila cuando ascendemos por el camino de la vida, y capta nuestra atención y nuestra energía. Si aceptas la posibilidad de ser derrotado, mejoras tus probabilidades de hacerte con la victoria.

No te lo tomes como algo personal

Intenta darte cuenta de que muchas de las causas del éxito y del fracaso no tienen ningún nombre escrito, Por ejemplo, mis esfuerzos me ayudaron a escalar un 5,11 en Colorado, pero hubo muchos otros factores —la habilidad de Dave como guía, la amistad alentadora de Bob y el buen tiempo que hizo aquel último día— que no tuvieron nada que ver conmigo. La realidad, quizá incómoda, es que gran parte de lo que da forma a nuestra vida escapa a nuestro control; son factores medioambientales, genéticos, históricos, culturales y económicos, entre otros. Los grandes acontecimientos vienen, muchas veces, dictados por la casualidad: un encuentro fortuito, el lugar del montón en el que aterrizó un currículo, un conductor imprudente que invadió otro carril…

Cuando una persona se ve atrapada por las comparaciones con los demás, por la búsqueda de aprobación o por las peleas por una migaja de reputación, el «yo, mí, yo mismo» se ha adueñado de la situación. Por eso, intenta no tomarte demasiado en serio tu sentido del yo. La preocupación por el «yo» provoca tensión y socava el apoyo de los otros. Además, hace que nos apeguemos de forma estresante y posesiva a unos resultados concretos, como el Gollum de *El señor de los anillos* aferrándose a «¡mi *tesoro!*».

Deja que la aspiración sea la que te lleve

Una forma de cumplir una aspiración es esforzarse por llegar a ella como si estuviese fuera de ti, en la distancia, como si estuvieras arañando y aferrándote a las piedras para subir una montaña. Durante un tiempo puede funcionar, pero acaba resultando agotador. La otra forma es entregarte a ella y dejarle que *tire* de ti, como si estuvieras navegando en balsa por un río. De este modo, estarás empleando tu voluntad para rendirte a tu aspiración, y eso resulta mucho más cómodo y sostenible.

Para sentir lo que ello supone, elige una aspiración. Imagina que está fuera de ti, que es algo independiente de tu persona, que está lejos, como un objetivo al que te esfuerzas mucho por llegar. Observa las sensaciones que te produce. A continuación, imagina esta aspiración como un propósito que ya está unido a ti, que te eleva, te llena de energía y te lleva. Y ahora observa qué sensaciones te produce *esto*. Para esta aspiración en concreto, utiliza los pasos de SANA para interiorizar esta segunda forma de relacionarte con ella. Elige otras y percibe la sensación que te produce la idea de verte elevado y transportado por ellas. Amplía y nota estas experiencias para que el segundo enfoque se convierta en algo habitual en ti.

HAZ TU OFRENDA

Muchas de las formas en las que amamos, trabajamos y jugamos son una especie de ofrenda a otras personas. Piensa en lo que das, ya sea grande o pequeño, en casa, en el trabajo, a tus amigos, a los extraños y al mundo en general. Todos ofrecemos muchísimas cosas todos los días, aunque no nos demos cuenta de ello en el momento.

Cuando contemplas las cosas que haces como ofrenda, parecen más simples, más ligeras y más sentidas. Incluso las tareas rutinarias y aparentemente triviales adquieren un significado y un valor nuevos. Hay menos presión. En lugar de preocuparte por la respuesta que podrían darte otras personas, te centras en lo que puedes hacer tú mismo, tal y como aprendí hace muchos años hablando con un amigo, aspirante a sacerdote zen. Estaba a punto de dar su primera charla en el centro de San Francisco en el que se estaba formando. Era un momento muy importante para él, casi sagrado. Yo había leído en el periódico que iban a entrar en la sala personas sin hogar de la calle porque querían estar en un lugar caliente y seguro, no porque les interesara el budismo. En broma, por provocarle, pregunté a mi amigo qué sentía al saber que a su audiencia no le preocupaba lo que iba a decir. Él me miró como si no entendiera lo que quería decirle.

Estábamos sentados el uno frente al otro e hizo el gesto de colocar algo a mis pies.

—Yo me limito a hacer la ofrenda —me dijo—. Intento crear una buena charla. Quizá, diga alguna broma para mantener el interés, pero el resto no está en mis manos. Lo que los demás hagan con ello es cosa suya.

No lo dijo fríamente ni con desprecio, como si no le importaran los demás. Estaba simplemente mostrándose tranquilo y realista. Al no intentar obligar a los otros a apreciar lo que les iba a decir, en realidad, tenía más probabilidades de llegar a ellos.

Me acuerdo de la lección que aprendí con el frutal de mi jardín. Podemos coger un retallo duro, plantarlo bien y regarlo durante años…, pero no podemos obligarlo a dar una manzana. Podemos cuidar las causas, pero no controlar los resultados. Lo único que está en nuestras manos es hacer la ofrenda.

Sé consciente de lo que estás ofreciendo

Resulta fácil perder de vista qué es exactamente lo que queremos ofrecer, especialmente, en situaciones o relaciones complejas. Puedes sentirte presionado por lo que los demás quieren que hagas o dar por sentado un papel que adquiriste en tus primeros años como adulto. Por eso, resulta útil que te aclares tú mismo qué es y qué *no* es tu tarea, trabajo, obligación o propósito con una persona o en un entorno concretos. Por ejemplo, cuando Jan y yo fuimos padres, tuvimos que decidir qué iba a hacer cada uno. Yo soy el tipo de persona que hace listas de cosas pendientes y eso me ayudó a desarrollar una descripción mental de mi tarea como padre y marido. De ese modo, sabía lo que tenía que hacer cada día y no me obsesionaba con la posibilidad de meter la pata.

Esto puede parecer bastante mecánico, pero, en la práctica, resulta natural, informal y flexible… ¡y tan esclarecedor, te libera tanto! Saber que has cumplido tu parte y que todo lo demás ya no es responsabilidad tuya aporta mucha paz.

Imaginemos una relación con un compañero del trabajo, un amigo o un familiar. ¿Qué depende de ti y qué de ellos? Por ejemplo, en relación con tus hijos adolescentes puedes decidir que tu tarea es insistir en que hagan los deberes, ayudarles en lo que necesiten e imponer consecuencias si se saltan clases. Sin embargo, solo ellos pueden aprender algo en el colegio. Piensa en tu pareja. Puedes darle amor, atención y afecto…, pero, por triste que sea, su amor por ti es la ofrenda que te tiene que dar ella.

Muchas veces, las personas intentan conseguir que algo suceda en la caja negra de la mente de otra persona: quieren hacer que otro piense, sienta o se preocupe de una forma determinada. Y esto es fuente de mucha frustración y conflictos. Puedes dar tus opiniones y recomendaciones, si resulta apropiado, y las razones en las que te basas. Esa es tu ofrenda. El resto es decisión del otro.

En concreto, no podemos *hacer* felices a los demás... ni siquiera a nuestros hijos. Sin embargo, es habitual experimentar una sensación abrumadora de responsabilidad por el estado de ánimo o la conducta de algunas personas, sobre todo, de los miembros de nuestra familia. Podemos dar pasos razonables, que van desde preguntar a alguien cómo se siente hasta llevar al niño a un terapeuta, pero, por mucho que nos encoja el corazón, lo que los otros hagan con esta ofrenda es cosa suya.

Pongamos que tienes que hacer un proyecto en el trabajo. Piensa en todo lo que puedes y debes hacer... y traza una línea alrededor de ello. Esa es tu ofrenda. Y lo mismo sucede con tu profesión en general. Muéstrate, prepárate, aprende, cumple el horario, sé constante, haz tu trabajo. De ese modo, sabrás que, cualquiera que sea tu trayectoria de éxito en esta vida, la falta de esfuerzo no la disminuyó. El resto depende de muchos factores. Puedes dar un fabuloso argumento de ventas, pero no hacer que un posible cliente diga que sí. Puedes abrir una tienda, pero no hacer que la gente entre en ella. Intenta no dejar que las preocupaciones por aquello que no está en tus manos te impidan cuidar de lo que sí tienes a tu alcance cada día.

Encuentra terreno fértil

A veces, hacemos una ofrenda que resulta ser como sembrar en terreno pedregoso. Considera tus actividades y relaciones y comprueba si aparece alguno de estos indicadores de que el terreno es muy poco fértil:

- Dar mucho más de lo que se recibe en una amistad.
- Necesitar hacer un esfuerzo extremo para mantener a flote un negocio.
- Ayudar a personas que no quieren ser ayudadas.

- Intentar hacer que algo mejore y comprobar que no se consigue más que empeorarlo.
- Escoger un mismo tipo de persona y esperar un resultado diferente.
- Luchar duro para obtener solo migajas.
- Comunicar hacia lo que parece un vacío.
- Abordar los síntomas sin cambiar la enfermedad ni la disfunción.

Entregarse a algo que no da mucho fruto puede resultar triste y decepcionante. Puedes querer seguir esforzándote con la esperanza de conseguir un cambio. Es posible que funcione, pero el mejor indicador del futuro suele ser el pasado. Comprueba si, en lo más profundo de ti, sabes que lo más probable es que las cosas no mejoren. El desencanto saludable existe, es como el despertar de una especie de hechizo. Cada uno de nosotros cuenta con muchos dones, pero un tiempo limitado. El esfuerzo que gastas en intentar cultivar rosas en el cemento produciría unos resultados mucho mejores, para ti y para los demás, si lo emplearas en cultivarlas en otro sitio.

Piensa en distintas relaciones, entornos o actividades que puedan proporcionarte más terreno fértil. No hacen falta garantías, solo más oportunidades. Muchas veces tenemos una intuición que nos dice: «prueba esto». Ten en cuenta tu temperamento, tus dones naturales y tu naturaleza profunda: ¿cómo podrías utilizar lo que tienes? ¿Qué entornos y actividades sacan lo mejor de ti? ¿Qué tipo de persona es la que siempre te aprecia? ¿Dónde te sientes más como en casa?

Piensa en algún momento de tu vida en el que realmente florecieras. Puede que fuera una semana de cada verano en la granja de tu tía, un partido en el instituto, una charla que diste en una conferencia de trabajo o una carta apasionada escrita al editor. Quizá fue cuando llevaste de acampada a un grupo de niños, cuando hiciste un análisis financiero, cuando trabajaste en un establo, cuando llevaste comida a un refugio de personas sin hogar o cuando creaste una página web. Una vez identificado, analiza atentamente sus características. ¿Qué fue lo mejor de esa situación?

Considera cómo podrías desarrollar algunas de estas características en tus relaciones, entornos y actividades actuales, cómo podrías ayudarlas a convertirse en un terreno más fértil para ti. Reflexiona también sobre cómo podrías entrar en una nueva relación, un entorno o una actividad que te cuadrara: enriquecedor y apreciativo, con espacio para respirar y para crecer. Si te parece bueno desear un terreno fértil para tu hijo o para tu amigo, también lo es buscarlo para ti mismo, en tu vida, única, salvaje y preciosa.

PUNTOS CLAVE

Cuando somos jóvenes, tenemos esperanzas y sueños para la vida que nos gustaría tener. ¿Qué ha sucedido con tus sueños en este tiempo?

Las personas se apartan de sus sueños por diversas razones. En particular, intentan evitar «experiencias temidas». Considera cómo se ensancharía tu vida si te arriesgaras a afrontarlas.

En el amor, en el trabajo y en el juego, encuentra el punto perfecto situado en la intersección de tres círculos: lo que disfrutas, aquello para lo que estás dotado y lo que te importa.

Los días pueden ser largos, pero los años son cortos. Aprovecha el tiempo del que dispones.

Para apuntar a algo y, al mismo tiempo, aceptar sin problemas los resultados, establece un esquema mental de crecimiento, sé consciente de que no pasa nada por fracasar y no te tomes las cosas como algo personal.

Ofrece lo que puedas y sé consciente de que, a partir de ahí, las cosas ya no están en tus manos.

CAPÍTULO 12

GENEROSIDAD

Al que da, sus virtudes se le incrementan.

DIGHA NIKAYA, 2.197

AL IGUAL QUE A LA MAYORÍA de los niños pequeños, a Forrest le gustaban los dulces. En cierta ocasión, cuando estaba en preescolar, salimos a cenar a un restaurante. En la mesa de al lado, estaban sentados un hombre y una mujer mayores que nos miraban divertidos. Cuando llegó la cuenta con un caramelo de rayas rojas, se lo di a Forrest y él empezó a desenvolverlo con ansia. En plan de broma, el hombre que estaba sentado junto a nosotros alargó la mano y le preguntó:

—¿Me das tu caramelo?

Todos esperábamos que Forrest se aferrara a él para que no se lo quitaran, pero él miró al hombre durante unos segundos y le alargó el caramelo. Este se quedó muy sorprendido y, con una amplísima sonrisa, le dijo:

—Muchas gracias, pero mejor quédatelo.

Otras personas que cenaban cerca habían estado observando la situación y se oyó un «¡ooohhh!» a nuestro alrededor. Fue solo un momento, un niñito sentado en un restaurante abarrotado, pero todos pudimos relacionarnos con la generosidad que desprendía.

A primera vista, la generosidad puede no parecer un recurso mental, pero te fortalece con una sensación de plenitud que ya albergas en tu interior y te conecta con otras personas. Ser generoso con los demás acaba siendo también un regalo para ti porque te aporta más cosas aún para ofrecer en un ciclo positivo.

Ya hemos visto muchas formas de llenar nuestra propia copa, que te aporta más de lo que puedes poner en las copas —y en las manos y los corazones— de los demás. En este capítulo, vamos a empezar reconociendo y aumentando la generosidad en la vida cotidiana. A continuación, veremos cómo aportar ecuanimidad a la compasión para así poder seguir dando sin agotarnos. Nos sumergiremos luego en una de las formas más importantes y, al mismo tiempo, más difíciles de dar: perdonar a los demás y a uno mismo, y concluiremos con la expresión más amplia de generosidad: expandir el círculo de «nosotros» para que incluya cada vez más «ellos».

DAR TODOS LOS DÍAS

La esencia de la generosidad es el *altruismo*: dar sin esperar nada a cambio. Como ya dije en el capítulo de la confianza, en la naturaleza, es muy excepcional porque los aprovechados pueden explotar la generosidad de los demás. La gran excepción a esta regla es nuestra propia especie: el *Homo sapiens*. Las capacidades sociales en evolución de nuestros antepasados les aportaron unas formas cada vez más poderosas de reconocer y castigar a los aprovechados. Además, la generosidad de un individuo —compartiendo la comida, defendiendo contra las agresiones de los forasteros— podía aumentar las probabilidades de supervivencia de aquellos con los que compartía genes. Las tendencias altruistas eran protegidas y valoradas y acabaron entretejidas en nuestro ADN. En muchos sentidos, somos el *Homo beneficus*, el ser humano generoso.

Por todo ello, estamos rodeados de generosidad. Entre los ejemplos evidentes podríamos citar: dejar una propina en la cafetería o enviar un cheque a una obra benéfica, pero también debes tener en cuenta todas las formas no financieras de dar. Piensa en un día normal y en las muchas veces que ofreces tu atención, tu paciencia, tu ayuda o tu estímulo. A lo mejor te solidarizas con un compañero de trabajo que ha tenido un día duro, recoges algo de basura de la acera o ayudas a organizar una función escolar. Con los niños, con los parientes, con tus amigos o con tu pareja, es probable que hagas cosas que no son lo que, en ese momento, preferirías hacer y te esfuerzas por tener en cuenta a los demás.

Evidentemente, eso no significa dar porque te sientas presionado, utilizado o manipulado. Cuando tu generosidad es forzada, resulta perjudicial para ti. Es más, constituye una oportunidad perdida para aquellos que podrían haber utilizado mejor lo que les ofrecías. Cuando sabes que te puedes proteger de dar en exceso, te sientes seguro para ser aún más generoso. Por tanto, permítete hacer cambios si una relación está desequilibrada y da lo que *tú* quieras dar.

Aquello que *das,* sea lo que fuere, no queda disminuido por lo que no das ni por lo que recibes de los demás. En el transcurso de tu jornada, observa algunas de las muchas cosas que das. Ve más despacio para sentir lo que significa ser generoso y deja que esa sensación cale en ti. Intenta reconocerte como una persona dadivosa y generosa y observa las sensaciones que esto produce en tu interior; quizá percibas que se te ensancha el corazón, una sensación de valía y amor. Puedes disfrutar de la felicidad de dar que ayuda a sostenerlo.

Carecer de la posibilidad de dar lo que tenemos para ofrecer nos provoca dolor interior. Hay amor, pero nadie a quien darlo; hay talento, pero nada en lo que aplicarlo. La tristeza callada que observamos en muchas personas procede de la sensación de que las cosas que podrían ofrecer no tienen salida. Es importante encontrar canales por los que puedan fluir tus regalos, sobre todo, los aparentemente pequeños de la vida cotidiana. Resulta sorprendente lo sencillo que puede ser aportar algo a la vida de otras personas, aunque solo sea ofreciendo un pequeño elogio o prestando toda tu atención durante más tiempo de lo normal. Puedes elegir a una persona y buscar formas de mostrarte especialmente apreciativo o colaborador; observa las sensaciones que te produce y lo que le sucede a la otra persona.

Piensa en un amigo, un familiar o un compañero de trabajo. ¿Te gustaría darle algo —como cariño, ayuda práctica o una disculpa— y, sin embargo, te retraes? Es posible que exista alguna buena razón para ello. Sin embargo, muchas veces estamos tan absortos con lo que queremos dar —dando vueltas a las posibles reacciones de las personas, ajustando cada pequeño detalle o esperando a que sea el momento exacto para hacerlo— que nos entorpecemos a nosotros mismos. Mira a ver lo que sucede cuando retiras tu atención de ti mismo y se la prestas a otras personas. ¿Qué necesitan, qué desean, qué les duele, cómo podrías ayudarlas?

COMPASIÓN CON ECUANIMIDAD

La palabra compasión procede de las raíces latinas *cum* y *pati*, que significan «sufrir *con*». Añadimos el sufrimiento de otros al nuestro, y esto es un regalo que está en el corazón de lo que significa ser humano. ¿Cómo podemos conmovernos por las aflicciones de los demás sin que nos inunden, nos agoten o nos quemen?

Para mantener la compasión necesitamos *ecuanimidad*, una especie de amortiguador interno entre el núcleo de tu ser y todo aquello que pase por tu consciencia. Algunas experiencias son primeros dardos, como sentir el sufrimiento de otras personas. La ecuanimidad consigue que no se conviertan en segundos dardos que te empujen a la zona roja reactiva. Te permite ver el conjunto, incluidos los aspectos dulces que se entremezclan con los amargos, y las muchas causas, la mayoría de ellas impersonales, que conducen al sufrimiento. Por ejemplo, una profesora que tuve describió cómo, en cierta ocasión, iba navegando en un barquito por el Ganges al anochecer y vio unas hermosas torres iluminadas de luz rosada a la izquierda y piras funerarias humeantes a la derecha. Nos habló de la necesidad de desarrollar un corazón suficientemente grande para incluir ambos aspectos de la vida y suficientemente sabio para mantenerlos equilibrados. La ecuanimidad te permite sentir el dolor de otras personas sin verte arrastrado por él, y eso te ayuda a abrirte aún más a él.

En estas páginas, hemos explorado muchas formas de desarrollar la ecuanimidad en general. Cuando la unimos a la compasión nos resulta más fácil permanecer enraizados en nuestro cuerpo, conscientes de las sensaciones de respirar mientras sentimos el dolor de otras personas. Reflexiona sobre el hecho de que el sufrimiento es una parte de una vasta red de causas y efectos, no para justificarlo ni disminuirlo, sino para ver el conjunto con aceptación y conocimiento. Observa lo que supone sentirse conmovido por otra persona y, al mismo tiempo, mantener una estabilidad interior de consciencia tranquila. Deja que esta forma de ser se establezca en tu interior para que puedas recurrir a ella en el futuro.

Cuando afrontas la enormidad del sufrimiento que existe en este mundo, puedes sentirte inundado de desesperación ante la imposibilidad de hacer lo suficiente para remediarlo. En ese caso, puede resultarte útil emprender algún tipo de acción, porque esta alivia la desesperación. Hay una historia acerca de dos personas que caminaban por una enorme playa en la que miles de estrellas de mar habían quedado varadas y se estaban secando al sol. Una de ellas se agachaba cada pocos pasos para devolver una estrella al agua. Al cabo de un rato, la otra dijo:

—Hay tantas que lo que estás haciendo no supone una gran diferencia.

La primera respondió:

—Supone una diferencia enorme para las que cojo.

Piensa en las personas que forman parte de tu vida, incluidas aquellas que no conoces bien. ¿Puedes marcar una diferencia para alguna de ellas?

Las cosas aparentemente pequeñas pueden resultar muy conmovedoras. Piensa en la humanidad en general y también en los animales y mira a ver si hay algo que te llame la atención. No debe ser algo que te abrume, sino que te permita luchar contra la impotencia y la desesperación y te haga saber que has devuelto otra estrella de mar al agua.

Dedica también un rato a reflexionar sobre lo que ya has hecho para ayudar a otras personas y sobre lo que haces en la actualidad. Imagina cómo esto ha generado en el mundo ondas visibles e invisibles. La verdad de lo que has dado descansa junto a la verdad de que todavía existe mucho sufrimiento y saber lo primero ayudará a tu corazón a permanecer abierto a lo segundo.

PERDONAR A LOS DEMÁS... Y A TI MISMO

Pongamos que alguien te ha maltratado de verdad o que ha cometido un error grave, para ti o para otras personas. Después de gestionar las consecuencias y reafirmarte como mejor te parezca, ¿qué? Si te parece bien, podrías recurrir a la generosidad del perdón.

Perdón total

Existen dos tipos de perdón. Con el primero, *perdonas totalmente* a alguien. Permites todo aquello que sucedió y lo borras por completo. No buscas ninguna compensación, castigo ni pago. Puedes seguir creyendo que lo sucedido fue injusto, moralmente equivocado o un crimen, pero, al mismo tiempo, sigues también mostrando buenos deseos e, incluso, amor hacia el otro. Es posible que la rueda de la justicia siga teniendo que girar a su modo impersonal, pero tú no albergas ningún rencor ni agravio en tu corazón. Consigues entender las fuerzas que llevaron a los demás a actuar como lo hicieron; sientes compasión por ellos, acompañada, quizá, por la sensación de que sus actos fueron movidos por su sufrimiento. Valoras sus buenas cualidades como seres humanos y estás dispuesto a empezar de nuevo la relación.

Aunque cualquier tipo de perdón se otorga de forma unilateral, como una decisión personal, se ve afectado por lo que hacen los demás. Resulta más fácil perdonar totalmente a aquellas personas que admiten lo que hicieron, que muestran arrepentimiento, que reparan el daño causado y que toman medidas para impedir que vuelva a suceder algo parecido en el futuro.

No obstante, aunque los otros hayan hecho todo esto —y, sobre todo, si no lo han hecho—, puede no parecerte bien concederles un perdón total. Quizá, consideres que no hay contrición suficiente como para borrar completamente lo sucedido. También puedes sentir que el perdón total *podría* ser posible algún día, pero que todavía no estás preparado para concederlo. Es posible que estés todavía en estado de choque, que la herida sea demasiado reciente o que el agravio sea demasiado intenso. Es probable que desees tomarte un tiempo para asegurarte de que no estás siendo manipulado por una persona que te hace daño, suplica tu perdón y vuelve a dañarte. O para cerciorarte de que no te estás inclinando a perdonar totalmente porque otros te digan que lo sucedido no fue tan terrible y te empujen a superarlo.

A veces, por la razón que sea, el perdón total es impensable. Sin embargo, no debes sentirte preocupado por lo sucedido ni darle vueltas con dolor e ira.

Perdón no involucrado

En estos casos, el *perdón no involucrado* resulta muy útil. No existe presunción de una disculpa moral, compasión ni regreso a una relación plena. Es un nivel mucho más bajo. La persona a la que otorgas este tipo de perdón puede, de hecho, seguir negando que haya sucedido nada malo o, incluso, culparte a ti de ello. Entonces, tú te desinvolucras, consigues cerrar el asunto y liberarte de él de un modo u otro y avanzas emocionalmente. Estás intentando abordar la situación desde el modo de respuesta —la zona verde— con independencia de lo que haga el otro.

Con este tipo de perdón, puedes seguir buscando una compensación o un castigo por una cuestión de justicia, pero lo haces sin malevolencia ni venganza. Es posible que tengas que afrontar las consecuencias de lo que hizo la otra persona como una especie de primer dardo, pero no añades los segundos de recriminación, resentimiento o aceleración de tus familiares y amigos. Si limitas, encoges o acabas tu relación con determinadas personas, lo haces para protegerte, no para herir a los que te han herido a ti. Cuando recuerdas lo sucedido, es posible que te siga doliendo, pero tu atención no regresa una y otra vez a ello como la lengua a una calentura; dejas de llevarlo a cuestas todo el tiempo.

Habitualmente, la gente empieza otorgando un perdón no involucrado y, en su momento, pasa a perdonar totalmente. Sin embargo, no se presupone que sea eso lo que vaya a ocurrir. De todas formas, el perdón es como una casa con dos pisos: saber que no estás obligado a subir al segundo —el perdón total— hace que te resulte más fácil entrar en ella.

Las bases del perdón

Ambos tipos de perdón se sustentan en tres condiciones. En primer lugar, el momento tiene que ser el adecuado. El perdón es un proceso similar a las etapas del duelo que estableció Elisabeth Kübler-Ross:

Negación: «No puedo creer que haya pasado esto».
Ira: «¡Cómo te atreves a tratarme así!».
Negociación: «Mira, admite que te equivocaste y así quedará todo arreglado».
Depresión: «Me siento triste, herido y frustrado».
Aceptación: «Lo que sucedió fue malo, pero así son las cosas y quiero seguir adelante con mi vida».

La última etapa es la transición al perdón activo. Cuando entres en ella, utiliza los pasos de SANA para que esta aceptación quede establecida dentro de ti.

En segundo lugar, es necesario decir la verdad. No puedes perdonar totalmente algo si no eres capaz de nombrarlo: los hechos que ocurrieron, qué efectos produjeron en ti y en otras personas y qué sensaciones profundas te provocaron. Conoce tus valores relevantes y pregúntate: «¿Qué considero que estuvo mal en este caso y por qué?». Establece mentalmente lo que crees sin minimizarlo ni exagerarlo. Asume todo esto que ha caído sobre ti con compasión. Dicho de otra forma, cuéntate la verdad a ti mismo.

Además, si quieres, puedes también contárselo en parte o todo a otras personas. Cuando te han hecho daño, la sensación de tener a otras personas de tu parte —de tener aliados que atestiguan la verdad incluso en el caso de que no puedan hacer nada más— es algo que nos calma, nos enriquece y nos cura. Cuando sientas su comprensión y su cariño, ábrete a ellos y recíbelos como si fuesen un bálsamo.

A continuación, si lo consideras suficientemente seguro, puedes intentar hablar con la persona a la que deseas perdonar. Para ello, te resultarán útiles los métodos que se describen en los capítulos 9 y 10. Cuando hayas dicho lo que sucedió y cómo te afectó, es posible que la otra persona tome aliento y se disculpe sinceramente. Sin embargo, si encuentras mucha resistencia —como, por ejemplo, excusas o acusaciones—, pregúntate: «¿Qué quiero decir ahora *por mi propio beneficio?*». No se trata de convencer ni cambiar al otro, porque eso está fuera de tu alcance, sino de dejar constancia de lo sucedido, de que te sientas libre y sin miedo y de que defiendas tu postura…, y todo esto puede ayudarte a avanzar hacia el perdón.

En tercer lugar, reconoce el coste de *no* perdonar a la otra persona. Me duele admitir el precio que he pagado por el resentimiento y la amargura en mi propia vida y cómo estas actitudes también han hecho daño a otras personas. Sentir que han abusado de ti y te han agraviado puede convertirse en un tema demasiado familiar en las relaciones de una persona.

Desinvolucrarte

Partiendo de estas bases, puedes, cuando te sientas preparado para ello, pasar al perdón no involucrado. Aquí tienes unas buenas formas de hacerlo.

Elige perdonar

Decide claramente que vas a perdonar. Intenta mantener tu atención centrada en los beneficios que eso aportará tanto a ti como a otras personas. Sé consciente de las gratificaciones ocultas —lo que los terapeutas denominan *ganancias secundarias*—, que pueden mantener a una persona enredada en los agravios, como el placer del enfado justificado.

Ten en cuenta su punto de vista

Sin minimizar lo que hicieron los demás, intenta ver lo sucedido desde su punto de vista. ¿Qué fue lo que impulsó sus actos? Es posible que sus valores y normas sean distintos de los tuyos. Quizá, lo que tú consideraste una transgresión muy importante, para ellos no constituyó ninguna ofensa. Puedes seguir creyendo en tus valores personales y, al mismo tiempo, reconocer que los demás pueden estar actuando de buena fe.

Además, es posible que estuvieran hambrientos, cansados, enfermos, trastornados o estresados. Quizá acababan de recibir una noticia terrible. Puede que no fueran conscientes de lo que hacían. Tener en cuenta estas posibilidades no excusa un mal comportamiento, pero sí intenta comprender mejor lo sucedido para que no nos altere tanto.

Asume la responsabilidad de tu experiencia

Los demás son responsables de lo que hacen, pero nosotros somos la fuente de nuestras reacciones ante ello. Si diez personas de distintos lugares del mundo recibieran el mismo maltrato o la misma injusticia, su forma de experimentarla sería distinta. Esto no significa que las reacciones de una persona sean inapropiadas, sino que están conformadas por su propia mente. Reconocer esto no invalida tu experiencia, pero te ayuda a no aferrarte a ella y, quizá, a desenredarte de ella.

Sé consciente de lo que vas a hacer

Dependiendo de lo que haya sucedido, puedes tomar la decisión de escribir una carta, no acudir a una reunión familiar, llamar a un abogado o a otro fontanero, dejar de confiar en otra persona o sencillamente esperar y ver lo que sucede. Los demás harán lo que quieran hacer y tú, mientras tanto, céntrate en tus propios actos. Saber el plan que tienes —y que *tienes* un plan y no estás impotente— te tranquiliza y te centra y, con ello, se abre en tu mente más espacio para el perdón.

Suelta toda la animadversión

Cuando aplicas el perdón no involucrado, puede que no te gusten las personas que te hicieron mal y es posible que vayas a adoptar medidas, pero no albergas ninguna hostilidad ni deseo de venganza contra ellas.

Para conseguirlo, sé consciente de las sensaciones que te provoca el resentimiento y libéralas con exhalaciones largas que te permitan relajarte. Visualiza la animadversión como si fuese una piedra muy pesada que posas en el suelo. Quizá te apetezca coger una piedra de verdad, imaginar que contiene todos tus deseos de venganza y luego posarla o tirarla muy lejos. Puedes escribir una carta que no vas a enviar —quizá, llena de amargura, desdén y rabia castigadora— y luego cortarla en pedacitos, quemarla y lanzar las cenizas al viento. Utiliza el paso de «Aplicar» de SANA para aportar a la animadversión experiencias «antídoto» para liberarla y, poco a poco, irla sustituyendo por otra cosa. Puedes, por ejemplo, ser consciente del resentimiento que albergas en un recodo de la mente mientras la sensación de otras personas que se preocupan por ti se hace grande y poderosa.

Cuando descanses cada vez más en el perdón no involucrado, sé consciente de las sensaciones que te produce. Amplía esta experiencia permaneciendo en ella, dejando que llene tu mente, percibiéndola en tu cuerpo, explorando los aspectos nuevos o diferentes que encuentres en ella y reconociendo por qué es relevante e importante para ti. Absórbela sintiendo que el perdón cala en tu ser y centrándote en las sensaciones buenas que eso te produce. Respira y sal del embrollo.

Conceder un perdón total

Hace años, cuando nuestros hijos eran pequeños, un árbol muy alto del jardín del vecino cayó en el nuestro y rompió la valla que los separaba. Le pedimos que se ocupara del árbol y él accedió a hacerlo, pero pasaron semanas y luego meses sin que hiciera nada. Hablé con él y él sonrió y me prometió ocuparse del asunto, pero no lo hizo. La situación estaba empezando a resultar ridícula y yo me estaba poniendo furioso. Sin embargo, eso no nos servía de nada a mi familia ni a mí y empecé a pasar al perdón no involucrado. Pensé: «No ha sido más que la caída de un árbol grande, no se ha quemado nuestra casa» y no tuve necesidad de añadir mi enfado a lo que realmente había sucedido. Saber lo que iba a hacer —que incluía escribir una carta educada pero firme al vecino diciéndole que nuestra compañía de seguros se iba a poner en contacto con él— me ayudó a otorgarle este perdón. Al día siguiente de recibir la carta, unos cinco meses después de la caída del árbol, ya teníamos un equipo de trabajo en el jardín para retirarlo.

Sin embargo, la situación seguía siendo muy incómoda entre nosotros y yo quería encontrar el camino hacia el perdón total. Por eso, me puse a pensar en él como una persona, no como un «vecino estúpido» bidimensional. Era un hombre mayor que vivía solo en una casa decrépita rodeada de hierba seca y malas hierbas y nadie le visitaba jamás. Recordé que le gustaban los mapaches que entraban en su jardín y que les dejaba comida. En Halloween, cuando nuestros hijos llamaban a su puerta, él les daba un montón de caramelos. Me di cuenta de que tenía buen corazón y de que, probablemente, estaba preocupado por el dinero y el coste de retirar el árbol, además de por sus problemas de soledad y vejez. Sentí compasión por él y comprendí los muchos factores que hacían que el árbol siguiera estando en nuestro jardín. Recordé sus intentos vacilantes de disculparse y me encogí ante el recuerdo de cómo los había despreciado. Imaginé el punto tan diminuto que el árbol resultaría visto desde el espacio exterior. Sentí el peso moral de esta enseñanza de Buda:

> Existen personas que no se dan cuenta de que todos moriremos algún día, pero las que sí lo entienden solucionan sus disputas.

Estos pasos me permitieron llegar al perdón total y, a partir de entonces, pudimos disfrutar de una vecindad amistosa. Cuando murió unos años después, me entristecí y me alegré de haber hecho las paces con él. Cuando recuerdo este suceso, compruebo que contiene unas cuantas lecciones muy interesantes.

Contempla a la persona en su conjunto

Cuando nos sentimos consternados, dolidos o enfadados, nos resuelta fácil reducir a la gente a la única cosa terrible que hicieron. Sin embargo, a su alrededor, hay muchos elementos más: otras intenciones que fueron buenas, toda una historia de vida compleja y sus propias esperanzas y sueños. Cuando vemos el conjunto, no nos resulta tan difícil perdonar una parte. Todo el mundo sufre, incluidas las personas que nos han hecho daño. Su dolor, su pérdida y su estrés no niegan ni excusan lo que hicieron, pero nuestra compasión por la carga que arrastran nos facilita perdonar la que nos impusieron; como escribió Henry Wadsworth Longfellow: «Si pudiéramos leer la historia secreta de nuestros enemigos, descubriríamos en la vida de cada persona un pesar y un sufrimiento que bastarían para desarmar toda hostilidad».

A veces, la gente te ofrece unas disculpas directas y sinceras. En otros casos, no admiten haber cometido ninguna falta, pero puedes observar un cambio de corazón en sus actos. Intenta ver sus esfuerzos —por muy implícitos o imperfectos que sean— de alargar la mano, arreglar lo que se estropeó y pedirte perdón.

Adopta un punto de vista amplio

Coloca lo sucedido en el contexto de toda tu vida, incluidas tus muchas relaciones y actividades. Piensa en los muchos minutos y años —y las muchas partes de tu vida— que seguirán intactos a pesar de lo ocurrido. Amplía aún más tu perspectiva e intenta ver lo sucedido como un torbellino de acontecimientos desatados por muchos factores, como si fuese un remolino en el vasto río de las causas. Al principio, puede parecer una perspectiva abstracta, pero acabará convirtiéndose en un reconocimiento sentido de la verdad de aquello que estás perdonando: muchas partes, muchas causas en cambio constante. Verlo y sentirlo te lleva de forma natural a dejarlo ir y eso facilita el perdón total.

Perdonarte a ti mismo

A muchas personas les resulta más fácil perdonar a los demás que perdonarse a sí mismas. Compasión, perspectiva, ver a la

persona en su conjunto, dejar ir, hacer borrón y cuenta nueva…
¿Puedes concederte todo esto a ti mismo con la misma generosidad con la que se lo concedes a los demás?

El primer paso para perdonarte a ti mismo es *asumir la responsabilidad de lo que hiciste*. Admítelo todo, a ti mismo especialmente y quizá también a alguien más, pues resulta difícil otorgar un perdón total a alguien que sigue discutiendo si hizo algo mal. Del mismo modo, es imposible concedérselo a uno mismo sin asumir la responsabilidad máxima razonable de lo sucedido. Aceptar de qué *eres* responsable te ayuda a saber —y, en caso necesario, a reafirmarte ante los demás— de qué *no* lo eres. Por ejemplo, si lo que hiciste estaba en un 3 de la escala de 0 a 10 de haber obrado mal, admite que fue efectivamente un 3 y así sabrás que no fue un 10.

Cuando asumas la responsabilidad, permítete *sentir un arrepentimiento apropiado*. Debes decidir qué lo es en proporción con aquello de lo que eres responsable. Si lo eres de un 3 en la escala de haber obrado mal, también es apropiado sentir un 3 en la escala de 0 a 10 de arrepentimiento…, pero no un 4 ni mucho menos un 10. Cuando te abres al arrepentimiento, este puede fluir a través de ti. Se produce, a menudo, una espiral de arrepentimiento en la que sentimos y liberamos la capa superficial; luego, otra más profunda y, después, la más profunda de todas. Experimentarlo plenamente genera como un espacio en el que puedes perdonarte.

Mientras tanto, *repara y compensa el daño lo mejor que puedas*. Pórtate bien, si puedes, esfuérzate un poco más y actúa con integridad a partir de este punto. Es posible que los demás rechacen tus esfuerzos o duden de tu sinceridad. A medida que vaya pasando el tiempo y tú sigas demostrando tus buenas intenciones, es posible que pasen a concederte un perdón no involucrado o, incluso, un perdón total. Sin embargo, tu objetivo no es demostrar que tienes razón ni obtener su aprobación. Lo haces porque está bien en sí mismo.

Observa las causas más generales de tus actos. Mentalmente, sobre un papel o hablando con alguien, reflexiona sobre cómo tu conducta fue, en ciertos aspectos, el resultado de tu vida, tu cultura, tu salud, tu temperamento, los modelos que te proporcionaron tus padres y el resto de la gente, las presiones y tensiones a las que estabas sometido y lo que estaba sucediendo justo antes de que hicieras lo que hiciste. Considera la evolución de tu cerebro y cómo el —metafóricamente hablando— lagarto, ratón y mono que albergas en tu interior conformaron tus actos. Observa lo que hiciste como si fuese un remolino en un río de causas que se extiende *a gran distancia* aguas arriba… generaciones anteriores formadas por tus padres, y los suyos, y los de estos, hasta siglos y milenios atrás e, incluso, antes de eso. Ver las cosas de este modo resulta aleccionador, pero también liberador. Lo que hiciste fue el resultado de muchas fuerzas, así que, definitivamente, no fue *todo* culpa tuya. Y por muy grave que fuera, en el curso del tiempo y el espacio, no deja de ser una parte diminuta del todo.

Si puedes, *pide perdón*. Quizá te haga sentirte vulnerable e incómodo, pero, cuando hablamos desde el corazón, por lo general se abre el corazón de los demás. Si no puedes pedírselo directamente a la persona implicada, solicita a otras personas involucradas el perdón o la comprensión que puedan ofrecerte. Puedes imaginar a amigos, parientes u otras personas —vivos todavía o que ya no están contigo— sentados junto a ti diciendo que te perdonan. Si te resulta significativo, puedes pedir perdón a Dios.

Por último, *perdónate tú mismo*. Puedes pronunciar mentalmente las palabras «te perdono», o escribir una carta de perdón. En distintas ocasiones yo me he dicho: «Rick, la has liado. Has hecho daño a alguien. Sin embargo, has asumido tu responsabilidad, te has arrepentido totalmente y has hecho lo posible por arreglar las cosas. Tienes que asegurarte de no volver a hacerlo. Y… estás perdonado. Te perdono. Me perdono». Encuentra tus propias palabras y dilas; siente cómo penetra en ti una sensación de liberación y alivio. Permítete empezar de nuevo. Concédete el regalo del perdón total.

AMPLIAR EL CÍRCULO DE NOSOTROS

En el transcurso de nuestra jornada vamos clasificando a las personas en dos grupos: como yo y no como yo, aquellas que pertenecen a los mismos grupos que yo —basándonos, quizá, en el género, la etnia, la religión o las creencias políticas— y aquellas que no, «nosotros» y «ellos». Diversos estudios demuestran que tendemos a ser generosos con «nosotros» y críticos, despectivos y hostiles hacia «ellos». Los conflictos de nosotros contra ellos aparecen en las familias, en los patios de colegio, en las oficinas, en la política y en las guerras frías y calientes. Somos seres tribales, conformados por millones de años de evolución para mostrarnos colaboradores con nosotros y suspicaces y agresivos hacia ellos.

Piensa en los «ellos» que hay en tu vida: familiares a los que no aprecias, personas de diferente raza o religión o los que se encuentran al otro lado de la línea divisoria de la política. Cuando los traigas a tu mente, observa cualquier sensación de amenaza, tensión o cautela que pudiera aparecer en ella. Para las personas, convertir a los otros en «ellos» resulta estresante, bloquea oportunidades de amistad y trabajo en equipo y alimenta los conflictos. Para la humanidad en su conjunto, el «nosotros» contra «ellos» funcionaba en la Edad de Piedra, pero, con los miles de millones de personas que vivimos hoy en día juntas y dependiendo unas de otras, hacerles daño a ellos es hacérnoslo a nosotros. Ampliar tu círculo de «nosotros» no es solo un acto de generosidad hacia los demás, sino también algo beneficioso para ti.

Para hacerlo, piensa en alguien que te aprecie y luego dedica un tiempo a sentirte apreciado, querido o amado. A continuación, trae a tu mente alguien que esté sufriendo y muestra compasión hacia él. Abre tu corazón y siente cómo el amor fluye hacia adentro y hacia afuera.

Piensa ahora en un grupo al que pertenezcas. Explora el sentido de *nosotros* en sí mismo: las sensaciones que provoca en tu cuerpo y los pensamientos, emociones, actitudes e intenciones relacionados con él. Sé consciente de cualquier sentimiento de camaradería, amistad o lealtad hacia nosotros.

Sabiendo las sensaciones que te produce el nosotros, empieza a ampliar tu círculo para que incluya a más personas cada vez. Piensa en las similitudes que existen entre otras personas que considerabas diferentes y tú; puedes hacerlo pensando cosas como: «También a ti te duele, a veces, la cabeza, también tú disfrutas comiendo cosas ricas, como yo, tú también amas a tus hijos, como todo el resto del mundo, tanto tú como yo moriremos algún día». Escoge una similitud e imagina que todas las personas del mundo que la comparten están de pie a tu lado formando un nosotros. Pruébalo también con otras similitudes.

Escoge un grupo de personas por las que te sientas amenazado o con las que estés enfadado. A continuación, piensa en ellas cuando eran niños pequeños. Considera las fuerzas que los han convertido en los adultos que son hoy en día. Reflexiona cómo sus vidas, al igual que la tuya, han sido duras en diversos aspectos. Percibe sus cargas, sus preocupaciones, sus pérdidas y su dolor. Encuentra tu compasión hacia ellos. Reconoce que todos estamos unidos como un gran «nosotros» por el sufrimiento que compartimos.

Imagina un círculo de nosotros que contenga a aquellas personas que están más cerca de ti. A continuación, amplía el sentido de nosotros para que vaya incluyendo cada vez a más personas, tu familia, tus vecinos, tus redes de amigos, tu lugar de trabajo, tu ciudad, tu región, tu país, tu continente... el mundo. Personas que son como tú y personas que no lo son. Personas a las que temes o a las que sientes como contrarias. Los ricos y los pobres, los viejos y los jóvenes, los conocidos y los desconocidos. Amplia el círculo para que incluya a todo el mundo y todavía más para que incluya a todas las formas de vida, las criaturas de la tierra, el mar y el aire, las plantas y los microbios... todos nosotros viviendo juntos en un planeta verde y azul. Todos *nosotros*.

Hablando de círculos, hemos acabado llegando al punto en el que empezamos: compasión hacia ti mismo y hacia los demás. La compasión auténtica es activa, no pasiva: se inclina hacia lo que duele y desea ayudar. Para ofrecer esta ayuda con generosidad, das a partir de lo que albergas en tu interior, fuerzas interiores como el coraje, la gratitud y otras que hemos ido explorando juntos. Cuanto más creces, más das. Cuando das, el mundo devuelve... y te ayuda a ser cada vez más resiliente.

PUNTOS CLAVE

Los seres humanos somos altruistas por naturaleza. La mayor parte de la generosidad no implica dinero. Apreciarte como ser que da te ayuda a seguir dando.

Para ofrecer compasión sin vernos abrumados por el sufrimiento de los demás, necesitamos ecuanimidad, que podemos cultivar viendo el sufrimiento en su contexto general, actuando lo mejor que podemos y reconociendo lo que ya hemos hecho.

Hay dos formas de perdonar. Cuando otorgas a alguien un perdón total, puedes desinvolucrarte del resentimiento considerando el punto de vista de esa persona, tomando la decisión voluntaria de perdonar y dejando atrás la animadversión.

Para perdonar totalmente, piensa en la persona que te hizo daño como un ser humano completo con muchas facetas y, en lo más profundo de su ser, un corazón bueno. Muestra también compasión, reconoce el arrepentimiento y contempla lo sucedido como si fuese un remolino en un vasto río de causas.

Para concederte un perdón total a ti mismo, asume la responsabilidad por aquello que hiciste, siente el arrepentimiento apropiado, repara el daño, pide perdón y perdónate activamente a ti mismo.

Muchas veces al día, separamos a las personas en dos grupos. Tendemos a cooperar con «nosotros», pero tememos y atacamos a «ellos». Ampliar el círculo de nosotros para que incluya a ellos es un acto de generosidad y resulta necesario para que todos nosotros podamos vivir en paz.

Cuando cultivas fuerzas interiores como la compasión y el valor, desarrollas un bienestar resiliente. Esto te da más de lo que tú puedes dar a los otros y, luego, ellos tienen más para darte a ti en una hermosa espiral ascendente.

Información adicional

E L BIENESTAR, LA RESILIENCIA y los temas concretos que se abordan en los doce capítulos que conforman este libro son asuntos muy amplios y muchas personas y organizaciones han contribuido a ellos. Aquí tienes una lista parcial de documentos, libros, páginas web y organizaciones que pueden interesarte.

INFORMACIÓN GENERAL

American Psychological Association. «The Road to Resilience» (www.apa .org/ helpcenter/road-resilience.aspx).

Block, Jeanne H., y Jack Block. «The role of ego-control and ego-resiliency in the organization of behavior». Publicado en *Development of cognition, affect, and social relations: The Minnesota symposia on child psychology*, vol. 13, (1980) 39–101.

Burton, Nicola W., Ken I. Pakenham, y Wendy J. Brown. «Feasibility and effectiveness of psychosocial resilience training: a pilot study of the *READY* program». *Psychology, health & medicine* 15, n° 3 (2010): 266–277.

Cohn, Michael A., Barbara L. Fredrickson, Stephanie L. Brown, Joseph A. Mikels, y Anne M. Conway. «Happiness unpacked: positive emotions increase life satisfaction by building resilience». *Emotion* 9, n° 3 (2009): 361–368.

Fletcher, David, y Mustafa Sarkar. «Psychological resilience: A review and critique of definitions, concepts, and theory». *European psychologist* 18 (2013): 12–23.

Loprinzi, Caitlin E., Kavita Prasad, Darrell R. Schroeder, y Amit Sood. «Stress Management and Resilience Training (SMART) program to decrease stress and enhance resilience among breast cancer survivors: a pilot randomized clinical trial». *Clinical breast cancer* 11, n° 6 (2011): 364–368.

Luthar, Suniya S., Dante Cicchetti, y Bronwyn Becker. «The construct of resilience: A critical evaluation and guidelines for future work». *Child development* 71, n° 3 (2000): 543–562.

Masten, Ann S. «Ordinary magic: Resilience processes in development». *American psychologist* 56, n° 3 (2001): 227–238.

Miller, Christian B., R. Michael Furr, Angela Knobel, y William Fleeson, eds. *Character: new directions from philosophy, psychology, and theology*. Oxford University Press, 2015.

Prince-Embury, Sandra. «The resiliency scales for children and adolescents, psychological symptoms, and clinical status in adolescents». *Canadian journal of school psychology* 23, n° 1 (2008): 41–56.

Richardson, Glenn E. «The metatheory of resilience and resiliency». *Journal of clinical psychology* 58, n° 3 (2002): 307–321.

Ryff, Carol D., y Burton Singer. «Psychological well-being: Meaning, measurement, and implications for psychotherapy research». *Psychotherapy and psychosomatics* 65, n° 1 (1996): 14–23.

Seery, Mark D., E. Alison Holman, y Roxane Cohen Silver. «Whatever does not kill us: Cumulative lifetime adversity, vulnerability, and resilience». *Journal of personality and social psychology* 99, n° 6 (2010): 1025–1041.

Sood, Amit, Kavita Prasad, Darrell Schroeder, y Prathibha Varkey. «Stress management and resilience training among Department of Medicine faculty: a pilot randomized clinical trial». *Journal of general internal medicine* 26, n° 8 (2011): 858–861.

Southwick, Steven M., George A. Bonanno, Ann S. Masten, Catherine Panter-Brick, y Rachel Yehuda. «Resilience definitions, theory, and challenges: interdisciplinary perspectives». *European journal of psychotraumatology* 5, n° 1 (2014): 25338.

Urry, Heather L., Jack B. Nitschke, Isa Dolski, Daren C. Jackson, Kim M. Dalton, Corrina J. Mueller, Melissa A. Rosenkranz, Carol D. Ryff, Burton H. Singer, y Richard J. Davidson. «Making a life worth living: Neural correlates of well-being». *Psychological science* 15, n° 6 (2004): 367–372.

CENTROS Y PROGRAMAS

Center for Compassion and Altruism Research and Education (ccare .stanford.edu)
Center for Mindfulness, UMass (https://www.umassmed.edu/cfm/)
Center for Mindful Self-Compassion (https://centerformsc.org/)
Collaborative for Academic, Social, and Emotional Learning (www.casel .org)

Greater Good Science Center, Universidad de California en Berkeley (https://greatergood.berkeley.edu)

Openground (http://www.openground.com.au/)

The Penn Resilience Program and PERMA Workshops (https://ppc.sas .upenn.edu/services/penn-resilience-training)

Positive Psychology Center, Universidad de Pensilvania (https://ppc.sas .upenn.edu/)

Spirit Rock Meditation Center (https://www.spiritrock.org/)

The Wellbeing and Resilience Centre, South Australian Health and Medical Research Institute (www.wellbeingandresilience.com)

The Young Foundation (https://youngfoundation.org/)

COMPASIÓN

Barnard, Laura K., y John F. Curry. «Self-compassion: Conceptualizations, correlates, & interventions». *Review of general psychology* 15, nᵘ 4 (2011): 289–303.

Neff, Kristin D., Kristin L. Kirkpatrick, y Stephanie S. Rude. «Self-compassion and adaptive psychological functioning». *Journal of research in personality* 41, n° 1 (2007): 139–154.

Neff, Kristin D., Stephanie S. Rude, y Kristin L. Kirkpatrick. «An examination of self-compassion in relation to positive psychological functioning and personality traits». *Journal of research in personality* 41, n° 4 (2007): 908–916.

MINDFULNESS

Analayo. *Satipatthana: Los orígenes del mindfulness*. Ilus Books, 2018.

Baumeister, Roy F., y Mark R. Leary. «The need to belong: desire for interpersonal attachments as a fundamental human motivation». *Psychological bulletin* 117, n° 3 (1995): 497–529.

Brown, Kirk Warren, y Richard M. Ryan. «The benefits of being present: mindfulness and its role in psychological well-being». *Journal of personality and social psychology* 84, n° 4 (2003): 822–848.

Davidson, Richard J., Jon Kabat-Zinn, Jessica Schumacher, Melissa Rosenkranz, Daniel Muller, Saki F. Santorelli, Ferris Urbanowski, Anne Harrington, Katherine Bonus, y John F. Sheridan. «Alterations in brain and immune function produced by mindfulness meditation». *Psychosomatic medicine* 65, n° 4 (2003): 564–570.

Hölzel, Britta K., Sara W. Lazar, Tim Gard, Zev Schuman-Olivier, David R. Vago, y Ulrich Ott.«How does mindfulness meditation work? Proposing mechanisms of action from a conceptual and neural perspective». *Perspectives on psychological science* 6, n° 6 (2011): 537–559.

Porges, Stephen W. «Orienting in a defensive world: Mammalian modifications of our evolutionary heritage. A polyvagal theory». *Psychophysiology* 32, n° 4 (1995): 301–318.

Shapiro, Shauna L., Linda E. Carlson, John A. Astin, y Benedict Freedman. «Mechanisms of mindfulness». *Journal of clinical psychology* 62, n° 3 (2006): 373–386.

Tang, Yi-Yuan, Yinghua Ma, Junhong Wang, Yaxin Fan, Shigang Feng, Qilin Lu, Qingbao Yu, et al. «Short-term meditation training improves attention and self-regulation». *Proceedings of the national academy of sciences* 104, n° 43 (2007): 17152–17156.

APRENDIZAJE

Baumeister, Roy F., Ellen Bratslavsky, Catrin Finkenauer, y Kathleen D. Vohs. «Bad is stronger than good». *Review of general psychology* 5, n° 4 (2001): 323–370.

Crick, Francis, y Christof Koch. «A framework for consciousness». *Nature neuroscience* 6, n° 2 (2003): 119–126.

Kandel, Eric R. *En busca de la memoria: el nacimiento de una nueva ciencia de la mente*. Katz, 2007.

Lyubomirsky, Sonja, Kennon M. Sheldon, y David Schkade. «Pursuing happiness: The architecture of sustainable change». *Review of general psychology* 9, n° 2 (2005): 111–131.

Nader, Karim. «Memory traces unbound». *Trends in neurosciences* 26, n° 2 (2003): 65–72.

Rozin, Paul, y Edward B. Royzman. «Negativity bias, negativity dominance, and contagion». *Personality and social psychology review* 5, n° 4 (2001): 296–320.

Wilson, Margaret. «Six views of embodied cognition». *Psychonomic bulletin & review* 9, n° 4 (2002): 625–636.

AGALLAS

Duckworth, Angela. *Grit: El poder de la pasión y la perseverancia*. Urano, 2016.

Duckworth, Angela, y James J. Gross. «Self-control and grit: Related but separable determinants of success». *Current directions in psychological science* 23, n° 5 (2014): 319–325.

Duckworth, Angela L., Christopher Peterson, Michael D. Matthews, y Dennis R. Kelly. «Grit: perseverance and passion for long-term goals». *Journal of personality and social psychology* 92, n° 6 (2007): 1087–1101.

Ratey, John J., y Eric Hagerman. *Spark: The revolutionary new science of exercise and the brain*. Little, Brown and Company, 2008.

Singh, Kamlesh, y Shalini Duggal Jha. «Positive and negative affect, and grit as predictors of happiness and life satisfaction». *Journal of the Indian academy of applied psychology* 34, n° 2 (2008): 40–45.

GRATITUD

Emmons, Robert A. *¡Gracias!: De cómo la gratitud puede hacerte feliz*. Ediciones B, 2008.

Fredrickson, Barbara L. «Gratitude, like other positive emotions, broadens and builds». Publicado en *The psychology of gratitude* (2004): 145–166.

Fredrickson, Barbara L. «The broaden-and-build theory of positive emotions». *Philosophical transactions of the Royal Society B: biological sciences* 359, n° 1449 (2004): 1367–1378.

Lyubomirsky, Sonja, Laura King, y Ed Diener. «The benefits of frequent positive affect: does happiness lead to success?». *Psychological bulletin*, 131, n° 6 (2005): 803–855.

Rubin, Gretchen Craft, y Gretchen Rubin. *Objetivo: felicidad*. Urano, 2010.

Shiota, Michelle N., Belinda Campos, Christopher Oveis, Matthew J. Hertenstein, Emiliana Simon-Thomas, y Dacher Keltner. «Beyond happiness: Building a science of discrete positive emotions». *American psychologist*, 72, n° 7 (2017): 617–643.

CONFIANZA

Baumeister, Roy F., Jennifer D. Campbell, Joachim I. Krueger, y Kathleen D. Vohs. «Does high self-esteem cause better performance, interpersonal success, happiness, or healthier lifestyles?». *Psychological science in the public interest* 4, n° 1 (2003): 1–44.

Brown, Brené. «Shame resilience theory: A grounded theory study on women and shame». *Families in society: The journal of contemporary social services* 87, n° 1 (2006): 43–52.

Brown, Jonathon D., Keith A. Dutton, y Kathleen E. Cook. «From the top down: Self-esteem and self-evaluation». *Cognition and emotion* 15, n° 5 (2001): 615–631.

Gilbert, Paul. *La mente compasiva. Una nueva forma de enfrentarse a los desafíos vitales*. Eleftheria, 2018.

Longe, Olivia, Frances A. Maratos, Paul Gilbert, Gaynor Evans, Faye Volker, Helen Rockliff, y Gina Rippon. «Having a word with yourself: Neural correlates of self-criticism and self-reassurance». *NeuroImage* 49, n° 2 (2010): 1849–1856.

Robins, Richard W., y Kali H. Trzesniewski. «Self-esteem development across the lifespan». *Current directions in psychological science* 14, n° 3 (2005): 158–162.

CALMA

Astin, Alexander W., y James P. Keen. «Equanimity and spirituality». *Religion & education* 33, n° 2 (2006): 39–46.

Benson, Herbert, y Miriam Z. Klipper. *Relajación.* Pomaire, 1977.

Desbordes, Gaëlle, Tim Gard, Elizabeth A. Hoge, Britta K. Hölzel, Catherine Kerr, Sara W. Lazar, Andrew Olendzki, y David R. Vago. «Moving beyond mindfulness: defining equanimity as an outcome measure in meditation and contemplative research». *Mindfulness* 6, n° 2 (2015): 356–372.

Hölzel, Britta K., James Carmody, Karleyton C. Evans, Elizabeth A. Hoge, Jeffery A. Dusek, Lucas Morgan, Roger K. Pitman, y Sara W. Lazar. «Stress reduction correlates with structural changes in the amígdala». *Social cognitive and affective neuroscience* 5, n° 1 (2009): 11–17.

Lupien, Sonia J., Francoise Maheu, Mai Tu, Alexandra Fiocco, y Tania E. Schramek. «The effects of stress and stress hormones on human cognition: Implications for the field of brain and cognition». *Brain and cognition* 65, n° 3 (2007): 209–237.

MOTIVACIÓN

Arana, F. Sergio, John A. Parkinson, Elanor Hinton, Anthony J. Holland, Adrian M. Owen, y Angela C. Roberts. «Dissociable contributions of the human amygdala and orbitofrontal cortex to incentive motivation and goal selection». *Journal of neuroscience* 23, n° 29 (2003): 9632–9638.

Berridge, Kent C. «'Liking' and 'wanting' food rewards: brain substrates and roles in eating disorders». *Physiology & behavior* 97, n° 5 (2009): 537–550.

Berridge, Kent C., and J. Wayne Aldridge. «Special review: Decision utility, the brain, and pursuit of hedonic goals». *Social cognition* 26, n° 5 (2008): 621–646.

Berridge, Kent C., Terry E. Robinson, y J. Wayne Aldridge. «Dissecting components of reward: 'liking', 'wanting', and learning». *Current opinion in pharmacology* 9, n° 1 (2009): 65–73.

Cunningham, William A., y Tobias Brosch. «Motivational salience: Amygdala tuning from traits, needs, values, and goals». *Current directions in psychological science* 21, n° 1 (2012): 54–59.

INFORMACIÓN ADICIONAL 307

Duhigg, Charles. *El poder de los hábitos. Por qué hacemos lo que hacemos en la vida y en la empresa.* Urano, 2019.
Nix, Glen A., Richard M. Ryan, John B. Manly, y Edward L. Deci. «Revitalization through self-regulation: The effects of autonomous and controlled motivation on happiness and vitality». *Journal of experimental social psychology* 35, n° 3 (1999): 266–284.
Tindell, Amy J., Kyle S. Smith, Kent C. Berridge, y J. Wayne Aldridge. «Dynamic computation of incentive salience: 'Wanting' what was never 'liked'». *Journal of neuroscience* 29, n° 39 (2009): 12220–12228.

INTIMIDAD

Bowlby, John. *A secure base: Clinical applications of attachment theory.* Vol. 393. Taylor & Francis, 2005.
Bretherton, Inge. «The origins of attachment theory: John Bowlby and Mary Ainsworth». *Developmental psychology* 28, n° 5 (1992): 759–775.
Eisenberger, Naomi I., Matthew D. Lieberman, y Kipling D. Williams. «Does rejection hurt? An fMRI study of social exclusión». *Science* 302, n° 5643 (2003): 290–292.
Feeney, Judith A., y Patricia Noller. «Attachment style as a predictor of adult romantic relationships». *Journal of personality and social psychology* 58, n° 2 (1990): 281–291.
House, James S. «Social isolation kills, but how and why?». *Psychosomatic medicine* 63, n° 2 (2001): 273–274.
Panksepp, Jaak. «Oxytocin effects on emotional processes: separation distress, social bonding, and relationships to psychiatric disorders». *Annals of the New York Academy of Sciences* 652, n° 1 (1992): 243–252.
Schaffer, H. Rudolph, y Peggy E. Emerson. «The development of social attachments in infancy». *Monographs of the society for research in child development* (1964): 1–77.

VALOR

Altucher, James, y Claudia Azula Altucher. *El poder del no: Una pequeña palabra que te dará salud, abundancia y felicidad.* Conecta, 2017.
Goud, Nelson H. «Courage: Its nature and development». *The journal of humanistic counseling* 44, n° 1 (2005): 102–116.
Ng, Sik Hung, y James J. Bradac. *Power in language: Verbal communication and social influence.* Sage Publications, Inc., 1993.

Pury, Cynthia L. S., Robin M. Kowalski, y Jana Spearman. «Distinctions between general and personal courage». *The journal of positive psychology* 2, n° 2 (2007): 99–114.

Rosenberg, Marshall B. *Nonviolent communication: A language of life* (3rd ed.). Puddledancer Press, 2015.

ASPIRACIÓN

Brown, Brené. *Daring greatly: How the courage to be vulnerable transforms the way we live, love, parent, and lead.* Gotham, 2012.

Deci, Edward L., y Richard M. Ryan. «Self-determination theory: A macrotheory of human motivation, development, and health». *Canadian psychology/Psychologie canadienne* 49, n° 3 (2008): 182–185.

King, Laura A. «The health benefits of writing about life goals». *Personality and social psychology bulletin* 27, n° 7 (2001): 798–807.

Mahone, Charles H. «Fear of failure and unrealistic vocational aspiration». *The journal of abnormal and social psychology* 60, n° 2 (1960): 253–261.

Yousafzai, Malala. *Yo soy Malala: La joven que defendió el derecho a la educación y fue tiroteada por los talibanes.* Alianza Editorial, 2015.

GENEROSIDAD

Dass, Ram, y Paul Gorman. *¿Cómo puedo ayudar?: Manual de un servidor del mundo.* Gaia Ediciones, 1998.

Doty, James R. *La tienda de magia: El viaje de un neurocirujano por los misterios del cerebro y los secretos del corazón.* Urano, 2016.

Eisenberg, Nancy, y Paul A. Miller. «The relation of empathy to prosocial and related behaviors». *Psychological bulletin* 101, n° 1 (1987): 91–119.

Fredrickson, Barbara L., Michael A. Cohn, Kimberly A. Coffey, Jolynn Pek, y Sandra M. Finkel. «Open hearts build lives: positive emotions, induced through loving-kindness meditation, build consequential personal resources». *Journal of personality and social psychology* 95, n° 5 (2008): 1045–1062.

Haley, Kevin J., y Daniel M. T. Fessler. «Nobody's watching? Subtle cues affect generosity in an anonymous economic game». *Evolution and human behavior* 26, n° 3 (2005): 245–256.

Zak, Paul J., Angela A. Stanton, y Sheila Ahmadi. «Oxytocin increases generosity in humans». *PLOS one* 2, n° 11 (2007): e1128.

ÍNDICE TEMÁTICO

ACERCA
DEL AUTOR

Rick Hanson es doctor en Psicología, socio principal del Greater Good Science Center de la Universidad de California en Berkeley y autor de obras de éxito. Sus libros han sido traducidos a veintiséis idiomas y, entre ellos, podemos citar *Cultiva la felicidad*, *Cerebro de Buda*, *Solo una cosa* y *Mother Nurture*. Edita el *Wise Brain Bulletin* y tiene numerosos programas de audio. Graduado *summa cum laude* por la Universidad de California en Los Ángeles y fundador del Wellspring Institute for Neuroscience and Contemplative Wisdom, ha sido orador invitado en la NASA, Oxford, Stanford, Harvard y otras universidades importantes y ha impartido clases en centros de meditación de todo el mundo. Fue administrador de la Universidad Saybrook, miembro de la junta directiva del Spirit Rock Meditation Center y presidente del consejo de administración de FamilyWorks, una agencia de comunicación. Empezó a practicar la meditación en 1974, está formado en varias tradiciones y dirige una reunión semanal de meditación en San Rafael (California, EE. UU.). Le gusta la escalada. Junto con su mujer, tiene dos hijos ya adultos.

Forrest Hanson es escritor y asesor de empresas. Edita *Eusophi*, una página web dedicada a compartir contenidos de calidad procedentes de expertos en los campos de la felicidad, la salud, la riqueza y la sabiduría. Graduado por la Universidad de California en Berkeley, vive en San Francisco Bay Area y tiene el baile como afición importante y seria.